HANS-WILHELM WINDHORST

GEOGRAPHISCHE
INNOVATIONS- UND
DIFFUSIONSFORSCHUNG

Mit 27 Abbildungen im Text

1983

WISSENSCHAFTLICHE BUCHGESELLSCHAFT

DARMSTADT

CIP-Kurztitelaufnahme der Deutschen Bibliothek

Windhorst, Hans-Wilhelm:
Geographische Innovations- und Diffusionsforschung /
Hans-Wilhelm Windhorst. – Darmstadt:
Wissenschaftliche Buchgesellschaft, 1983.
 (Erträge der Forschung; Bd. 189)
 ISBN 3-534-08407-1
NE: GT

1 2 3 4 5

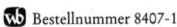 Bestellnummer 8407-1

© 1983 by Wissenschaftliche Buchgesellschaft, Darmstadt
Satz: Maschinensetzerei Janß, Pfungstadt
Druck und Einband: Wissenschaftliche Buchgesellschaft, Darmstadt
Printed in Germany
Schrift: Linotype Garamond, 9/11

ISBN 3-534-08407-1

INHALT

VERZEICHNIS DER ABBILDUNGEN

VORWORT

> The mechanisms of spatial diffusion are little under-
> stood, and there is much exciting work to be done
> along the entire continuum from general theory to the
> solution of practical problems.
>
> (P. Gould 1971)

Als die Aufgabe in Angriff genommen wurde, einen Band zur
geographischen Innovations- und Diffusionsforschung zu verfas-
sen, wurde die Komplexität des Vorhabens sicherlich unterschätzt.
Zunächst ergaben sich beträchtliche Probleme bei der Beschaffung
der Literatur aus dem US-amerikanischen Sprachbereich. Sie war
vielfach weder in Instituts- noch Universitätsbibliotheken verfügbar. Ich bin der Universitätsbibliothek in Göttingen zu großem
Dank verpflichtet, weil sie zahlreiche Dissertationen zu diesem
Problemfeld speziell für dieses Forschungsvorhaben beschafft hat.
Ohne ihre bereitwillige Unterstützung hätte sich die Literaturaus-
wertung und -dokumentation weitaus schwieriger gestaltet.

Während der Bearbeitung schälte sich immer deutlicher heraus,
daß eine Erfassung des Forschungsganges und ein Verständnis des
gegenwärtigen Forschungsstandes ohne eine direkte Kontaktauf-
nahme mit den Wissenschaftlern, die maßgeblich zur Entwicklung
der geographischen Innovations- und Diffusionsforschung beigetragen haben, nicht möglich sein würde. Allen in- und ausländischen
Kollegen, die bereitwillig den ihnen von mir zugegangenen Fragen-
katalog beantworteten und z. T. in ausführlichen Darstellungen
berichteten, wie sie mit dieser Forschungsrichtung konfrontiert
wurden, bin ich zu großem Dank verpflichtet. Wenngleich die vorliegende Rekonstruktion des Forschungsganges noch nicht als end-
gültiges Ergebnis angesehen werden kann, wird doch erhellt, wie es
zur Ausbildung bestimmter Forschungsperspektiven gekommen ist.

Besonderer Dank gilt Herrn Prof. Dr. L. A. Brown (Ohio State University, Columbus), mit dem während eines Forschungsaufenthaltes grundlegende Fragen sehr eingehend diskutiert werden konnten. Nur so war es möglich, den eingetretenen Paradigmenwechsel in der geographischen Innovations- und Diffusionsforschung zu erfassen und zu belegen. Das Überlassen seines Manuskriptes zur Monographie ›Innovation Diffusion: A New Perspective‹ bereits zwei Jahre vor der endgültigen Publikation hat es ermöglicht, die von ihm konzipierten Vorstellungen voll mit in die Darstellung einzubeziehen.

Zu Dank verpflichtet bin ich auch den Kollegen, die Teile des Manuskriptes im Anschluß an Kolloquiumsvorträge sehr kritisch diskutiert haben.

Herrn F. J. Schlömer möchte ich für die Hilfe bei der Literaturbeschaffung und deren erste Sichtung danken, Herrn W. Fangmann für das Erstellen der Abbildungen. Meiner Frau möchte ich Dank sagen für die Hilfe beim Lesen der Korrekturen und dem Erstellen der Register.

Einige Bemerkungen zur Konzeption des Bandes seien noch vorangestellt. Dem Leser, der das ganze Buch liest, wird auffallen, daß einige Sachverhalte in mehreren Kapiteln angesprochen werden. Es handelt sich hierbei um aus didaktischen Überlegungen beabsichtigte Wiederholungen, die es ermöglichen sollen, auch Teilabschnitte unabhängig vom Gesamttext zu verstehen. Geographen, die eher der Gruppe der „Quantifizierenden Geographen" zuzurechnen sind, werden sicherlich in einigen Abschnitten die Darlegung der mathematischen Grundlagen der getroffenen Aussagen vermissen. Hierauf wurde bis auf wenige Ausnahmen ganz bewußt verzichtet, um den Text auch für diejenigen Leser verständlich zu halten, die nicht über entsprechende Vorkenntnisse verfügen. Hinweise im Text, den Fußnoten und im Literaturverzeichnis ermöglichen für interessierte Leser ohne Schwierigkeiten eine Vertiefung dieser Grundlagen.

Aus Platzgründen war in den Literaturhinweisen eine Beschränkung unumgänglich. So wurden Titel, die im deutschsprachigen Raum nur sehr umständlich zu beschaffen sind, nicht aufgenommen. Publikationen mit umfangreichen Bibliographien sind gesondert gekennzeichnet. Arbeiten aus Nachbarwissenschaften wurden nur dann aufgenommen, wenn sie für den Geographen interessante Fragenansätze beinhalten, gut dokumentierte Fallstudien enthalten oder für den Forschungsfortschritt der Disziplin wichtig gewesen sind.

Der Verfasser hofft, mit der Darstellung dazu beitragen zu können, das Augenmerk verstärkt auf einen Forschungszweig der Sozialgeographie zu richten, der leider im deutschen Sprachraum nach ersten Ansätzen nicht die ihm gebührende Beachtung gefunden hat. Eine vertiefende Beschäftigung mit Frageansätzen und Forschungsmethoden der geographischen Innovations- und Diffusionsforschung ist angesichts der schnellen Entwicklung in anderen Disziplinen dringend angezeigt.

Vechta, im Oktober 1981 H.-W. Windhorst

1. TERMINOLOGISCHER RAHMEN UND ZIELE

Ausgehend von einzelnen Studien im Bereich der US-amerikanischen Agrarsoziologie, die sich mit Fragen der möglichst effektiven Beratung von Farmern beschäftigten, hat sich seit etwa 1945 die Innovations- und Diffusionsforschung selbst als Neuerung ausgebreitet. Die Zahl der wissenschaftlichen Arbeiten, die zum Forschungsgegenstand „Aufkommen und Ausbreitung von Neuerungen" erschienen ist, ist kaum noch übersehbar. Bereits 1971 nannten ROGERS und SHOEMAKER 13 Wissenschaftsgebiete, die sich mit entsprechenden Fragestellungen beschäftigten. Ihre Bibliographie umfaßte mehr als 1500 Titel. Seitdem sind weitere Disziplinen und eine Fülle neuer Arbeiten hinzugekommen. Es wird nicht nur immer schwieriger, den Forschungsstand zu erfassen und den aufgezeigten Fortschritt gegenüber vorangehenden Arbeiten zu erkennen, sondern auch in zunehmendem Maße problematisch, die vorgelegten Publikationen miteinander zu vergleichen, weil der terminologische Rahmen nicht identisch ist. Wenn man sich die Mühe macht, die vorliegenden Definitionen von Grundbegriffen zu vergleichen, muß man mit Bedauern feststellen, daß der von ROGERS (1962) vorgeschlagene Begriffsapparat keineswegs mehr als verbindlich angesehen wird. Auch die lange Zeit als *klassische Definition* betrachtete Setzung grundlegender Termini durch KATZ, LEVIN und HAMILTON (1963, S. 240): ". . ., the process of diffusion may be characterized as the (1) acceptance, (2) over time, (3) of some specific item – an idea or practice, (4) by individuals, groups or other adopting units, linked (5) to specific channels of communication, (6) to a social structure, and (7) to a given system of values, or culture", wird in den Sozialwissenschaften nicht mehr unbedingt befolgt. Auf die in einigen Disziplinen z. T. recht willkürlichen Setzungen kann hier nicht näher eingegangen werden.

Für die deutschsprachige Geographie sind vor allem die Defini-

1

tionsvorschläge von BORCHERDT (1961), ROGERS (1962), BROWN (1968) und BARTELS (1970) bedeutsam geworden. Hierauf soll aus diesem Grunde genauer eingegangen werden.

BORCHERDT, dem das Verdienst zukommt, die Innovationsforschung in die Agrargeographie eingebracht zu haben, wurde von HÄGERSTRAND und GODLUND beeinflußt. Er faßt *Innovation als Prozeß* auf, indem er sich auf die ursprüngliche Verwendung des Begriffes in der Botanik beruft. Dabei stellt er heraus, daß in der Geographie die räumliche Verbreitung das besondere Interesse verdient, während in anderen Disziplinen z. B. eher die psychologischen Aspekte der Annahme oder Ablehnung einer Neuerung im Mittelpunkt stehen können. BORCHERDT trennt deshalb auch konsequenterweise nicht zwischen der Neuerung selbst und ihrer Ausbreitung, was jedoch zu Verständnisproblemen führen kann. Seines Erachtens (1961, S. 15) ist die „Innovation ein Ausbreitungsvorgang, der von einem Zentrum aus durch Nachahmung in Verbindung mit einer unterschiedlichen Wertung bei den einzelnen Sozialgruppen flächen- oder linienhaft nach außen vordringt und dabei die Gegenkräfte der ‚Tradition‘ zu überwinden hat".

Etwa gleichzeitig publizierte ROGERS (1962) seine grundlegende Arbeit, in der nach einer großen Zahl von Einzelstudien folgende Definitionen vorgelegt werden (S. 19–20): "An *innovation* is an idea perceived as new by the individual. *Diffusion* is the process by which an innovation spreads . . . *Adoption* is the decision to continue full use of an innovation." Hier wird die terminologische Trennung zwischen dem Objekt (= Innovation), das Gegenstand der Ausbreitung ist, dem Ausbreitungsprozeß selbst (= Diffusion) und der dem Prozeß vorangehenden Annahme und Anwendung der Innovation (= Adoption) vollzogen.

BROWN hat 1968 ein Konzept für die geographische Innovationsund Diffusionsforschung vorgelegt, das sich ähnlich wie bei ROGERS auf die Analyse einer großen Zahl von Arbeiten gründet. Ein räumlicher Ausbreitungsprozeß läßt sich seines Erachtens auf sechs Elemente reduzieren (S. 9):

(1) an area or environment and (2) time which may be divided into successive intervalls as t, t + 1, t + 2, etc., both of which contain (3) an item being dif-

fused; (4) places in which the item is located in time t, here termed places or nodes of origin; (5) places in which the item is located for the first time in time t + 1, here termed places or nodes of destination; and (6) paths of movement, influence or relationship between origin places and destination places.

Die weitgehende Anlehnung an KATZ, LEVIN und HAMILTON oder ROGERS ist offensichtlich, gleichzeitig wird erkennbar, daß BROWN auf eine Formalisierung des Diffusionsprozesses abzielt, was sich in einer Reihe mathematischer Modelle niederschlägt (S. 49 ff.).

BARTELS (1970) greift unterschiedliche Fäden der bis dahin vorliegenden Innovations- und Diffusionsforschung auf und gelangt bereits zu einer vorläufigen Synthese, indem er die geographischen Zielsetzungen präzisiert (S. 284); allerdings sind seine terminologischen Setzungen nicht von gleicher Exaktheit, wenn es z. B. heißt (S. 249): „In einer Vielzahl von Fällen stellen sich Innovationen nun zugleich als zeitliche *und* räumliche Ausbreitungsprozesse dar." Hier ist die Anlehnung an BORCHERDT und MEFFERT (1968) offensichtlich. An anderer Stelle (S. 285) jedoch grenzt er bereits die von ROGERS und BROWN erarbeiteten Grundbegriffe gegeneinander ab:

Im Ablauf jeder Innovation bedarf es zunächst einmal der Invention, jenes kreativen Aktes einer neuen Wertsetzung oder einer Neukombination bekannter Technologien als Erfindung, sodann der Diffusion als Ausbreitung des Wissens um diese Neuerung, schließlich der Adoption, d. h. der Verwendung der Neuerung durch Nachahmer und Folgegänger.

Neu eingebracht von ihm wird der Aspekt der *Invention*. Die Frage nach der Lokalisation von Innovationszentren und den raum-zeitlichen Bedingungen, die zu diesem „Spontanakt" führen, sind dabei für die Sozialgeographie von besonderem Interesse.

Als Problem der BARTELSschen Definition ergibt sich, daß noch nicht klar getrennt wird zwischen Innovation als Neuerung und Innovation als Prozeß (= Oberbegriff für den gesamten Ablauf von der Invention bis zur raum-zeitlichen Diffusion). Diese klare Abgrenzung ist erst in weiteren Arbeiten erfolgt (BAHRENBERG und ŁOBODA 1973, GIESE 1978, WINDHORST 1979).

Im Rahmen dieser Untersuchung werden die Grundbegriffe einer geographischen Innovations- und Diffusionsforschung in folgender Weise verwendet:

Innovationen: Ideen, Tätigkeiten oder Objekte, die von einem Individuum oder einer sozialen Gruppe als neu angesehen werden. Dabei ist unbedeutend, ob es sich wirklich um neue Ideen, Tätigkeiten oder Objekte handelt, entscheidend ist allein, ob sie dem Individuum oder der Gruppe bislang bekannt waren.

Invention: Prozeß der Entwicklung oder des Aufkommens einer Innovation.

Adoption: Entscheidung zur vollständigen Annahme und Anwendung einer Innovation durch ein Individuum. Die zeitlich differierende Annahme erlaubt die Klassifizierung der Adoptoren nach Adoptorkategorien.

Diffusion: Raum-zeitliche Ausbreitung einer Innovation in einem sozialen System.

Unter einer geographischen (genauer sozialgeographischen) Innovations- und Diffusionsforschung wird ein Forschungsansatz der Sozialgeographie verstanden, der den Prozeß des Wandels sozioökonomischer räumlicher Systeme durch die Diffusion von Innovationen untersucht.

Ziele dieser Darstellung sind:

– die Entwicklung dieses Forschungsansatzes zu rekonstruieren,
– herauszuarbeiten, ob ein Paradigma einer geographischen Innovations- und Diffusionsforschung vorliegt,
– Elemente und Basiskonzeptionen dieses Forschungsansatzes vorzustellen und hinsichtlich ihres Stellenwertes innerhalb der umfassenderen theoretischen Konzeption zu analysieren,
– an ausgewählten Fallstudien unterschiedliche Ansätze einer geographischen Innovations- und Diffusionsforschung aufzuzeigen.

2. DIE ENTWICKLUNG DER GEOGRAPHISCHEN INNOVATIONS- UND DIFFUSIONSFORSCHUNG

Wenngleich die überwiegende Zahl geographischer Arbeiten, die sich diesem Forschungsansatz zuordnen lassen, nach 1965 oder sogar erst nach 1970 verfaßt worden ist, kann man bei dem Versuch der Rekonstruktion des Forschungsganges doch feststellen, daß er eine längere Tradition hat, als man zunächst annehmen möchte. Nach Analyse einer großen Zahl von Arbeiten erscheint folgende Phasengliederung sinnvoll.

2.1. Phase 1: Ethnographische Phase

Diese Phase läßt sich im wesentlichen mit dem Namen Friedrich RATZEL verknüpfen, der in seiner ›Anthropogeographie‹ (1891) bereits einige Gedanken äußerte, die späteren Frageansätzen sehr nahe kommen. So heißt es z. B. bei ihm im Kapitel 19 des 2. Bandes, das den Titel ›Die Ausbreitung ethnographischer Merkmale‹ trägt (S. 633–634): „Bezüglich der Verbreitung der ethnographischen Gegenstände ist in erster Linie zu betonen, daß diese Dinge fast immer nur mit, an und auf Menschen wandern", oder (S. 644): „Einige Dinge werden gern aufgenommen, verbreiten sich deswegen rasch, es sind natürlich diejenigen, welche notwendig sind oder den Neigungen der Menschen entgegenkommen, dagegen wird, was schwer und lästig, fallengelassen und vergessen."
Es wird deutlich, daß es ihm vor allem um die Erfassung der Überlagerung einer Kultur mit neuen Kulturelementen geht. Dem eigentlichen Prozeß der Aufnahme, den dahinterstehenden Entscheidungen sowie den Ausbreitungsmechanismen wird kaum Aufmerksamkeit geschenkt. In dieser Hinsicht denkt RATZEL eher statisch als

dynamisch.[1] Ein wichtiger Diskussionspunkt dieser Phase war die Frage nach den Ursachen kongruenter Kulturerscheinungen (Kongruenztheorie, Übertragung). RATZEL war Anhänger der Übertragungstheorie.

Neben der Anthropogeographie RATZELS sind in dieser frühen Phase in den Nachbarwissenschaften einige Arbeiten vorhanden, die für die jeweils spezifische Entwicklung der Innovations- und Diffusionsforschung Bedeutung erlangt haben. Für die Soziologie ist die Arbeit des französischen Soziologen G. TARDE aus dem Jahre 1895 zu nennen, die jedoch erst in ihrer englischen Fassung ›The Laws of Imitation‹ (1903) eine weitere Verbreitung gefunden hat. TARDE (1903, S. 7) beschreibt einen Diffusionsvorgang bereits sehr detailliert:

If [Original: Une pierre tombe dans l'eau, d. Verf.] a stone falls into the water, the first wave which it produces will repeat itself in circling about the confines of the basin . . . In the same way, a local dialect that is spoken only by certain families, gradually becomes, through imitation, a national idiom. In the beginning of societies, the art of chipping flint, of domesticating dogs, of making bows, and, later, of leaving bread, of working bronze, of extracting iron, etc., must have spread like a contagion; since every arrow, every flake, every morsel of bread, every thread of bronze, served both as model and copy. Nowadays the diffusion of all kinds of useful processes is brought about in the same way, except that our increasing density of population and our advance in civilization prodigiously accelerate their diffusion, just as velocity and sound [Original: rapidité du son, d. Verf.] is proportionate to the density of medium.

Das von ihm gewählte Bild der wellenförmigen Ausbreitung einer Neuerung wird zur Standardmetapher der Diffusionsforschung.

Wichtige theoretische Ansätze zur Erklärung der Wirtschaftsentwicklung bzw. der Rolle, die Unternehmern in einem solchen Prozeß zukommt, finden sich bei SOMBART (1909) und SCHUMPETER (1911). Ihre Ausführungen sind in der Folgezeit immer wieder herangezogen worden, um die Rolle des Innovators genauer zu erfassen. Hier sind insbesondere die Ausführungen von SOMBART (1909, S. 740 ff.) zu den „Unternehmerstrukturen", die er als die eigentlichen Innovatoren ansieht, von Bedeutung.

In der Geographie finden diese Gedanken während dieser Phase kaum Berücksichtigung im Hinblick auf eine Erklärung von Wanderungsvorgängen oder der Erklärung von kulturellen bzw. wirtschaftlichen Zentren.

2.2. Phase 2: Kulturlandschaftsgenetische Phase (etwa 1920–1952)

Die von RATZEL geäußerten Gedanken werden von HETTNER aufgenommen, der vor allem in seinem Werk ›Der Gang der Kultur über die Erde‹ (1929) eine Reihe von Feststellungen trifft, die die spätere Innovations- und Diffusionsforschung ankündigen. Er schreibt z. B. (S. 8):

Die meisten Fortschritte setzen sich aus einer großen Zahl einzelner Erfindungen zusammen. Deren Zahl ist unendlich groß; aber aus ihnen heben sich manche durch besondere Bedeutung heraus, indem sie eine vollkommene Umwälzung, Revolution der Verhältnisse, eine Änderung der Lebensformen bewirken.

Sozioökonomischer Wandel wird hier in Kurzform beschrieben und auch die Bedeutung von Neuerungen in einem solchen Prozeß. Im Gegensatz zu RATZEL wird bei HETTNER eine dynamische, prozeßhafte Sicht des kulturellen Wandels erkennbar (S. 9–10):

Der Fortschritt vollzieht sich im allgemeinen nach folgendem Schema. Aus bestimmten Ursachen und unter bestimmten Bedingungen wird eine Erfindung gemacht, dieses Wort im weitesten Sinne gebraucht. Sie verbreitet sich allmählich nicht nur in der Nachbarschaft, sondern auch über weite Strecken hin, erleidet dabei aber unter dem Einflusse der neuen Umgebung meist gewisse Abänderungen, die manchmal nur klein und nebensächlich, manchmal aber so groß sind, daß sie etwas ganz Neues erzeugen. Übertragung und Umbildung wirken also meist zusammen; nur mehr nebensächliche Gegenstände verbreiten sich ohne Umbildung. Die Verbreitung einer Erfindung setzt demnach nicht nur voraus, daß sie auf keine geographische Schranke der Verbreitung stößt, sondern daß sie sich der anderen Umgebung anpassen, vorhandene Dinge und Zustände überwinden kann.
Im ganzen betrachtet stellt sich uns die Entwicklung als ein allmählicher

Aufstieg zu vollkommeneren Lebensverhältnissen, also ein *Fortschritt* der Kultur dar.

Ähnliche Gedanken finden sich auch in seinem Werk ›Allgemeine Geographie des Menschen‹ (1947).

Von C. O. SAUER, einem Schüler HETTNERS, sind diese Ansätze in die Vereinigten Staaten übertragen worden. Mit seinen Bowman Lectures, die den Titel ›Agricultural Origins and Dispersals‹ tragen (1952), knüpft er ebenfalls an die RATZELsche Tradition an.[2] Auch ihm geht es um die Erfassung von Kulturräumen und die Ausbreitung von Kulturelementen. Im Mittelpunkt steht jedoch mehr die Beschreibung von Verbreitungssituationen zu einem gewissen Zeitpunkt als die Erklärung von Ausbreitungsmechanismen. Der Mensch mit seinen Entscheidungen tritt gegenüber der Erörterung von geographischen Hindernissen, möglichen Ausbreitungswegen etc. zurück.

Eine weitere bedeutende Vorstufe der heutigen geographischen Innovations- und Diffusionsforschung ist in der *Kulturraumforschung* zu sehen. Sie hat sich vor allem in Bonn durch die enge Zusammenarbeit von Historikern, Sprachwissenschaftlern und Volkskundlern entwickelt. Später kam auch die Geographie hinzu. Die Arbeiten von STEINBACH (1926), AUBIN, FRINGS und MÜLLER (1926) haben die damals in Bonn tätigen Kulturgeographen maßgeblich beeinflußt. Hierbei ist vor allem WAIBEL (ein Schüler HETTNERS) mit seinen Schülern zu nennen.[3]

Richtungweisend war die Arbeit von MÜLLER-WILLE über das Rheinische Schiefergebirge (1942). Seine Beeinflussung durch die Bonner Schule der Kulturkreislehre ist offensichtlich. Er bezieht sich auf die von ihnen vorgelegten Arbeiten, entwickelt deren Ansätze jedoch nach kulturgeographischen Fragestellungen weiter. Der Fortschritt oder auch die Eigenständigkeit in der Betrachtungsweise wird aus folgendem Zitat besonders deutlich (S. 539):

Wir können uns aber nicht nur mit der Feststellung von Kulturströmungen allein begnügen, auch genügt nicht die ‚isolierende‘, auf ein Formenelement abzielende Betrachtungsweise, wie sie der Kulturraumlehre eigen ist. Vielmehr müssen wir, da für uns die Landschaft als Gesamtkomplex im Vordergrund steht, die Kulturströmungen und die kulturlandschaftlichen Erscheinungen in ihren *funktionalen* Zusammenhängen und in ihrer landschaftlichen Gebundenheit erkennen.

Der Kulturkreislehre, die auf die kartographische Erfassung und Darstellung von Kulturelementen ausgerichtet war, die folglich Kultur mehr als ein „Aggregat von Merkmalen" ansah,[4] stellt MÜLLER-WILLE die funktional-kulturgeographische Betrachtungsweise gegenüber. Das Rheinische Schiefergebirge wird von ihm in seiner siedlungsgeographischen Differenzierung und räumlichen Gliederung analysiert. Die zeitliche und räumliche Entwicklung der Kulturlandschaft und die wirkenden funktionalen Zusammenhänge treten in den Mittelpunkt. Zwar sind Ansätze zu einer Erfassung raum-zeitlicher Ausbreitungsprozesse vorhanden, doch unterscheidet sich die Fragestellung noch sehr deutlich von der späteren Innovations- und Diffusionsforschung. Will man die Kulturraumforschung in ihrer Vorgehensweise und in ihren Zielsetzungen charakterisieren, kann man folgendes festhalten[5]:

Die Kulturraumforschung stellt die Kulturlandschaft in das Zentrum ihrer Betrachtung. Sie untersucht die Entstehungsgebiete, die Verbreitung und die Ausbreitung spezieller kultureller Erscheinungen, um dadurch zu einem Verständnis der Physiognomie, Struktur und Funktionalität von bestimmten Kulturlandschaften zu gelangen. Arbeitsgrundlage sind vielfach Verbreitungskarten von einzelnen Kulturelementen *(culture traits)*. Begriffe wie Kulturzentren *(culture origins)*, Kulturräume *(culture areas)*, Kulturströmungen *(culture flows)* und Kulturgrenzen *(culture borders)* stehen an zentraler Stelle im Begriffsapparat. GIESE (1978, S. 94) kennzeichnet den Ansatz sehr treffend als „deskriptiv erklärend".

Ein Mangel des Forschungsansatzes ist darin zu sehen, daß die Ausbreitungsprozesse, sofern sie als solche erkannt sind, nicht in Form von zeitlichen Querschnitten (= Aufeinanderfolge von Ausbreitungskarten) erfaßt werden. Die schrittweise Koppelung des räumlichen *und* zeitlichen Aspektes ist noch nicht völlig gelungen. Außerdem fehlt es an einer Abstraktion von den jeweiligen empirischen Fallstudien, d. h. ein theoretischer Ansatz bzw. verallgemeinernde Aussagen über raum-zeitliche Ausbreitungsvorgänge liegen nicht vor.[6]

Von Interesse in diesem Zusammenhang ist der Forschungsstand in den benachbarten Wirtschafts- und Sozialwissenschaften bezüglich der Ausbreitung von Neuerungen bzw. sozialer und ökonomischer Wandlungsprozesse.

In der Soziologie sind in den religionssoziologischen Arbeiten von M. WEBER (1920/21) Ansätze zur Erklärung einer unterschiedlichen wirtschaftlichen Entwicklung zu finden. Der Amerikaner OGBURN (1922) befaßt sich eingehend mit dem Phänomen des sozialen Wandels. KONDRATIEFF (1926) entdeckt die *langen Wellen* in der Konjunkturentwicklung und gelangt zu einer ersten Phasengliederung des Zeitraumes von 1780 bis 1920. Die jeweiligen Entwicklungen werden in Abhängigkeit von einigen, von ihm allerdings noch nicht so bezeichneten, Basisinnovationen analysiert.[7] Er trifft ebenfalls einige Aussagen bezüglich des gehäuften Auftretens von Neuerungen in Abhängigkeit von der Konjunkturentwicklung. SCHUMPETERS (1939) Arbeit ›Business Cycles‹ erscheint erst 1961 in deutscher Sprache,[8] so daß die von ihm vorgelegte Theorie mit einer gewissen Verzögerung erst nach dem Zweiten Weltkrieg im deutschen Sprachraum bekannter wird.

In der Anthropologie wird im amerikanischen Sprachraum die umfangreiche Darstellung von KROEBER (1923) bedeutsam. Bei ihm läßt sich eine kennzeichnende Weiterentwicklung der Gedankenführung feststellen, wenn man die erste Auflage mit der zweiten aus dem Jahre 1948 vergleicht. Wohl nicht zuletzt durch mehrere Arbeiten der Agrarsoziologie veranlaßt, fügt er einige neue Kapitel ein, die sich mit *culture processes* (S. 344 ff.) und *culture change* (S. 386 ff.) befassen. Er stellt heraus, daß die Diffusion von Neuerungen eine entscheidende Rolle in der Kulturentwicklung und Kulturausbreitung spielt. So heißt es bei ihm (1948, S. 412): "However, whatever diffusion does or does not involve, it does always involve change for the receiving culture."

KROEBER unterscheidet nach *invention innovation* (Neuerung im eigenen Kulturkreis) und *diffusion innovation* (Übertragung aus einer anderen Kultur) und trennt bereits die zeitliche von der räumlichen Ausbreitung. Die zeitliche Weitergabe innerhalb einer Kultur bezeichnet er im Gegensatz zur Diffusion (= räumlich) als *tradi-*

tion. Auch die Bedeutung der individuellen Übernahme einer Neuerung wird von ihm gesehen.[9]

Im Mittelpunkt des Buches[10] von MALINOWSKI (1945) stehen Fragen der Übertragung von Kulturelementen.[11] Er bezieht sich dabei auf RATZEL. MALINOWSKI interessieren besonders die Wirkungen, die von der Übertragung einzelner Kulturelemente aus nordhemisphärischen Industriestaaten in traditionelle Kulturen ausgehen. Während es sich nach seiner Auffassung in den Industriestaaten beim Kulturwandel um einen Entwicklungsprozeß handelt, muß er in Afrika als ein Ausbreitungsprozeß von Innovationen verstanden werden. Es finden sich bei ihm wichtige Ansätze bezüglich der Entwicklungsmöglichkeiten der Staaten der Dritten Welt.

Im Bereich der Wirtschaftsgeschichte sind vor allem zwei Publikationen zu nennen, die für die Kulturgeographie Bedeutung erlangten. Einmal handelt es sich um die Aufsatzsammlung von TURNER (1921) über die Westwärtsverlagerung der *frontier* in den USA, zum anderen um die Studie von WEBB (1931) über die Erschließung der Great Plains. Hierbei handelt es sich, um im Sprachgebrauch der modernen Diffusionsforschung zu bleiben, um die Analyse relokativer Diffusionen. Die Arbeit von TURNER hat auch in die deutsche Kulturgeographie hineingewirkt.

Auf die Impulse, die von STEINBACH ausgegangen sind, wurde bereits hingewiesen. Auf zwei grundlegende Arbeiten, die für die folgende Phase der geographischen Innovations- und Diffusionsforschung besondere Bedeutung erlangt haben, ist detaillierter einzugehen. Es handelt sich dabei einmal um die Studie des schwedischen Volkskundlers S. SVENSSON, ›Bygd och Yttervärld‹ (1942), die den Untertitel ›Studien über das Verhältnis von Neuheiten und Tradition‹ trägt. SVENSSON geht es vor allem um die Frage, auf welchem Wege und in welcher Weise Neuerungen in Siedlungen eindringen. Er analysiert die Ausbreitung verschiedener Kulturelemente vom 18. bis zum 20. Jahrhundert (Kleidung, Baustile, Reime, Festtagsbräuche). Neben dem räumlichen Aspekt, der entsprechend der kulturanthropologischen Forschungstradition Berücksichtigung findet, werden dort, wo es die Materiallage zuläßt, quantifizierende Verfahren herangezogen. HÄGERSTRAND ist vor allem durch SVENS-

SON zu seinen Diffusionsstudien angeregt worden. Auf die von ihm vorgenommene Veränderung in der Fragestellung wird später zurückzukommen sein (vgl. Kap. 2.3.).

Die zweite richtungweisende Untersuchung stammt von den amerikanischen Agrarsoziologen RYAN und GROSS. Sie veröffentlichten im Jahre 1943 ihren Beitrag ›The diffusion of hybrid seed corn in two Iowa communities‹. Zunächst analysieren sie den Verlauf der Ausbreitung in zeitlicher Hinsicht und versuchen dann zu klären, wodurch die Adoptoren zur Aufnahme der Neuerung veranlaßt wurden, außerdem, ob sie ihr Verhalten im Verlaufe der Anwendung der Innovation veränderten. An diese Untersuchung schloß sich in der Folgezeit eine große Zahl ähnlicher Arbeiten an, sowohl was den theoretischen Rahmen als auch die Erhebungs- und Darstellungsmethoden betrifft.

Zusammenfassend kann man feststellen, daß im Zeitraum von 1920 bis 1950 in den Sozial- und Wirtschaftswissenschaften eine Reihe von Arbeiten vorgelegt wurden, die über den Forschungsstand der Kulturgeographie weit hinausgehen. Dies bezieht sich sowohl auf die verwendeten empirischen Methoden als auch die theoretische Grundlegung der Erfassung von räumlichen und zeitlichen Wanderungsprozessen. In der deutschen Kulturgeographie, aber auch in der amerikanischen, werden diese Ansätze überwiegend gar nicht registriert, weil die Kulturlandschaftsforschung eindeutig im Vordergrund der kulturgeographischen Forschungstätigkeit stand. Querverbindungen der Wissenschaften untereinander sind kaum feststellbar, sieht man einmal von der besonderen Konstellation in Bonn ab. Auf die spezifische schwedische Situation, die dann den Übergang zur dritten Phase einleitet, wird zurückzukommen sein. Von einigen Ausnahmen abgesehen kann man feststellen, daß die kulturlandschaftsgenetische Phase etwa um die Mitte der fünfziger Jahre ihren Abschluß gefunden hat. Weder in den USA[12] noch in Deutschland hat die Kulturraumforschung in den vorangehend beschriebenen Zielsetzungen eine Weiterführung erfahren.[13]

2.3. Phase 3: Modellorientierte Phase (1952–1974)

Die vorangehend beschriebene Phase findet in den USA mit der Arbeit von C. O. SAUER (1952) ihren Abschluß. Mit den beiden Untersuchungen von HÄGERSTRAND aus den Jahren 1952 und 1953 kann der Beginn der stärker modellorientierten geographischen Innovations- und Diffusionsforschung recht genau festgelegt werden. Bevor näher auf die Zielsetzungen HÄGERSTRANDS und seinen Beitrag zu diesem Forschungsansatz eingegangen wird, ist ein kurzer Ausblick notwendig, um zu erklären, weshalb diese Weiterführung gerade in Schweden erfolgte.

HÄGERSTRAND (1967, S. 5) schreibt selbst, daß er zu seinen Untersuchungen über die Ausbreitung von Innovationen weder durch geographische Publikationen aus Schweden oder dem Ausland noch durch Arbeiten aus der Agrarsoziologie angeregt worden ist, sondern durch den Volkskundler S. SVENSSON.[14] Die empirische Datenerhebung ist ganz in seinem Stil vorgenommen worden.[15] Den grundlegenden Unterschied zu SVENSSON kennzeichnet HÄGERSTRAND in folgender Weise (1967, S. 5):

The fundamental idea in this book can be said to be identical, except that twentieth-century sources are constantly used. A series of objects . . . are studied with an eye to the same questions considered by Svensson. However, a significant difference exists in that the main stress is not placed on the initial appearance of a change, as with Svensson, but rather on subsequent events: How does the adoption of an innovation become widespread once it has come into a "settlement"?

Quantitative results are sought. This is the reason why we follow the various innovation diffusions within a single, relatively small area.

Seine Untersuchung ›The Propagation of Innovation Waves‹ (1952) ist noch stark von der vorangehenden kulturgeographischen Tradition bestimmt. Sie ist weitestgehend induktiver Natur und hat mehr die Erfassung von Diffusionsmustern als von Diffusionsprozessen zum Inhalt. Die von ihm mit großem Zeitaufwand durchgeführten Erhebungen zur Ausbreitung sowohl agrarischer als auch „genereller" Innovationen führte ihn nach Herstellung von Karten zu einer Fragestellung, die dann schließlich in der späteren Modellkonstruktion ihren Niederschlag fand (1967a, S. 7): "The spatial order in the adoption of innovation is very often so striking that it is tempting to try to create theoretical models which simulate the process and eventually make certain predictions achievable."

Diese theorieorientierte Sichtweise, die auf eine Modellkonstruktion abzielt, dürfte zurückzuführen sein auf die lange bestehende Zusammenarbeit zwischen der schwedischen Kulturgeographie, insbesondere der Wirtschaftsgeographie, mit anderen Wirtschafts- und Sozialwissenschaften. Im Gegensatz zu der eher isolierten Entwicklung in Deutschland und den USA ist es in Schweden zu einem sehr befruchtenden Gedankenaustausch gekommen. Hierdurch wurden die Geographen sehr früh mit standorttheoretischen Fragestellungen konfrontiert. Sie fanden letztlich ihren Niederschlag in den obengenannten Untersuchungen.

Die seit den zwanziger Jahren feststellbare Ausrichtung der schwedischen Geographie auf das Studium von Verteilungs- und Verbreitungskarten bestimmter Objekte,[16] also die Abstrahierung des Phänomens *räumliche Verteilung und Verbreitung* vom Objekt selbst, hat sich zweifelsohne auch auf HÄGERSTRANDS Fragestellung ausgewirkt. Auch ihm geht es nicht um die Innovation selbst, sondern um die Art und Weise ihrer Ausbreitung.

Es gilt also festzuhalten, daß aus der engen Kooperation der schwedischen Kulturgeographie mit anderen Wirtschafts- und Sozialwissenschaften die entscheidenden Impulse hervorgehen für die Entwicklung ihrer Fragestellungen und daß HÄGERSTRANDS Arbeiten in diesem Kontext zu sehen und zu werten sind.

Worin ist der entscheidende Beitrag HÄGERSTRANDS zu diesem Forschungsansatz zu sehen? Hierüber gehen die Meinungen z. T. sehr weit auseinander. Von einer emphatischen Würdigung bis zu einer eher kritischen Haltung gegenüber seiner Leistung ließe sich die gesamte Breite der Wertschätzung aufrollen. Während z. B. BROWN (1979, S. 25 ff.) die Beiträge HÄGERSTRANDS sehr sachlich analysiert und ihren Fortschritt in der Forschung herausstellt, sieht COHEN (1972, S. 11–12) keinen wesentlichen Beitrag zum Verständnis von *Innovationsprozessen,* weil seine Modelle zu sehr simplifiziert sind und allein über die Informationsübertragung zu einer

14

Erklärung gelangen wollen. Er vermißt vor allem die Berücksichtigung von sozialen und wirtschaftlichen Faktoren. Dieser Kritik vermag man zuzustimmen, die Situation nach 1975 zeigt, daß hier in der Tat ein Defizit vorlag. Verfehlt ist allerdings die Kritik MATTERS (1978, S. 44–45), dem das eigentliche Anliegen der geographischen Innovations- und Diffusionsforschung wohl nicht aufgegangen ist.[17]

Versuchen wir, die grundlegenden Fortschritte, die HÄGERSTRAND mit seinen Arbeiten leistete, zusammenzufassen, ergibt sich folgendes Bild:

1. Grundkonzeption HÄGERSTRANDS ist, daß die räumliche Ausbreitung (= Diffusion) einer Innovation auf einen Lernprozeß oder eine Informationsübertragung zurückgeführt werden kann. Die Ausbreitungswege spiegeln die vorhandenen Informationsnetze wider, die zwischen den in einem Raum lebenden Individuen bestehen. Die Strukturierung erfolgt durch soziale, ökonomische und rein physische Barrieren, die der Informationsausbreitung entgegenstehen. Die Informationsnetze selbst können in unterschiedlichen hierarchischen Ebenen gespannt sein (lokal bis national).

2. Um diese Grundkonzeption auch modellmäßig zu erfassen, bedient sich HÄGERSTRAND eines bestimmten methodologischen Rahmens. Er konzipiert drei Modelle, die nach der sogenannten *Monte-Carlo-Simulation* ihre Dynamik entfalten. Die Informationsübertragung erfolgt in Modell III von Person zu Person. Die potentiellen Adoptoren zeichnen sich durch eine unterschiedliche Innovationsbereitschaft aus. Jeder Adoptor gibt nach einem Zeitintervall eine Information weiter, deren Empfänger auf der Grundlage des *mean information field*[18] bestimmt wird. Dieses Informationsfeld ist distanzabhängig, d. h. mit zunehmender Entfernung vom „Sender" sinkt die Wahrscheinlichkeit, eine Information zu erhalten. In jedem Zeitintervall wird für jeden Adoptor diese Informationsübertragung bestimmt und so über die Informationsausbreitung der Diffusionsprozeß simuliert.[19]

3. HÄGERSTRAND hat in seinen Arbeiten eine Reihe von Regelhaftigkeiten bei der Ausbreitung von Neuerungen herausgearbeitet: Die kumulierte Zahl der Adoptoren einer Innovation hat etwa die Form

einer S-Kurve (logistische Kurve). Bei der Ausbreitung von Innovationen in städtischen Systemen läßt sich ein hierarchischer Effekt feststellen, d. h., die Neuerung wird von größeren Städten (oder solchen mit einem höheren Zentralitätsgrad) auf kleinere übertragen; im Einflußbereich einer einzelnen Stadt (oder eines Innovationszentrums) breitet sich eine Innovation wellenförmig aus.

Es läßt sich also festhalten, daß HÄGERSTRANDS Modell der wellenförmigen Ausbreitung von Innovationen (1952) zunächst nur als Möglichkeit gedacht war, die Form von Diffusionsprozessen zu erfassen, wie sie von unterschiedlichen Wissenschaften beschrieben worden waren. Darauf aufbauend gelangte er 1953 zu einem stochastischen Modell, das eben diese Diffusionswellen mit Hilfe des Monte-Carlo-Verfahrens simulieren konnte. Es scheint, daß diese beiden Beiträge HÄGERSTRANDS zur geographischen Innovations- und Diffusionsforschung nicht klar genug auseinandergehalten wurden bzw. teilweise gar nicht als zwei getrennte Arbeiten zur Kenntnis genommen worden sind.

Je nach Vermittlung bzw. Aufnahme dieser beiden Ansätze zur Erfassung von Diffusionsprozessen hat sich dann z. B. in den USA oder in Deutschland eine jeweils spezifische Forschungsausrichtung eingestellt, auf die hier genauer eingegangen werden muß.

BROWN (1979, S. 53) ist der Ansicht, und wohl nicht zu Unrecht, daß für die Entwicklung der amerikanischen Innovations- und Diffusionsforschung ein glücklicher Zufall eine entscheidende Rolle gespielt hat, nämlich, daß HÄGERSTRAND sich im Jahre 1959 für ein Semester an der University of Washington aufgehalten hat, wo er mit W. GARRISON und seinen Schülern (MORRILL, NYSTUEN, BUNGE u. a.) zusammentraf, also mit einer Gruppe von Geographen, die in der Folgezeit die *quantitative Revolution* in der Geographie maßgeblich bestimmen sollte. Hieraus ist es wohl auch zu erklären, daß der von HÄGERSTRAND entwickelte Modellansatz so bereitwillig aufgenommen wurde und bis 1970, z. T. auch noch länger, diese Grundkonzeption im Mittelpunkt der Forschung gestanden hat. Bezeichnend ist auch, daß Lund für eine große Zahl amerikanischer Geographen auf ihrem beruflichen Wege zu einer Notwendigkeit wurde, d. h., man hielt sich zumindest für ein Semester,

möglichst aber noch länger, dort auf, um an den entwickelten Fragestellungen und methodologischen Diskussionen zu lernen. Sowohl
MORRILL, PRED als auch BROWN, die für die weitere Entwicklung
dieses Forschungszweiges in den USA eine wichtige Funktion erhalten, haben sich längere Zeit in Lund aufgehalten.

Es lassen sich vier Forschungsschwerpunkte im Anschluß an das
HÄGERSTRANDsche Modell festhalten[20]:

1. Analyse und Anwendung von Teilkomplexen des Modells. Da das
mean information field (MIF) dem Modell seine räumliche Dynamik
verleiht, ist ihm besondere Aufmerksamkeit gewidmet worden. Im
Mittelpunkt der Arbeiten stehen Fragen der mathematischen Erfassung des Distanzeffektes sowie der Anpassung der jeweiligen Felder
an Realsituationen (MORRILL u. PITTS 1967, MARBLE u. NYSTUEN
1963, SHANNON 1970). Ein weiterer Schwerpunkt der Forschung lag
in der Entwicklung von Computermodellen, um die Simulations-
prozesse der Realität genauer anzupassen (PITTS 1963, MARBLE u.
BOWLBY 1968). Diese Modelle haben sicherlich zur schnellen Verbreitung des Forschungsansatzes beigetragen. Daneben haben sich
einige Geographen detailliert mit Fragen auseinandergesetzt, die den
Diffusionsprozeß bestimmen, z. B. der Wirkung von Barrieren
(YUILL 1964). Bezüglich der Entwicklung und Eichung vom MIFs
sind zahlreiche Arbeiten veröffentlicht worden, die sich z. T. auch
recht kritisch mit den von HÄGERSTRAND verwendeten Parametern
auseinandersetzen (MORRILL u. PITTS 1967, SHANNON 1970, MAY-
FIELD 1972, MAYFIELD u. YAPA 1974).

2. Anwendung des Modells auf reale Diffusionsprozesse. Es liegt
eine größere Zahl von Arbeiten vor, die sich mit der Ausbreitung
von Innovationen auseinandersetzen und dabei das Modell HÄGER-
STRANDS verwenden, zu nennen sind hier BOWDEN (1965), MISRA
(1969), SHANNON (1970), DETEMPLE (1971) und JOHANSEN (1971).
Besonders häufig zitiert wird die Arbeit von BOWDEN, die sich mit
der Ausbreitung von Bewässerungsbrunnen in Colorado befaßt. Es
gelang ihm, die Ausbreitung dieser Innovation bis 1962 in einem
Modell zu erfassen, das der Realität weitgehend entsprach, und darauf aufbauend eine Prognose bis 1990 zu erstellen. Die Arbeit von
BOWDEN wird sehr unterschiedlich bewertet bezüglich ihres Beitra-

ges zum Forschungsfortschritt, vor allem wird Kritik geübt an der Konzeption des MIF.

3. Anwendung des Modells auf andere Prozesse als räumliche Diffusionsprozesse. Das von HÄGERSTRAND vorgelegte Modell zur Simulation räumlicher Prozesse ist in der Folgezeit nicht nur auf die Ausbreitung von Innovationen angewendet worden, sondern mit kleineren Abwandlungen auch bei Migrationsstudien (MOORE 1966), der Ausbreitung von Gettos (MORRILL 1965) und städtischen Zentren (BYLUND 1960, BROWN u. ALBAUM 1971, MORRILL 1965a).[21] Auch in verkehrsgeographischen Arbeiten fand der Ansatz Verwendung (NYSTUEN 1967, GARRISON u. MARBLE 1965). Wenngleich diese vielseitige Verwendung für das Modell spricht, muß man doch festhalten (vgl. BROWN u. MOORE 1969, S. 143), daß die vielfach kritiklose Übernahme wenig zum Verständnis der jeweils abgelaufenen Prozesse beigetragen hat. So wurde teilweise gar nicht gefragt, ob der analysierte Prozeß wirklich auf Informationsübertragung oder räumliche Kontakte zurückgeführt werden konnte.

4. Mathematische Beschreibung von Diffusionsprozessen. Es war selbstverständlich, daß man sich im Rahmen der quantitativen Revolution auch der mathematischen Beschreibung von Diffusionsprozessen zuwandte. Dabei griff man zunächst auf Ansätze aus der Physik und Biologie zurück (vgl. z. B. ANDERSON 1970, BROWN 1968, GALE 1972). Das Schwergewicht lag entsprechend der wachsenden Zuwendung zur Stadtgeographie in den USA beim Problem der Diffusion in städtischen Systemen. Hier wurden teilweise auch größere Modifikationen vorgeschlagen. Aus der großen Zahl der Arbeiten seien die von MORRILL (1968, 1970), CASETTI u. SEMPLE (1969), HUDSON (1969), BERRY (1972) und PEDERSEN (1970, 1971) genannt. Dem Problem der logistischen Kurve als Modell des zeitlichen Verlaufes einer Diffusion wenden sich u. a. CASETTI (1969) und ANDERSON (1970) zu. Einen guten Überblick über die mathematischen Modelle des Diffusionsprozesses bieten BROWN (1968), HUDSON (1972) sowie HAGGETT, CLIFF u. FREY (1977, S. 231–258).

Man kann festhalten, daß diese vier Themenkreise die US-amerikanische Innovations- und Diffusionsforschung bis 1970 und z. T. auch länger bestimmt haben. Diese Schwerpunkte lassen sich aufgrund des weitreichenden Einflusses, den die amerikanischen Geographen hinsichtlich der Mathematisierung der Disziplin hatten, auch in Großbritannien, Schweden und z. T. auch in Deutschland feststellen, wenngleich es hier zu einer etwas unterschiedlichen Entwicklung kam. Die Ursachen hierfür sind anschließend genauer zu untersuchen.

Es wurde bereits festgestellt, daß HÄGERSTRANDS Beiträge in zwei Richtungen zielten. Einmal ging es um ein stochastisches Modell, das vor allem von US-amerikanischen Geographen aufgenommen wurde,[22] zum anderen um die Erfassung der Diffusionsform und eine Gliederung des Diffusionsprozesses in unterschiedliche Phasen, was stärker in der deutschen Geographie berücksichtigt wurde.

BORCHERDT (1961) hat diesen Forschungsansatz in Deutschland bekanntgemacht. Er selbst ist zwischen 1953 und 1954 mit den Arbeiten von GODLUND und HÄGERSTRAND konfrontiert worden.[23] Die Regelhaftigkeit der Ausbreitung bestimmter Anbaufrüchte in Bayern zeigte ihm, daß es lohnend sein würde, das Modell HÄGERSTRANDS auf seine Verwendbarkeit zu prüfen. Ähnlich wie bei seinem schwedischen Kollegen stand also auch bei BORCHERDT die empirische Arbeit am Anfang.

BORCHERDTS terminologische Setzungen haben bis in die siebziger Jahre bestimmend gewirkt, sind dann jedoch entsprechend der englischen Begriffsbildung modifiziert worden. Bedeutsam für die weitere Entwicklung der deutschen Innovations- und Diffusionsforschung ist, daß BORCHERDT nur die in englischer Sprache erschienene Arbeit von HÄGERSTRAND (1952) kannte, damit also der Form der Diffusion und der Phasengliederung das besondere Augenmerk galt, zumindest so lange, bis HÄGERSTRAND selbst einige Beiträge zu seinem stochastischen Modell in englischer Sprache verfaßte.

Direkt beeinflußt von BORCHERDT wurden WIRTH (1965),[24] MEFFERT (1968)[25] und WINDHORST (1972, 1974). MEFFERT geht in seiner Arbeit über BORCHERDTS Fragestellung hinaus, indem er als Betrachtungsebene die Gemeinde wählt. Dort will er den exakten räumlichen und zeitlichen Verlauf der Diffusion erfassen. Als Erklärungsmuster verwendet er die kleinräumige Agrar- und Siedlungs-

struktur. Hierin unterscheidet er sich auch deutlich von HÄGER-
STRAND. Bemerkenswert ist außerdem, daß er sich bereits mit Fragen
nach der Regelhaftigkeit bei der Aufgabe ehemaliger Innovationen
zuwendet.[26]

WIRTH hat 1963 in Syrien und im Libanon erstmalig im Rahmen
seiner religions- und sozialgeographischen Studien auch Diffusions-
phänomene berücksichtigt und diese in einem Aufsatz publiziert
(1965).[27] Danach hat er sich stärker dem Einbau dieses Forschungszweiges in die Kulturgeographie gewidmet, was seine Arbeit aus
dem Jahre 1969 belegt. WINDHORST wurde auf die Arbeiten von
HÄGERSTRAND und BORCHERDT durch den Vortrag von BARTELS
auf dem Geographentag in Kiel (1969) aufmerksam, außerdem
wurde er stark von US-amerikanischen agrarsoziologischen Arbeiten beeinflußt, die von ALBRECHT (1963, 1964, 1969) nach Deutschland übertragen worden waren. Während eines Forschungsaufenthaltes in den USA hatte WINDHORST Gelegenheit, in Ames (Iowa)
und in Madison (Wisconsin) entsprechende Fragen mit Agrarsoziologen zu diskutieren. Hieraus erklärt sich die Verwendung des Pha-
senmodells und das Interesse an der Frage, ob real abgelaufene Prozesse mit der logistischen Kurve übereinstimmen. Dieses Modell
wurde in Verbindung gebracht mit dem Konzept der Wirtschafts-
formation (1974). Auch ihm geht es anfänglich vorrangig um die
formale Erfassung von raum-zeitlichen Prozessen.

Von den vorgenannten Untersuchungen unterscheiden sich die
Arbeiten von BARTELS (1968, 1970) sowie BAHRENBERG und ŁO-
BODA (1973). Der Unterschied des Frageansatzes wird besonders
deutlich bei der Analyse der Ausbreitung des Fernsehens in Polen
durch BAHRENBERG und ŁOBODA. Während eines Forschungsaufenthaltes in Evanston (Northwestern University) trafen beide mit
HUDSON zusammen,[28] der sich, wie bereits festgestellt, intensiv mit
der Verbesserung mathematischer Modelle zur Erfassung von
Diffusionsprozessen befaßt hatte. ŁOBODA hatte in seiner Dissertation (1971) das Datenmaterial bereitgestellt, das die Grundlage des
Aufsatzes bildet. Nachhaltigen Einfluß haben auch die theoretischen Überlegungen von MORRILL zur Ausbreitung von
Diffusionswellen gehabt. Den Autoren geht es vor allem um die Klä-

rung des Zusammenhanges von hierarchischer Diffusion und Nachbarschaftseffekt im Nahbereich der jeweiligen städtischen Zentren. Die Analyse ist auf die mehr formalen raum-zeitlichen Eigenschaften des Diffusionsprozesses beschränkt (1973, S. 192). ŁOBODA hat an anderer Stelle (1971) den steuernden Einfluß sozioökonomischer Faktoren genauer untersucht.

BARTELS[29] ist zu seinen sowohl theoretischen als auch empirischen Arbeiten durch zwei Publikationen angeregt worden, nämlich HÄGERSTRAND (1965) und KIEFER (1967). HÄGERSTRAND stellt in dem genannten Beitrag[30] sowohl sein Phasenmodell als auch das Simulationsmodell vor, wodurch der quantifizierende Aspekt bei BARTELS erklärt wird. KIEFER stellt demgegenüber die soziologischen Aspekte in den Vordergrund, wobei vor allem die Rolle der Adoptoren, die Mechanismen der Informationsübertragung und Charakteristika der Innovationen beleuchtet werden. Diese unterschiedlichen Sichtweisen spiegeln sich deutlich in den empirischen Studien und den mehr theoretischen Erörterungen wider. Hervorzuheben ist insbesondere, daß BARTELS (1970) sich bereits intensiv mit der Entwicklung der Innovations- und Diffusionsforschung in den Nachbarwissenschaften und dem dort erreichten Forschungsstand auseinandersetzt. Im Mittelpunkt der in der Türkei durchgeführten Feldstudien stehen Fragen nach den Bestimmungsgründen der Gastarbeiter, ihr Land zu verlassen, sowie die Ausbreitung einiger Innovationen in Abhängigkeit von sozioökonomischen Faktoren.

Überblickt man die geographische Innovations- und Diffusionsforschung während dieser Phase in Deutschland, dann lassen sich folgende Forschungsschwerpunkte feststellen:

1. Analyse der sozioökonomischen Strukturbedingungen, die Einfluß auf die Diffusion von Innovationen ausüben (BORCHERDT 1961, WIRTH 1965, BARTELS 1968, MEFFERT 1968).

2. Anwendung vorliegender Modelle auf reale Diffusionsprozesse (BORCHERDT 1961, BAHRENBERG u. ŁOBODA 1973, WINDHORST 1974).

3. Mathematische Beschreibung von Diffusionsprozessen (BAHRENBERG u. ŁOBODA 1973).

4. Integration des Forschungsansatzes in die Kultur- (WIRTH 1969) bzw. Wirtschaftsgeographie (WINDHORST 1974).

Die Zahl der Diffusionsstudien ist insgesamt sehr viel geringer als in den USA. Auffallend ist auch, daß das von HÄGERSTRAND entwickelte Simulationsmodell in der deutschen Geographie nicht zur Anwendung gelangt, auch nicht von den eher an der Quantifizierung ihrer Ergebnisse interessierten Geographen. Demgegenüber zeichnet sich ab, daß die Bestimmungsfaktoren, die Diffusionsprozesse steuern, sowie die Anbindung der Prozesse an bestimmte soziale Gruppen bereits in dieser Phase bedeutsam werden. Bemerkenswert ist auch, daß zwischen dem Bekanntwerden der HÄGERSTRANDschen Modelle und deren Anwendung einige Jahre verstreichen. Dies ist sicherlich auf die zurückhaltende Reaktion der damals etablierten Kultur- und Wirtschaftsgeographen auf die Arbeiten von BORCHERDT (1961) und MEFFERT (1968) bedingt.[31] Die Aufnahmebereitschaft für diese Neuerung war offensichtlich gering, die Zahl der mathematisch geschulten Geographen noch sehr klein. Die Entwicklung der deutschen Sozialgeographie wurde eindeutig von der *Münchener Schule* bestimmt, die mit ihren Konzepten der sozialgeographischen Gruppe und der Daseinsgrundfunktionen in eine völlig andere Richtung zielte. Als HÄGERSTRANDS Dissertation dann 1967 in englischer Sprache erschien, hatte die Sozialgeographie dieser Prägung bereits eine feste Position im Lehrgebäude der Geographie erlangt.

Die von MAIER u. a. (1977) verfaßte Sozialgeographie zeigt, daß die Entwicklung der Innovations- und Diffusionsforschung in den USA gar nicht und in Deutschland nur sehr unvollständig zur Kenntnis genommen worden ist.[32] Die Aussagen des betreffenden Kapitels geben den Forschungsstand sicherlich nicht treffend wieder. Auch in der Wirtschaftsgeographie wurden während dieser Zeit die Modellvorstellungen, sieht man von den genannten Arbeiten ab, nicht aufgegriffen. In den gängigen Handbüchern sucht man den Begriff Innovation zumeist vergeblich, oder er wird nur beiläufig erwähnt. Erst SCHÄTZL (1978) widmet ihm dann mehr Aufmerksamkeit.

Wie stand es um die Entwicklung der Innovations- und

Diffusionsforschung während dieser Phase in den Nachbarwissenschaften? Die Zahl empirischer Studien und theoretischer Beiträge nimmt in dieser Phase in den Wirtschafts- und Sozialwissenschaften sehr schnell zu. Der Beginn der in der Geographie festgestellten Modellorientierung durch die Arbeiten HÄGERSTRANDS fällt zusammen mit dem Erscheinen des grundlegenden Werkes von BARNETT (1953), der die Innovation als Basis des kulturellen Wandels ansieht. HIRSHMAN (1958) publiziert sein vielbeachtetes Werk der Strategie der wirtschaftlichen Entwicklung, das auf den Prinzipien des *unbalanced growth* und der Infrastrukturknappheit aufbaut.[33] Diese Konzeption der Führungssektoren im Rahmen der wirtschaftlichen Entwicklung trug viel zum Verständnis der industriellen Revolution[34] bei und gab weitreichende Anregungen für Entwicklungsstrategien in der Dritten Welt. Wenig später erscheint ROSTOWS Buch ›Stadien wirtschaftlichen Wachstums‹ (1960), in dem er ein Modell von fünf Wachstumsstadien vorstellt. Auch diese eher theoretische Untersuchung kann zur Erklärung des Aufkommens und der Ausbreitung von Innovationen beitragen. Weitere Arbeiten aus dem Bereich der Wirtschaftswissenschaften und der Politischen Wissenschaft verfolgen ähnliche Fragestellungen, wobei sie teilweise eine eher umfassende Sicht gesamtwirtschaftlicher und sozialer Entwicklung beinhalten (BELL 1975, MANSFIELD 1971) oder sich stärker auf einzelne Produktionssektoren konzentrieren (MANSFIELD 1968).

Eine sehr enge Verwandtschaft zu geographischen Fragestellungen weisen die Arbeiten von WIEGELMANN auf, durch den die deutsche Volkskunde neue Impulse erhalten hat, die viel zum Verständnis der in der Volks- und Sachkultur eingetretenen Wandlungen beigetragen haben. Der Einfluß der bereits dargestellten schwedischen Forschungsansätze von SVENSSON oder JANSSON (1961) ist unverkennbar. HARD (1966) gibt der Sprachwissenschaft mit seiner Mundartgeographie neue Anregungen. MCCLELLAND (1961) hat mit seiner Studie über die Leistungsgesellschaft die psychologische Seite des sozioökonomischen Wandels beleuchtet und damit Erklärungsmöglichkeiten eröffnet.

Nachhaltiger Einfluß ist von der Innovations- und Diffusionsforschung in der Soziologie ausgegangen. Es sind hier zunächst vor allem die Arbeiten der *Agrarsoziologie* zu nennen, die maßgeblich von ROGERS (1962) bestimmt wurden. Wichtige methodische Ansätze sind auch von der Medizinsoziologie erarbeitet worden, wobei die von COLEMAN, KATZ und MENZEL (1966) durchgeführte empirische Studie über die Ausbreitung eines Medikamentes unter Ärzten im Mittelwesten der USA am Anfang einer Reihe vergleichbarer Untersuchungen steht. Eher theoretisch ausgerichtet sind PARSONS (1961), HAGEN (1962), MERTON (1964) und HAVELOCK (1971). Letzterer zielt auf die Anwendbarkeit der Ergebnisse in der Planung von Diffusionsprozessen ab. Die Übertragung der agrarsoziologischen Adoptionsforschung von Amerika nach Deutschland erfolgte durch ALBRECHT (1963).[35]

Daneben hat KIEFER (1967) maßgeblich zur Verbreitung der theoretischen Konzeption beigetragen. Besondere Bedeutung kommt dem von ROGERS (1962) entwickelten Modell der Adoptorkategorien zu.[36] Die Klassifizierung der Adoptoren einer Innovation erfolgt auf der Grundlage ihrer Innovationsbereitschaft (= *innovativeness*), die sich in einer frühen bzw. späteren Annahme der Innovation äußert. Einen umfassenden Überblick über den Forschungsstand gegen Ende dieser Phase in den unterschiedlichen Disziplinen geben ROGERS und SHOEMAKER (1971). Die Geographie wird zwar nicht angemessen berücksichtigt, doch kann man feststellen, daß sich durch die interdisziplinäre Sichtweise die kommende Phase der Neuorientierung andeutet, die dann ab etwa 1975 immer klarer erkennbar wird. Ausdruck dieser Entwicklung ist ein Aufsatz von WALZ (1975), der die Forderung nach einer interdisziplinären Forschung im Bereich der Innovations- und Diffusionsforschung stellt. Der Neuansatz zeigt sich auch in dem von SCHMIDT (1976) herausgegebenen Reader.

Zusammenfassend läßt sich die modellorientierte Phase in folgender Weise charakterisieren: Die beiden Jahrzehnte nach der Publikation der HÄGERSTRANDschen Modelle sind von der Anwendung und Verfeinerung seiner Grundkonzeption bestimmt. Während in den USA, Schweden und z. T. auch England das Simulationsmodell größere Beachtung findet, steht im deutschen Sprachraum stärker das deskriptive Phasenmodell im Vordergrund. Hier macht sich auch bereits in den sechziger Jahren eine Beschäftigung mit den jeweiligen sozioökonomischen und physisch-geographischen Voraussetzungen bemerkbar, die steuernde Einflüsse auf den Diffusionsprozeß haben. Zu Beginn der siebziger Jahre wird das Interesse an Frageansätzen, den Methoden und dem erreichten Forschungsstand benachbarter Wirtschafts- und Sozialwissenschaften zunehmend deutlich. Eine Phase der Neuorientierung kündet sich an.

2.4. Phase 4: (Interdisziplinäre) Neuorientierung (seit 1975)

Eine abschließende Wertung dieser Phase ist zum gegenwärtigen Zeitpunkt kaum möglich, da sicherlich noch nicht entschieden ist, wie sich der weitere Weg der geographischen Innovations- und Diffusionsforschung gestalten wird. Einige markante Orientierungspunkte sind jedoch gesetzt, so daß versucht werden kann, die angedeuteten Richtungen, soweit bereits möglich, zu verfolgen und in ihren wesentlichen Aspekten vorzustellen. Die wohl nachhaltigste Wirkung ist von L. A. BROWN (Columbus, Ohio)[37] ausgegangen, der im Jahre 1973 der National Science Foundation der USA ein umfangreiches Forschungsprogramm vorschlug. Aus diesem interdisziplinär angelegten Projekt sind bis 1980 insgesamt 60 Publikationen hervorgegangen, die in ihrer methodischen Grundlegung und den verfolgten Fragestellungen den Wandel erkennen lassen, der diese 4. Phase charakterisiert.

Der Wandel in der Fragestellung kündigt sich bei BROWN bereits 1968 mit seiner Studie ›Diffusion Processes and Location‹ an. Hier wird von ihm ein systemtheoretischer Ansatz vorgelegt, der seines Erachtens als Grundlage einer umfassenden Theorie räumlicher Diffusionsprozesse oder Bewegungsabläufe dienen kann. Ausgangspunkt dieser Theorie sind sechs Grundelemente (vgl. Kap. 1). Auf dieser Grundlage gelangt er zu einer Unterscheidung von *Relokationsdiffusion* und *Expansions-* bzw. *Kontaktdiffusion* [38] (Abb. 1).

Ausgehend von der Annahme, daß sich mit diesem theoretischen Konzept Diffusionsprozesse zutreffend erfassen lassen, müßten sich

A. Expansions - Diffusion

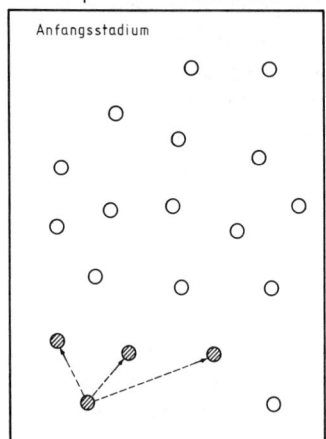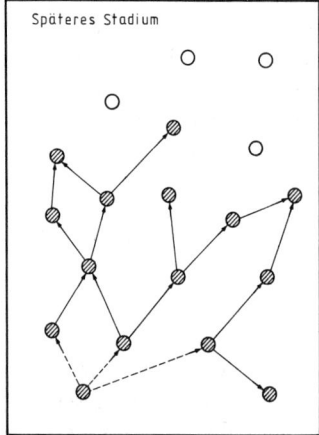

B. Relokations - Diffusion

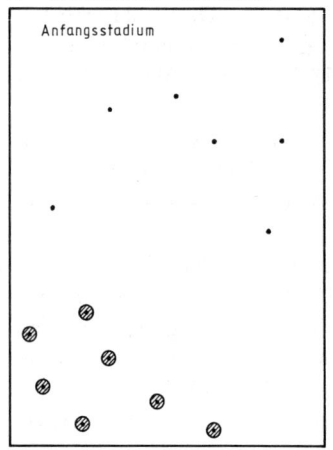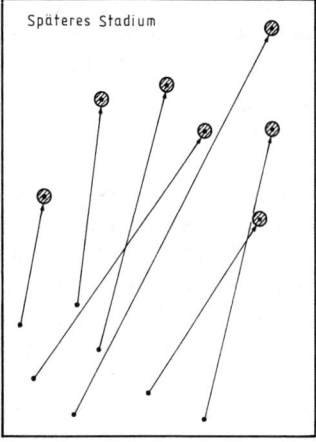

Abb. 1: Expansions- und Relokations-Diffusion (nach GOULD 1969)

Übereinstimmungen in den generellen Ergebnissen von Diffusionsstudien und Untersuchungen anderer Bewegungsabläufe im Raum
einstellen. Dies ist, so BROWN (1979, S. 43 ff.), teilweise auch der
Fall, doch zeigte die Analyse vorliegender Arbeiten, daß HÄGER-
STRANDS Grundmodell, das auf der Informationsübertragung basiert, in einer ganzen Reihe von Fällen nur Teilerklärungen liefert.
Diese Einsicht veranlaßte ihn dazu, der Frage nachzugehen, ob neben der *Nachfrageseite* (Adoption steht im Mittelpunkt) von Innovationen nicht auch der *Angebotsseite* unter Berücksichtigung von
change agents, propagators, agencies größere Beachtung zu schen-
ken sei. In einem grundlegenden Aufsatz hat er 1975 sein *market and
infrastructure model* der Diffusion von Innovationen vorgelegt,
welches er später weiter spezifiziert und an zahlreichen Fallstudien
überprüft.

BROWN geht in seiner Monographie (1979) noch über dieses
Modell hinaus. In einem ersten Schritt untersucht er (S. 295 ff.), in
welcher Weise es sich auf die Analyse von Diffusionsprozessen in
Entwicklungsländern anwenden läßt. Er kann an einigen Beispielen
zeigen, daß das Modell auch hier erfolgreich eingesetzt werden kann
und daß es in Verbindung mit dem Adoptionsmodell HÄGER-
STRANDS die räumlichen Prozesse und Muster gut zu beschreiben
und zu erklären vermag. In einem weiteren Schritt (S. 345) fragt
er danach, ob sich die zunächst überwiegend positive Beurteilung der Diffusion von Innovationen in Entwicklungsprozessen
bestätigt.[39]

Grundlegende Einsichten hinsichtlich der Rolle, die Innovationen
und ihrer Ausbreitung im Hinblick auf den sozialen und wirtschaftlichen Wandel in Entwicklungsländern zukommt, sind von YAPA
(1976, 1977) erarbeitet worden. Hierauf gehen die Aussagen
BROWNs im wesentlichen zurück. Als eine wichtige zukünftige Aufgabe der geographischen Innovations- und Diffusionsforschung
sieht er die Integration des Adoptionsmodells, des *market and
infrastructure model* sowie der Entwicklungsperspektive zu einer
umfassenden Theorie sozioökonomischer Wandlungsprozesse in
Abhängigkeit von der Ausbreitung von Neuerungen an. Diese interdisziplinär ausgerichtete Theorie könnte dazu beitragen, Ent-

27

wicklungsprozesse gezielter zu beeinflussen, als es bislang möglich gewesen ist (Abb. 2).

Ein zweiter Ansatz zur Neuorientierung geht von HÄGERSTRAND aus.[40] Sein Ausgangspunkt ist die Feststellung, daß sich viele Disziplinen mit der Innovations- und Diffusionsforschung beschäftigt haben, ein Mosaik von Ansätzen und Erkenntnissen vorliegt, jedoch keine zusammenhängende Theorie. Seines Erachtens lassen sich zwei Forschungstraditionen unterscheiden (1974, S. 17):

1. Eine Forschungstradition, die sich überwiegend an Fallstudien aus westlichen Industriestaaten orientiert, vielfach mit historischem Datenmaterial arbeitet, aber selten zu einer formalisierten Darstellung der Ergebnisse gelangt.

2. Eher theoretisch ausgerichtete Studien formalisierender Art, bei denen oftmals von der Realität abgelöste Modelle im Mittelpunkt des Interesses stehen.

Zwischen den Vertretern dieser beiden Forschungsrichtungen bestehen vielseitige Übereinstimmungen bezüglich des Verständnisses von Diffusionsprozessen. Ein Nachteil der Fallstudien ist jedoch häufig darin zu sehen, daß über die Anfangsphase wenig bekannt ist, weil das notwendige statistische Material zumeist nicht vorliegt. Diese Anfangsphasen können jedoch nach Ansicht HÄGERSTRANDS viel dazu beitragen, die Rolle der Innovationen in der Entwicklung menschlicher Gesellschaften genauer zu erfassen (1974, S. 18 bis 19):

We need to know more about what circumstances convert inventions step by step into innovations which then start to diffuse. And we need to know more about how one innovation by its diffusion opens the way for other innovations. . . . We must be able to view the situation before the innovation finds its place in the fabric, we must be able to follow how the environment is affected while it is diffusing and we must be able to state how the new end-situation differs from the initial one. . . . Innovations are in the most cases more than just ideas. It is true that rejection of an innovation might be only a mental process. But adoption is not. Events have to be set in motion in some orderly fashion. Conflicting events may have to be counteracted. Institutions may have to be organized in order to shield the innovation from an eroding environment. In other words, innovations must get some sort of real shape in the real world before one can say that they have become adopted. In order to

28

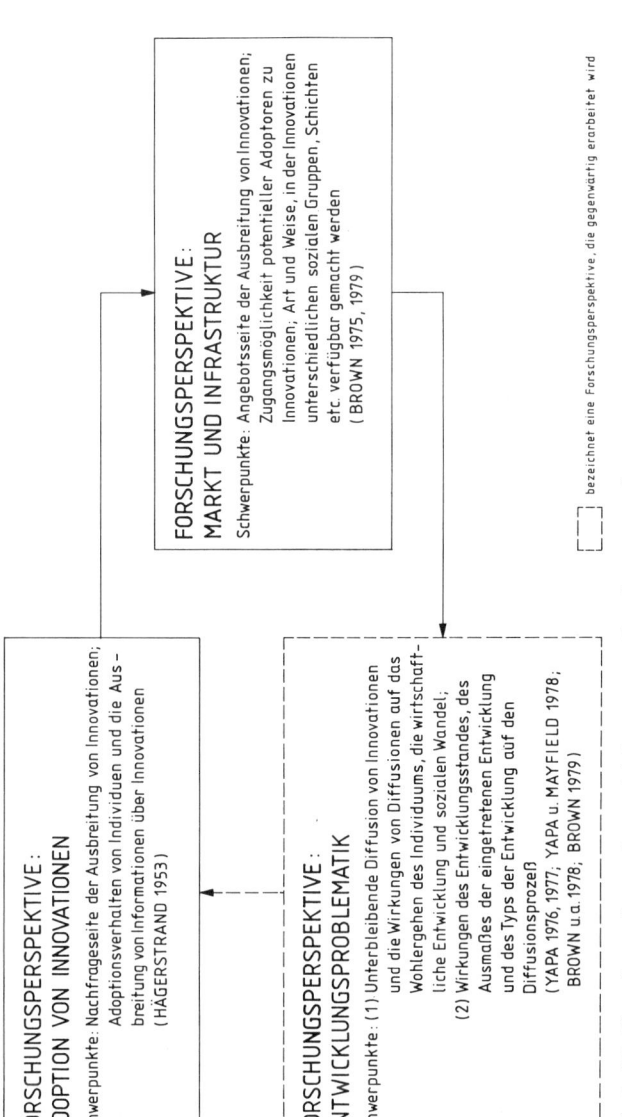

FORSCHUNGSPERSPEKTIVE:
ADOPTION VON INNOVATIONEN

Schwerpunkte: Nachfrageseite der Ausbreitung von Innovationen;
Adoptionsverhalten von Individuen und die Aus-
breitung von Informationen über Innovationen
(HÄGERSTRAND 1953)

FORSCHUNGSPERSPEKTIVE:
MARKT UND INFRASTRUKTUR

Schwerpunkte: Angebotsseite der Ausbreitung von Innovationen;
Zugangsmöglichkeit potentieller Adoptoren zu
Innovationen; Art und Weise, in der Innovationen
unterschiedlichen sozialen Gruppen, Schichten
etc. verfügbar gemacht werden
(BROWN 1975, 1979)

FORSCHUNGSPERSPEKTIVE:
ENTWICKLUNGSPROBLEMATIK

Schwerpunkte: (1) Unterbleibende Diffusion von Innovationen
und die Wirkungen von Diffusionen auf das
Wohlergehen des Individuums, die wirtschaft-
liche Entwicklung und sozialen Wandel;
(2) Wirkungen des Entwicklungsstandes, des
Ausmaßes der eingetretenen Entwicklung
und des Typs der Entwicklung auf den
Diffusionsprozeß
(YAPA 1976, 1977; YAPA u. MAYFIELD 1978;
BROWN u.a. 1978; BROWN 1979)

⌐ ¬
  bezeichnet eine Forschungsperspektive, die gegenwärtig erarbeitet wird
⌐ ¬

*Abb. 2: Die Einordnung der market-and-infrastructure-Forschungsperspektive in gegenwärtige Forschungsperspektiven der
geographischen Innovations- und Diffusionsforschung in den USA (nach BROWN 1979)*

understand what that means we will have to take our investigations much closer to things and events than we have normally been doing.

Sieht man einmal von dem offensichtlich eingetretenen Wandel in HÄGERSTRANDS Beurteilung von Innovationen und deren Diffusion ab, wird erkennbar, daß er eine interdisziplinäre Forschung als notwendig erachtet, die sich stärker an der Realität orientiert. Sie wird jedoch nur erreichbar sein (S. 18), wenn die beteiligten Disziplinen sich kompromißbereit zeigen. Sein Vorschlag zielt auf eine verstärkte Prozeßanalyse. Im Anschluß an die generellen Hinweise wird von ihm ein terminologischer und methodischer Rahmen vorgelegt, der auf eine gleichzeitige Betrachtung der räumlichen und zeitlichen Dimension ausgelegt ist. Grundvorstellungen der *time geography* werden in Beziehung gesetzt zur Diffusionsforschung. Die Ausbreitung einer Neuerung kann viele Veränderungen im ökonomischen und sozialen Bereich nach sich ziehen, weil vorliegende räumliche und zeitliche Konfigurationen von Individuen, Gruppen oder auch Gesamtgesellschaften betroffen werden. Ein sozioökonomischer Wandel kann die Folge sein. Dieser läßt sich aber nur dann exakt erfassen, wenn Ausgangssituation, Diffusionsprozeß und veränderte Situation betrachtet werden.[41]

In eine ähnliche Richtung zielt auch PRED (1978).[42] Er geht von der Feststellung aus, daß sich Anthropogeographen, obwohl sie sich intensiv mit Diffusionsprozessen befaßt haben, kaum der sehr wichtigen Frage der sozialen Auswirkungen nachgegangen sind, die der Adoption technologischer und institutioneller Innovationen folgen. Viele dieser Innovationen veränderten die Rollen der einzelnen Bürger drastisch und machten häufig eine völlige Veränderung ihrer räumlichen und zeitlichen Verhaltensweisen notwendig; so waren beispielsweise Pendelwanderung oder Migration die Folge. Unter dem Blickwinkel der *time geography* kommentiert er dann einige Fallstudien, z. B. die Ausbreitung des Telegraphenwesens in den USA und deren soziale Konsequenzen. PRED (1978, S. 370) ist der Ansicht, daß die Analyse von Diffusionsprozessen unter der von ihm vorgestellten Perspektive dazu beiträgt, die Rolle von Individuen in sozialen Kontexten und ihre Einbindung in soziale und wirtschaftliche Vorgänge besser zu verstehen. Dadurch würde die geographische Innovations- und Diffusionsforschung *menschlicher* werden und sich nicht allein mit vom Objekt (= Innovation) und Adoptor abstrahierten räumlichen Ausbreitungsprozessen befassen.

CARLSTEIN (1978) versucht ebenfalls, der Disziplin vom Forschungsansatz der *time geography* neue Impulse zu geben. Er bemängelt an den bislang erstellten Diffusionsstudien, daß

1. unterschiedliche Innovationen, die sich in einem Raum ausbreiten, zumeist isoliert voneinander analysiert worden sind bezüglich des Diffusionsprozesses; weder hat man sich eingehend mit den Innovationen selbst noch mit ihren Wirkungen auf die gesamte Struktur einer Region beschäftigt;

2. der ökonomische Aspekt zu sehr in den Vordergrund gestellt worden ist; es fehlt an Untersuchungen, die Zeit und Raum als knappe Ressourcen ansehen und unter diesem Blickwinkel die Diffusion von Innovationen analysieren;

3. in den Diffusionsstudien zumeist eine Zukunftsperspektive fehlt; die überwiegende Zahl der Arbeiten setzt sich mit abgelaufenen Diffusionsprozessen auseinander und ist eher durch eine zurückblickende Perspektive gekennzeichnet.

CARLSTEIN schlägt vor, sich zukünftig vermehrt folgenden Problemkreisen zuzuwenden:

1. Es sollen die von Diffusionsprozessen ausgehenden Wirkungen eingehender analysiert werden, insbesondere Probleme der Integration von Innovationen in die Subsysteme Bevölkerung, Aktivitäten und Siedlungen einer Region.

2. Der Diffusionsaspekt sollte zumindest für eine gewisse Zeit im Forschungsprozeß zurücktreten und die Frage der Bewertung von Innovationen stärker in das Blickfeld gerückt werden.

3. Das Aufkommen von Innovationen und deren Diffusion sollte unter einem breiteren sozialen und umweltbezogenen Blickwinkel analysiert werden.[43]

4. Es sollte unter dem Aspekt der Knappheit von Raum und Zeit in einer Region untersucht werden, wie hoch die Kapazität der betreffenden Region für Innovationen ist, außerdem, wie durch die Ausbreitung von Innovationen vorherige Neuerungen verdrängt werden.

5. Der Zeitbedarf der Informationsübertragung sollte mit räumlich-distanziellen Parametern in Verbindung gebracht werden, und es sollte untersucht werden, welche raum-zeitlichen Konstellationen notwendig sind, damit eine Innovation sich erfolgreich ausbreiten kann.

Der Gedanke, das „Verschwinden" ehemaliger Innovationen zu untersuchen, war bereits von MEFFERT (1968) geäußert worden. Dieser Gedanke ist jedoch bislang kaum aufgegriffen worden. Neben CARLSTEIN[44] hat auch BARKER (1977) darauf hingewiesen, daß hier eine Forschungslücke vorliegt. Er entwickelt ein methodisches Konzept, das er als die Analyse *negativer Diffusionsprozesse* bezeichnet.

Auch in Deutschland läßt sich seit Beginn der siebziger Jahre eine Neuorientierung feststellen, wenngleich hier die Zahl der vorliegenden Arbeiten so gering ist, daß sich eine Klassifizierung ausgesprochen schwierig gestaltet. Es lassen sich jedoch trotz der geäußerten Bedenken drei Forschungsbereiche gegeneinander abgrenzen (vgl. dazu auch GIESE 1980):

1. Es erfolgt eine Ausweitung der Diffusionsforschung auf andere raum-zeit-variante stochastische Prozesse.

2. Der behavioristische Forschungsansatz zur Erklärung raumzeitlicher Diffusionsprozesse wird weiterverfolgt.

3. Die Ergebnisse der Diffusionsforschung werden in Arbeiten zur Regionalplanung angewendet.

Dazu kommen noch einige mehr theoretisch ausgerichtete Beiträge, die darauf abzielen, zu einer umfassenden Theorie der Ausbreitung von Innovationen in sozialen und räumlichen Systemen zu gelangen, bzw. die Innovations- und Diffusionsforschung in die Kulturgeographie zu integrieren (WIRTH 1979).

Eine Ausweitung der Diffusionsforschung auf raum-zeit-variante stochastische Prozesse ist von GIESE (1978),[45] GIESE und NIPPER (1979) sowie von NIPPER und STREIT (1977, 1978) vorgenommen worden. Während sich GIESE und NIPPER in ihren Untersuchungen auf eine empirische Fallstudie (Ausbreitung der Gastarbeiter in der Bundesrepublik Deutschland) konzentrieren und dabei spezifische modelltheoretische Ansätze erproben, sind die Arbeiten von NIP-

PER und STREIT mehr theoretischer Natur. Ihnen geht es vorrangig um eine formal-theoretische Grundlegung raum-zeit-varianter stochastischer Prozesse. GIESE und NIPPER gehen bei ihrer Analyse davon aus, daß man räumliche Ausbreitungsprozesse als eben solche raum-zeit-varianten stochastischen Prozesse auffassen kann. Diese werden sowohl von exogenen (z. B. ökonomischen Veränderungen) als auch von endogenen Steuerungsfaktoren (Eigendynamik der Prozesse) bestimmt und zeichnen sich durch räumliche und zeitliche Persistenzeffekte aus. Diese Sichtweise führt sie dazu, zur Beschreibung Modelle heranzuziehen, die sowohl die Abhängigkeit zwischen Prozeßablauf und den von außen einwirkenden Faktoren als auch die Eigendynamik des jeweiligen Prozesses erfassen können. Die vorangehende Studie von GIESE (1978) erreicht noch nicht diesen hohen Abstraktionsgrad. Sie ist stärker auf die formalen Aspekte von Diffusionsprozessen ausgerichtet. Weitere Fallstudien müssen zeigen, ob über die rein formale Erfassung auch eine Erklärung für den jeweiligen Verlauf möglich ist. Die Studie über die Ausbreitung der Gastarbeiter zeigt Ansätze dazu, ist aber wohl noch zu wenig auf *Ursachenfindung* ausgerichtet (vgl. Kap. 5.4), wenngleich den Autoren zuzugestehen ist, daß dies nicht ihr vorrangiges Ziel war. Ihnen geht es vielmehr um die Weiterentwicklung des raumwissenschaftlichen Forschungsansatzes (GIESE 1980).

Eine andere Richtung, die vor allem von WINDHORST (1975, 1979) verfolgt wird, läßt sich als eine Hinwendung zum behavioristischen Ansatz deuten. Hier geht es nicht um die formal-theoretische Erfassung von Diffusionsprozessen über bestimmte Indikatoren, sondern es wird versucht, aus dem Verhalten potentieller Adoptoren und ihrer jeweils unterschiedlichen Beurteilung der Innovation Erklärungsversuche für den Verlauf des Ausbreitungsprozesses zu finden. WINDHORST bezieht sich dabei auf ROGERS und SHOEMAKER (1971) sowie die von ROGERS (1962) vorgelegte Klassifizierung von Adoptorkategorien. Diese werden als soziologische Interaktionsgruppen gekennzeichnet. Durch ihre Verteilung innerhalb des potentiellen Diffusionsgebietes, durch Art und Dichte der Informationsbahnen sowie Art und Häufigkeit der Informationsübermittlung und die Ausbreitungsgeschwindigkeit der Informationen wird der Diffusionsprozeß in zeitlicher und räumlicher Hinsicht bestimmt. Das gleichartige räumliche Verhalten der Adoptorkategorien wird mit Hilfe der soziologischen Theorie von PARSONS (1965, 1968) erklärt. Damit sind die Adoptorkategorien als sozialgeographisch relevante Gruppe ausgewiesen. Durch Parallelisierung der Diffusionsphasen mit den Adoptorkategorien gelingt es, raum-zeitliche Diffusionsprozesse an die soziologische Verhaltensgruppe anzubinden (WINDHORST 1979, S. 245–248). Aus diesem theoretischen Konzept wird ein Aufgabenkatalog abgeleitet, der weit über die formale Erfassung von Diffusionsprozessen hinausgeht. Besondere Beachtung wird den geoökologischen und sozioökonomischen Bedingungen des Aufkommens von Innovationen geschenkt, außerdem den raumverändernden Wirkungen, die aus der Diffusion dieser Innovation resultieren, d. h. der Veränderung sozioökonomischer räumlicher Systeme.[46] WINDHORST hat sich ebenfalls mit der Wechselwirkung beschäftigt, die von der Diffusion unterschiedlicher Innovationen in einer Region ausgeht (z. B. Beziehungen zwischen der Ausbreitung der Großbestandshaltung bei Hühnern und dem Maisanbau),[47] daneben werden die sozialen und wirtschaftlichen Folgen des Ausbreitungsprozesses analysiert. Es zeigt sich, daß hier die formal-theoretischen Aspekte hinter der Herausarbeitung der steuernden Faktoren zurückbleiben, wenngleich natürlich der Diffusionsprozeß auch formal beschrieben werden muß, um die Ausbildung des Diffusionsgebietes erklären zu können.

Neben diesen beiden Forschungsrichtungen wird erkennbar, daß Ergebnisse der geographischen Innovations- und Diffusionsforschung zunehmend Eingang in die Regionalplanung und Regionalökonomie finden. Hier eröffnet sich für die Zukunft noch ein weites Forschungsfeld. Erste Einblicke in die mögliche Ausrichtung der Forschungsaktivitäten zeigen die Arbeiten von SCHILLING-KALETSCH (1976) und BRUGGER (1980). Die von LASUÉN (1969, 1973) entwickelten polarisationstheoretischen Konzepte,[48] die in Verbindung gebracht werden mit diffusionstheoretischen Ansätzen, greift SCHÄTZL (1978) auf. SCHÄTZL ist wohl mit Recht der Ansicht, daß das von LASUÉN vorgelegte theoretische Konzept empirisch überprüft werden muß, bevor es zur vollen Anwendung in der Regional- und Wirtschaftspolitik gelangen kann (S. 141).

Innerhalb der Sozial- und Wirtschaftswissenschaften ist mit Ausnahme des Readers von SCHMIDT (1976) und der Habilitationsschrift von RÖPKE (1977) keine Arbeit zu nennen, die in besonderer Weise befruchtend auf die geographische Innovations- und Diffusionsforschung wirken könnte. Insbesondere der von KAUFMANN und SCHMIDT unternommene Versuch, zu einer allgemeinen Verhaltenstheorie zu gelangen (in SCHMIDT 1976, S. 313 ff.), sollte jedoch Beachtung finden. AREGGER (1976) vermittelt kaum neue Erkenntnisse, MATTERS Kritik an HÄGERSTRAND ist als verfehlt zu bezeichnen; einige Gedanken zur Wechselwirkung von Innovationsverhalten und Wertsystemen sind allerdings von Bedeutung hinsichtlich der Erklärung von Adoptionsprozessen.

Zusammenfassend kann festgehalten werden, daß gegenwärtig folgende Forschungsperspektiven in der geographischen Innovations- und Diffusionsforschung erkennbar sind:

1. *Market and infrastructure model* zur Erklärung der Diffusion von Innovationen,
2. Entwicklungstheoretischer Ansatz, der das *market and infrastructure model* mit dem Adoptionsmodell zu verbinden versucht,
3. Ansatz der *time geography*,
4. Ausweitung der Diffusionsforschung auf raum-zeit-variante stochastische Prozesse,
5. Behavioristischer Ansatz, der sich an die Klassifizierung der Adoptorkategorien anlehnt,
6. Anwendungsorientierter Ansatz, der das Ziel hat, Ergebnisse der Innovations- und Diffusionsforschung in der Regionalökonomie, Regionalplanung und -politik anzuwenden.

Eine alle Perspektiven umfassende Theorie der Diffusion von Innovationen liegt noch nicht vor, Ansätze dazu sind erkennbar bei BROWN (1979) und WIRTH (1979).

3. PARADIGMA UND PARADIGMENWECHSEL IN DER GEOGRAPHISCHEN INNOVATIONS- UND DIFFUSIONSFORSCHUNG

Da in einer Reihe von Arbeiten zur Innovations- und Diffusionsforschung die Begriffe *Paradigma, Paradigmenwechsel* und *wissenschaftliche Revolution* auftreten (z. B. bei ROGERS und SHOEMAKER 1971, BROWN 1979), ist es notwendig, sich mit diesen auf die theoretischen Überlegungen von KUHN zurückgehenden Termini und der damit verbundenen Sichtweise der Wissenschaftsentwicklung genauer auseinanderzusetzen.

3.1. Exkurs: Paradigma, Paradigmenwechsel und wissenschaftliche Revolution (nach KUHN und STEGMÜLLER)[1]

KUHN möchte mit seinem grundlegenden Werk ›Die Struktur wissenschaftlicher Revolutionen‹ den Nachweis erbringen, daß sich wissenschaftlicher Fortschritt nicht in Form einer sukzessiven Anhäufung von Wissen, d. h. in einer immer stärkeren Annäherung an die *wahre Verfassung der Natur* vollzieht. Vielmehr ist seiner Ansicht nach wissenschaftlicher Fortschritt eher nichtakkumulativer Art und stärker politischen Revolutionen vergleichbar. Eine zentrale Stellung in seinem Gedankengebäude nimmt der Begriff des *Paradigmas* ein. Dieser Begriff ist leider von ihm nicht sehr exakt gefaßt worden, so daß in der Folgezeit eine Reihe von z. T. sehr unterschiedlichen Deutungen vorgenommen wurden. Er selbst ist sich dieses Problems später ebenfalls bewußt geworden, wie das Vorwort zu einem Sammelband von 1978 und ein darin enthaltener Aufsatz (S. 389 ff.) zeigen.[2] Ursprünglich ist der Begriff von ihm als Charakterisierung einer „exemplarischen Problemlösung" vorgesehen gewesen, später dann jedoch in der Arbeit über die Struktur wissenschaftlicher Revolutionen immer weiter ausgedehnt worden.

STEGMÜLLER (1973, S. 195–207) hat drei Bedeutungen von Paradigma herausgearbeitet, von denen die zweite die ursprünglich von KUHN nur gemeinte kennzeichnet. In der wissenschaftstheoretischen Literatur und auch in den hier zur Diskussion stehenden Arbeiten ist jedoch überwiegend eine umfassendere Bedeutung gemeint. Mit STEGMÜLLER (1973, S. 157–158) können wir ein Paradigma in folgender Weise charakterisieren: Mit dem Begriff *Paradigma* werden allgemein anerkannte wissenschaftliche Leistungen benannt, die einer Gruppe von Wissenschaftlern innerhalb eines bestimmten Zeitraumes Modelle und Lösungen liefern. Das Paradigma bestimmt nicht nur, welche Theorien und Gesetze Gültigkeit besitzen, sondern auch, welche Probleme als wissenschaftliche Probleme anzusprechen sind und mit welchen Methoden sie untersucht werden. Die Forschungsperspektive, unter der ein in einer bestimmten Tradition stehender Forscher ein spezifisches Problem sieht, ist ebenfalls durch das Paradigma bestimmt.

Von besonderer Bedeutung in diesem Zusammenhang ist, daß die Übereinstimmung einer Gruppe von Wissenschaftlern über das (oder ein) Paradigma ihrer Disziplin sich eben darin äußert, daß sie sich darüber einig sind, was als ein *legitimes Problem* ihrer Disziplin und als *eine zulässige und angemessene Lösung* dieses Problems anzusehen ist. Von hierher eröffnen sich bei einer rückblickenden Rekonstruktion des Forschungsganges Möglichkeiten, das jeweils geltende Paradigma herauszuarbeiten und zu analysieren, ob ein Paradigmenwechsel aufgetreten ist. KUHN unterscheidet zwischen der *normalen* und *außerordentlichen* bzw. *revolutionären Wissenschaft.* Die normale Wissenschaft vollzieht sich stets im Rahmen eines der Forschungstradition verpflichteten Paradigmas. Hier geht es um die Lösung von Problemen, die durch das akzeptierte Paradigma in das Blickfeld der Forscher treten; es geht um die Präzisierung und Erfüllung der in der Theorie immanenten Erfolgsverheißung. Die revolutionäre Wissenschaft tritt dann in Erscheinung, wenn die normale Wissenschaft durch das gehäufte Auftreten von *Anomalien,* d. h. mit dem vorhandenen Paradigma nicht zufriedenstellend lösbaren

Problemen, in eine Krise gerät. Es macht sich ein Unsicherheitsgefühl unter den Wissenschaftlern breit, neue Lösungsstrategien werden entwickelt. Dies allein ist aber noch kein Grund, ein vorhandenes Paradigma abzulehnen. Erst wenn durch das plötzliche Aufblitzen einer Idee ein neues Paradigma auftaucht, kommt es zur wissenschaftlichen Revolution. Das neue Paradigma wird allmählich von den Wissenschaftlern der Disziplin aufgenommen. Allerdings handelt es sich dabei weniger um einen Vorgang der Überzeugung der Anhänger des alten Paradigmas, sondern eher um den Prozeß des „Aussterbens" dieser Anhänger, wie es M. PLANCK einmal treffend ausgedrückt hat. KUHN stellt heraus, daß eine Verständigung zwischen den Anhängern unterschiedlicher Paradigmata kaum möglich ist, da es keine verbindende Wissenschaftssprache für sie gibt. Man redet aneinander vorbei. KUHN bezeichnet dies als *Inkommensurabilität* der Gesichtspunkte. Von dieser strikten Unvereinbarkeit ist er später jedoch abgerückt (1978, S. 44–45).

STEGMÜLLER (1973, S. 231 ff.) hat die Aussagen von KUHN zur Struktur wissenschaftlicher Revolutionen in Anlehnung an SNEED (1971) noch weiter präzisiert. Danach kann man grundsätzlich zwischen zwei Arten von wissenschaftlichen Revolutionen unterscheiden:

1. Erstmaliges Auftreten einer Theorie[3] zur Erklärung eines Bereiches der Wirklichkeit. Es existierte vorher noch keine Theorie, sondern nur ein prätheoretisches Denkstadium.

2. Die Preisgabe einer bisher benutzten Theorie zugunsten einer anderen. Dies ist die eigentliche wissenschaftliche Revolution im Sinne KUHNS, die mit einem Paradigmenwechsel verbunden ist. Solche neuen Theorien entstehen nur dann, wenn gehäuft Anomalien auftreten, die sich einer Erklärung durch verfügbare Theorien hartnäckig widersetzen.

STEGMÜLLER (1973, S. 248) schlägt vor, den Prozeß der Theorieverdrängung als *Umwälzung* zu bezeichnen und das normalwissenschaftliche Wachstum als *Fortschritt*.[4] Letzterer vollzieht sich z. B. durch Veränderung der geltenden Gesetze innerhalb eines Theoriegebäudes, wenn falsifizierende Erfahrungen dies notwendig machen. Aber auch die Umwälzung ist nach STEGMÜLLER kein völliger

Neubeginn, denn hier wird Altes bewahrt, was jedoch nicht heißt, „daß die Wiege der neuen Theorie groß genug sein muß, um den Sarg der alten aufzunehmen" (S. 253). Hinsichtlich der Integrationsmöglichkeiten von Teilen einer alten Theorie unterscheidet er sich von KUHN auch darin, daß er die Möglichkeit des Vergleiches unterschiedlicher Paradigmata sieht. *Eine* Vergleichsmöglichkeit besteht seines Erachtens immer, nämlich die der Leistungsfähigkeit bei der Problemlösung. Dabei besteht der *Fortschritt* der neuen Theorie eben darin, daß sie nicht nur dasselbe leistet wie die alte Theorie, sondern auch noch in der Lage ist, mit den unlösbaren Anomalien der alten fertig zu werden (STEGMÜLLER 1973, S. 121).

Fassen wir die wichtigsten Erkenntnisse dieses Exkurses soweit zusammen, wie sie für die weiteren Überlegungen von Bedeutung sind und die Gedankenführung strukturieren werden:

– Es ist zu trennen zwischen normalwissenschaftlichem Fortschritt, der sich in der Präzisierung und Ergänzung der geltenden Gesetze einer Theorie äußert, und einer revolutionären Umwälzung, die sich im Ersetzen einer Theorie durch eine andere niederschlägt (Paradigmenwechsel).

– Normalwissenschaftliche Phasen und revolutionäre Phasen lösen einander ab, wobei es besonders in der Konsolidierungsphase der normalwissenschaftlichen Forschungsaktivität darum geht, die Erfolgsverheißungen, die die neue Theorie enthält, zu erfüllen.

– Eine neue Theorie kann auf ein prätheoretisches Denkstadium folgen, aber auch plötzlich auftreten und eine alte Theorie ersetzen. Eine alte Theorie ist auf die neue reduzierbar, d. h., die neue Theorie bewältigt sowohl die Probleme, die aus dem alten Paradigma hervorgingen, als auch die auftretenden Anomalien.

– Ein Paradigmenwechsel wird durch eine Krise der alten Theorie angekündigt. Indikatoren sind das gehäufte Auftreten von Anomalien, eine Krisenstimmung unter den Anhängern der alten Theorie und ein zunehmendes Experimentieren mit neuen Lösungsstrategien sowie eine Orientierung am Forschungsstand benachbarter Wissenschaften.

– Der erfolgte Paradigmenwechsel drückt sich in Bekehrungsversuchen der Anhänger des neuen Paradigmas aus, die mit den Mitteln der „Überredung und Propaganda" versuchen, ihre neue Sicht der Welt zu verbreiten. Charakteristisch sind ebenfalls teilweise polemisch geführte Auseinandersetzungen, die sich durch ein Aneinandervorbeireden und die Verwendung von Scheinargumente enthaltenden Argumentationsketten auszeichnen.

– Der Übergang von einem Paradigma zu einem anderen kann nicht als Wandel in der Überzeugung bezeichnet werden, etwa dergestalt, daß die alte Theorie widerlegt worden wäre,[5] sondern als revolutionärer Fortschritt[6] bzw. echtes Wachstum des Wissens nach objektiven Maßstäben (STEGMÜLLER 1973, S. 253).

In den folgenden Ausführungen wird zu klären sein, wie es in der „Geschichte" der geographischen Innovations- und Diffusionsforschung zur Ausbildung eines Paradigmas kam und ob in der Phase der Neuorientierung ein Paradigmenwechsel feststellbar ist. Es wird außerdem darum gehen, genauer zu erfassen, inwieweit theorieimmanente Erfolgsverheißungen in der Konsolidierungsphase erfüllt werden konnten.

3.2. Die prätheoretische Phase

Bevor näher auf die Ausbildung des Paradigmas der geographischen Innovations- und Diffusionsforschung eingegangen wird, sind noch einige Vorbemerkungen notwendig. Bei der kritischen Beurteilung der anschließenden Darstellung ist zu berücksichtigen, daß es nicht darum geht, eine Paradigmengeschichte der Geographie zu schreiben und die dort eingetretenen Paradigmenwechsel zu erfassen. Vielmehr bewegen wir uns auf einer tieferen Ebene, indem wir einen Forschungsansatz der Sozialgeographie[7] bezüglich seines Paradigmas befragen. Es sind die *kleinen Revolutionen* zu analysieren, wobei sie jedoch im Rahmen der *großen Revolutionen* der übergeordneten Gesamtwissenschaft zu sehen sind.

Bei der Vorstellung des von STEGMÜLLER präzisierten Denkansatzes wurde festgestellt, daß eine wissenschaftliche Revolution in zwei Formen auftreten kann. Hier handelt es sich nun um die Analyse der prätheoretischen Phase, die dem erstmaligen Auftreten einer Theorie der Diffusion von Innovationen in der Geographie vorausgegangen ist. Die Abgrenzung dieser Phase bereitet bereits einige Schwierigkeiten, da zu entscheiden ist, wann eine in sich geschlossene Theorie vorgelegen hat.

Bei der Darstellung der Disziplingeschichte wurde deutlich, daß die Idee der wellenförmigen Ausbreitung von Innovationen schon bei TARDE (1895) auftrat und in benachbarten Wirtschafts- und Sozialwissenschaften sowohl empirische Arbeiten als auch theoretische Vorstellungen zum Aufkommen von Neuerungen und deren Ausbreitung vorlagen. Diese wurden jedoch weder in der ethnographischen noch kulturlandschaftsgenetischen Phase berücksichtigt und zu einer zusammenhängenden Theorie verarbeitet. Es ist deshalb gerechtfertigt, bis zur Formulierung der Theorie der Diffusion von Innovationen durch HÄGERSTRAND von einer prätheoretischen Phase zu sprechen. Dies heißt allerdings nicht, daß entsprechende Ideen nicht bereits früher geäußert wurden, HÄGERSTRAND selbst betont ausdrücklich, daß er vor allem von den Arbeiten SVENSSONS beeinflußt wurde. HÄGERSTRAND hat die vorliegenden Einzelansätze zu einer in sich geschlossenen Theorie vereinigt und mit der Entwicklung seiner Diffusionsmodelle den quantitativen Aspekt betont. Hierauf wird später zurückzukommen sein. Zunächst wenden wir uns jedoch der Frage zu, weshalb es nicht bereits vorher zur Formulierung einer solchen Theorie gekommen ist, außerdem, was HÄGERSTRAND aus der prätheoretischen Phase übernehmen konnte.

Ein genaueres Studium des Werkes von RATZEL (1891), auf das sich HÄGERSTRAND immer wieder bezieht, vermag die frühen Ansätze zu erhellen. Der 4. Abschnitt des 2. Bandes der ›Anthropogeographie‹ ist überschrieben ›Die geographische Verbreitung von Völkermerkmalen‹. In diesem Abschnitt setzt er sich in Kapitel 19 mit der Ausbreitung ethnographischer Merkmale auseinander. Hier wird von ihm deutlich gemacht, daß es um die Analyse eines Vorganges geht, der sich in Raum und Zeit zuträgt. Der Weg eines ethnographischen Merkmales läßt sich durch die Aneinanderreihung von Punkten rekonstruieren, den das betreffende Merkmal zu einem jeweils festlegbaren Zeitpunkt eingenommen hat. Der zu beschreitende methodische Weg wird von ihm klar gesehen (S. 631–632):

Auch die Wege sind Gegenstand geographischer Beobachtung, denn sie verbinden nicht bloß Punkte an der Erde, sie bestehen und entstehen selbst aus aneinandergereihten Punkten. Ohne Zwang knüpfen sich Wohin? und Woher? an das Wo? die geographische Grundfrage. Damit greift aber die Zeitfrage in das Gebiet der Raumfragen ein. Denn was auf der Erde sich bewegt, das projiziert die Zeit auf den Raum. Der Raum ist das Zifferblatt einer Riesenuhr, deren Zeiger Dinge sind, welche über den Raum sich hinbewegen. An zurückgelegten Raumabschnitten mißt man die Zeit. Auch in der Menschheit, wie in allem Lebendigen und Beweglichen stellt diese Projektion der Zeit auf den Raum sich dar.[8]

RATZEL stellt dann in seinen folgenden Überlegungen eine Verbindung zwischen der geographischen, historischen und ethnographischen Betrachtung solcher Bewegungsvorgänge in Raum und Zeit her. Es heißt dazu bei ihm (Bd. 2, S. 632):

Was in der Zeit sich bewegt, ist aber Geschichte und so gewinnt unter diesem Gesichtspunkt die Geographie eine Bedeutung für die Geschichtsforschung in viel tieferem Sinne als die gewöhnliche Auffassung und Behandlung der „historischen Geographie" auch nur ahnen läßt, . . . So ist das *Problem des Weges* die große Aufgabe der Ethnographie, zu welcher die geographische Methode das zu klassifizierende und genau nach seiner Lage und Verbreitung zu bestimmende Material liefert.

Der Geographie kommt also die Aufgabe zu, Verbreitungsgebiete von ethnographischen Merkmalen und deren genaue Lage zu bestimmten Zeitpunkten zu erfassen und kartenmäßig darzustellen; von der Ethnographie ist darauf aufbauend zu erklären, ob bestimmte Gebiete, in denen die Merkmale vorkommen, kulturverwandt sind. Darüber hinaus hat sie zu untersuchen, welche Wege zwischen den Gebieten bestehen und welche Richtung der Ausbreitung dieser Merkmale wahrscheinlich ist. Die Aufgabe der Geographie wird also sehr statisch gesehen, die Analyse des Ausbreitungsvorganges ist *nicht* ihr Problem, sondern das der Ethnographie. RATZEL gesteht zu, daß die Nachahmung von Gegenständen, mit denen die Völker zufällig konfrontiert worden sind (z. B. Anschwemmung von Rudern, Booten, Pfeilen), bei der Ausbreitung von Merkmalen eine Rolle gespielt haben könnte, doch sei dies nicht der Regelfall (Bd. 2, S. 634):

Von solchen Fällen abgesehen muß es als ein Grundsatz der Anthropogeographie bezeichnet werden, daß die Verbreitung ethnographischer Gegenstände *nur durch den Menschen,* mit ihm, an ihm, auf ihm, vor allem aber in ihm, d. h. in seiner Seele, als Keime von Formgedanken geschehen kann. *Der ethnographische Gegenstand wandert mit seinem Träger* und daraus ergibt sich die Notwendigkeit, das Verhältnis desselben zu diesem Träger näher zu bestimmen.

Man sieht leicht, daß RATZEL die Verbreitung von Merkmalen nur in Verbindung mit dem Wandern seines Trägers denken kann, die Informationsübertragung von einer Person zur anderen wird von ihm noch nicht gesehen. Seine Sicht ist eindeutig objektorientiert, wie die aufgeführten Beispiele zeigen. Durch Handel zwischen den Völkern kann eine Übertragung ethnographischer Merkmale erfolgen, doch ist seine Wirkung zunächst als gering zu bezeichnen, weil ähnliche Gebiete und sehr ähnliche Menschen einander wenig zu bieten haben (Bd. 2, S. 636). Die Distanz spielt also eine Rolle, denn man kann davon ausgehen, daß die Ähnlichkeit bei benachbarten Völkern größer ist als bei weiter voneinander entfernten. Diese jedoch treten handelsmäßig zunächst nur indirekt über Händler und Märkte in Verbindung. Dabei ist zu berücksichtigen, daß der Händler nicht zugleich „Träger der Kunstfertigkeit" ist (Bd. 2, S. 637). Sie übertragen zwar Gegenstände, aber nicht eigentlich eine Kultur.

Größte Bedeutung hinsichtlich der Verbreitung von ethnographischen Merkmalen kommt nach RATZEL dem Wandern der Völker zu. Hierdurch kommt es zu einer raschen und vollständigen Übertragung des Kulturbesitzes eines Volkes in einen anderen Raum.

In einem weiteren Abschnitt geht RATZEL auf die Verbreitungsfähigkeit der jeweiligen Merkmale ein (Bd. 2, S. 644–645). Dabei stellt er bereits Zusammenhänge her zwischen der Ausbreitungsgeschwindigkeit eines Merkmales und der Größe seines Verbreitungsgebietes. Diejenigen Dinge, die für den Menschen notwendig sind oder seinen Neigungen entsprechen, verbreiten sich schnell und über große Räume, andere nur langsam und mit nur kleinem Verbreitungsgebiet. Auf seine Aussagen zum Problem des gleichzeitigen Entstehens von bestimmten Merkmalen an unterschiedlichen Orten wurde bereits an anderer Stelle (vgl. Kap. 2.1) eingegangen.

Fassen wir die Gedanken RATZELS zur Frage der zeitlichen und räumlichen Verbreitung von ethnographischen Merkmalen zusammen, können wir festhalten, daß

- er Ausbreitungsvorgänge in ihrer zeitlichen *und* räumlichen Dimension erkennt,
- er es in diesem Zusammenhang als Aufgabe der Anthropogeographie ansieht, die räumliche Verbreitung der Merkmale zu bestimmten Zeitpunkten zu erfassen,
- er zwischen der Ausbreitung einzelner Merkmale (allmähliche Akkulturation) und der raschen und vollständigen Übertragung eines Kulturbesitzes eines Volkes durch Völkerwanderung unterscheidet,
- er die Verbreitung ethnographischer Merkmale nur in Form der Wanderung mit dem Träger für möglich hält,
- er bereits unterscheidet zwischen verschiedenartigen Ausbreitungsgeschwindigkeiten und räumlichen Reichweiten der jeweiligen Merkmale.

Im Sinne der modernen Terminologie betrachtet RATZEL also nur die relokative Diffusion (BROWN 1968, S. 4), bei der das Merkmal seinen vorangehend eingenommenen Standort zusammen mit seinem Träger verändert. Die Verbreitung von ethnographischen Merkmalen durch Weitergabe von Informationen rückt noch nicht in das Blickfeld, ist noch kein legitimes Forschungsproblem.

Wie läßt sich diese Sichtweise in die umfassende Theoriebildung der Anthropogeographie einordnen? Mit der Kennzeichnung *ethnographische Phase* (vgl. Kap. 2.1) sollte ausgedrückt werden, daß die Erfassung der räumlichen Ausbreitung von ethnographischen Merkmalen noch stark in der Tradition der Völkerkunde steht.[9] Trotz der engen Anlehnung an Geschichte, Völkerkunde und Anthropologie konnten die dort vorliegenden Theorien natürlich nicht den Kern einer neu zu begründenden *Anthropogeographie* sein, sondern RATZEL mußte, wie es EISEL (1980, S. 101) treffend ausdrückt, eine Theorie entwickeln, die „sich mit der raumwissenschaftlichen Programmatik der Geographie ebenso verträgt, wie mit dem Mensch–Natur-Thema". RATZEL erkennt in der Beweglichkeit der Völker, in ihrem Wandern, den Ansatzpunkt zu einer anthropogeographischen Theorie, weil sich hierin die räumliche Dimension der Geographie zeigt, gleichzeitig wird damit die Auseinandersetzung *des Menschen* mit der Natur erfaßt. Es heißt bei ihm (1899, S. 113):

Das Leben der Völker äußert sich durch Bewegung wie jedes Leben. Die Ausbreitung der Völker ist ein Symptom dieser Bewegung und kann nur aus ihr heraus verstanden werden. Die Beweglichkeit ist eine wesentliche Eigenschaft des Völkerlebens, die jedem Volke, auch dem scheinbar ruhenden, eigen ist.

Die Sonderstellung der Geographie gegenüber der Geschichte und die resultierende Aufgabe kennzeichnet RATZEL in folgender Weise (1899, S. 117):

Will man die geschichtlichen Bewegungen verstehen, so ist es daher notwendig, das Mechanische in ihnen zuerst zu erwägen, und zu diesem Zweck muß man ihren Boden [10] betrachten. Die Aufgabe der Geographie in dieser Frage ist aber durchaus nicht darauf beschränkt, den Boden zu zeichnen und zu beschreiben, auf dem die Bewegungen stattfinden. Die ganze *Beziehung des Beweglichen zu seinem Boden* ist Gegenstand der Geographie. Auf dem Boden zeichnet sich die Bewegung gleichsam ab, daher messen wir am Boden ihre Geschwindigkeit und bestimmen nach der Art, wie sie den Boden in Anspruch nimmt, ihre Art und Größe.

Der Vorteil dieses Ansatzes ist darin zu sehen, daß das *Wandern* oder die Bewegung der Völker als *Handlung* interpretiert werden kann, die sich im Raum zuträgt und gleichzeitig zu einer der empirischen Wissenschaft zugänglichen Veränderung der Physiognomie eines Raumes führt. Hierdurch ist eine Abgrenzung gegenüber der Anthropologie möglich. In dem Begriff der Bewegung ist, wie obiges Zitat zeigt, ein wesentliches Charakteristikum der Völker und damit menschlicher Aktivitäten zu sehen. Damit wird der Bewegungsbegriff zum Kern der Theorie RATZELS, weil er sowohl die Auseinandersetzung des Menschen mit seiner natürlichen Umwelt als auch, in seiner abstrakten Form, die räumliche Perspektive (Distanzüberwindung) einschließt. Damit kann die Lehre von der Bewegung der Völker den Theoriekern der Anthropogeographie bilden. Aus der Zielsetzung einer solchen Wissenschaft und den ihr zukommenden Aufgaben wird erklärlich, weshalb dem Ausbreitungs*prozeß* keine Aufmerksamkeit gewidmet wird und weshalb die analysierten Objekte überwiegend ethnographische Merkmale sind.[11]

Eine kritische Analyse des RATZELschen Ansatzes wurde bereits im Jahre 1906 von SCHLÜTER vorgelegt. Er machte in seinem Aufsatz deutlich, daß es darauf ankommen würde, aus dem sehr breit angelegten Programm einer *Geographie des Menschen* die Themenbereiche auszufiltern, die im eigentlichen Sinne als *geographisch* angesprochen werden können. Kritisiert wird von ihm ebenfalls, daß RATZEL bei seinen Aussagen sehr häufig zu allgemeinen Feststellungen voranschreitet, ohne eine genaue Analyse der Einzelsachverhalte vorzunehmen. Dies gilt insbesondere auch für die Bewegungslehre. SCHLÜTER (1906, S. 625) stellt fest: „Aber während er das *Allgemeine* seiner Bewegungslehre einigermaßen systematisch ordnet, unterläßt er die schärfere Unterscheidung und planvolle Gliederung dessen, was sie bewegt, der Bewegungs*träger.*"

Hier kündigt sich bei SCHLÜTER bereits eine Sicht der Geographie der Kulturlandschaft an, die er später (1928) sehr viel differenzierter ausarbeitet. Die Bedeutung des Menschen als Träger eines ethnographischen Merkmals wird von ihm stärker in den Mittelpunkt gestellt. Die streng induktive empirische Forschung muß seines Erachtens versuchen, die von RATZEL aufgestellte Theorie zu überprüfen.

SCHLÜTER geht in seiner Gedankenführung auch an einer anderen Stelle bereits über RATZEL hinaus, wenn er feststellt (1906, S. 593):

Es sind nicht allein die genannten Wandlungen und die Verbreitung konkreter Kulturgüter, *sondern jede Idee, indem sie anderen mitgeteilt wird, breitet sich räumlich aus* [Heraush. v. Verf.]; und die Art dieser Bewegung kann für ihre Fortentwicklung unmöglich bedeutungslos sein, denn so tritt sie mit anderen in Berührung, gerät in einen Wettstreit mit ihnen, aus dem sie als Sieger oder Besiegte, in jedem Fall aber auch in mehr oder weniger veränderter Gestalt hervorgeht.

Dieser Beitrag SCHLÜTERS nimmt eine Art Schlüsselstellung zwischen der Anthropogeographie RATZELS und der Entwicklung der Kulturlandschaftsforschung ein. Letzterer sind die folgenden Ausführungen gewidmet. Hier wird es darum gehen, genauer zu analysieren, wie die Verbreitung von Kulturelementen oder Ideen in dieser Forschungstradition gesehen wird.

Trotz aller Auseinandersetzungen um den Landschaftsbegriff und der teilweise heftigen Diskussion, ob mit ihm das eigentliche Objekt der Geographie benannt sei, ist unzweifelhaft, daß sicherlich in der ersten Hälfte des 20. Jahrhunderts und auch darüber hinaus ein landschaftskundliches Paradigma vorgelegen hat.[12] Es kann hier nicht auf die jüngsten Auseinandersetzungen um den Begriff und die theoretische Landschaftskunde eingegangen werden,[13] vielmehr werden wir uns darauf beschränken müssen, an ausgewählten Beispielen herauszuarbeiten, wie die Verbreitung von Kulturelementen im Rahmen dieses Paradigmas gesehen wird. Es wird dabei keine Vollständigkeit in der Darstellung angestrebt.

Auf die Schlüsselstellung SCHLÜTERS wurde bereits verwiesen. Seine Gedankenführung läßt sich etwa in folgender Weise beschreiben (vgl. dazu auch EISEL 1980, S. 129 ff.): Die Bewegung der Völker oder auch einzelner Individuen ist die Bedingung für die Ausbreitung kultureller Einzelobjekte oder der Kultur im allgemeinen. Aus dieser Bewegung resultiert eine Kulturlandschaft, die ursprünglich aus einer Naturlandschaft hervorgegangen ist, aber durch zeitlich aufeinanderfolgende Bewegungen immer wieder überformt wird, sich also verändert. Diese Veränderung ist visuell erfaßbar und damit der empirischen Forschung zugänglich. Forschungsmethodisch geht man so vor, daß man einerseits bestimmte Elemente auswählt, um den Wandel zu erfassen, und zum anderen diese in Abhängigkeit von der natürlichen Ausstattung des analysierten Raumes bzw. dessen kultureller Situation betrachtet. Aus dieser Sichtweise erklärt sich, daß der physiognomische Aspekt eine herausragende Rolle einnimmt. Nach Auffassung SCHLÜTERS (1928) muß es das Hauptanliegen einer Allgemeinen Geographie der Kulturlandschaft sein, das Bild der vom Menschen geprägten Erdoberfläche zu erfassen, „ganz wie es die Morphologie mit ihren Gegenständen macht". Entsprechend seinen bereits 1906 geäußerten Vorstellungen stellt er die Menschen, von denen die Aktivitäten ausgehen, stärker in den Vordergrund. Wenngleich damit den Trägern der Kulturausbreitung größere Beachtung geschenkt wird, geht es SCHLÜTER doch vorrangig um die „Erfassung der sichtbaren Spuren des Menschen an der Erdoberfläche" und weniger um die Erkenntnisse der Prozesse, die zu einer bestimmten räumlichen Anordnung bzw. Verteilung dieser Spuren führen.[14]

MAULL hatte wenige Jahre zuvor (1925) in einem grundlegenden Beitrag zur Geographie der Kulturlandschaft darauf hingewiesen, daß neben die Erfassung des Formenschatzes gleichrangig das Studium der Kräfte gestellt werden müsse, die zu Wandlungsprozessen in der Kulturlandschaft führen. Er vertrat dabei die Auffassung, daß in methodischer Hinsicht vor allem die historisch-geographische Querschnittsanalyse geeignet sei. Sie sei in der Lage, für geeignete Querschnitte das Kulturlandschaftsbild zu rekonstruieren und die steuernden Kräfte zu erkennen und zu beschreiben. Diese Kulturkräfte führen nach MAULL zu einer Veränderung der Naturlandschaft bzw. der vorangehenden Kulturlandschaft. Er stellte jedoch noch nicht dar, welches diese allgemeinen Kräfte sein könnten, dies sei Aufgabe einer Allgemeinen Geographie der Kulturlandschaft. Auch MAULL rückt den Prozeß der Veränderung noch nicht in den Mittelpunkt seiner Betrachtung; die Kräfte sind nur im Hinblick auf die Veränderung der Physiognomie von Interesse.

Auf die Beeinflussung MÜLLER-WILLES durch die Bonner Schule der Kulturraumforschung wurde bereits verwiesen (vgl. Kap. 2.2). Ihm gelang es mit seiner Arbeit über das Rheinische Schiefergebirge, den Beitrag der Geographie zur Kulturraumforschung über den einer Hilfswissenschaft hinauszuheben, indem er den funktionalen Aspekt herausstellte. Hierunter versteht er die Abhängigkeit zwischen den kulturlandschaftlichen Erscheinungen und den Kulturströmungen. Es geht ihm nicht um die Analyse von Einzelobjekten, sondern um eine, wie er es ausdrückt, *ökologische* Betrachtung der Objekte im Gesamtzusammenhang der natürlichen Faktoren und des bestehenden kulturlandschaftlichen Gefüges.

Die Folgezeit ist geprägt von einer Präzisierung der landschaftskundlichen Theorie sowie einer Verfeinerung der Methoden der Raumgliederung, ohne daß sich zunächst ein grundsätzlicher Wandel in der Auffassung erkennen läßt.[15] Um die Mitte der fünfziger Jahre beginnt dann die *Sozialgeographie* größere Bedeutung zu erlangen, womit die Kulturlandschaftsforschung traditioneller Prägung in den Hintergrund tritt und gegenüber der sich sowohl in theoretischer Hinsicht als auch bezüglich ihrer Anwendung beständig fortentwickelnden Landschaftsökologie deutlich an Boden verliert. Erst mit der Arbeit von BORCHERDT (1961) erfolgt dann die Einbeziehung des HÄGERSTRANDschen Ansatzes in die Erforschung der Agrarlandschaft. Hierauf wird später zurückzukommen sein. Auf die sozialgeographisch geprägte Analyse der Kulturlandschaft, wie sie vor allem von BOBEK (1948, 1950, 1962) entwickelt und theoretisch begründet worden ist, kann an dieser Stelle nicht näher eingegangen werden. Sie würde auch kaum zur Erhellung unserer Ausgangsfragen beitragen, denn die dort entwickelten Konzeptionen haben für das Entstehen der Primärtheorie einer geographischen Innovations- und Diffusionsforschung keine Bedeutung gehabt.[16]

Wenngleich zeitlich sehr viel später liegend, hat SCHMITHÜSEN (1976) in seiner theoretischen Grundlegung der Landschaftskunde die in der Kulturlandschaftsforschung vorherrschende Sichtweise der Verbreitung von Neuerungen noch einmal zusammengefaßt. Es heißt bei ihm (S. 180):

Geschichtliche Ursachen der Entwicklung der Kulturlandschaften sind die technischen Ideen, die den Aufbau der *Welt der Mittel* ermöglichten. Mit den Gegenständen, die wir Geräte und Maschinen nennen, hat sich der Mensch zusätzliche „Organe" geschaffen, mit deren Hilfe er in seiner Umwelt besser leben kann. Diese müssen irgend jemandem eingefallen sein. Voraussetzungen dafür sind Ideen, nach denen er das tun kann. Jede neue Idee ist ein historisches Ereignis. Nachdem sie irgendwo zu einem bestimmten Zeitpunkt aufgekommen ist, kann sie sich ausbreiten. Daher sind alle Kulturlandschaften zu jedem Zeitpunkt historisch und räumlich eingeordnet in die Ausbreitungsgeschichte der unterschiedlich entwickelten Ideen der Arbeit und der Technik. Jede Kulturlandschaft repräsentiert eine bestimmte historische Stufe, in der manche Techniken bekannt, andere dagegen noch unbekannt sind. So können wir z. B. für bestimmte Zeitpunkte kulturlandschaftliche Erdräume feststellen, in denen es zwar schon den Pflug gab, jedoch noch keine landwirtschaftlichen Maschinen, die erst später erfunden und verbreitet wurden.

SCHMITHÜSEN steht hier noch völlig in der Tradition SCHLÜTERS, der ja bereits 1906 auf die Bedeutung der Ausbreitung der Ideen auf die Kulturlandschaftsentwicklung hingewiesen hatte. Auch bezüglich der historischen Querschnittsanalyse wird über den Grundansatz bei MAULL nicht hinausgegangen (S. 249–250):

Nach einer zuerst in Amerika aufgenommenen Anregung von Carl Ortwin Sauer (1889–1975) faßt man den Vorgang des Auftretens, Wirksamwerdens und der Ausbreitung neuer Ideen oft unter dem Stichwort *Innovation* zusammen. . . . Innovationen werden geographisch erst relevant, wenn sie in der landschaftlichen Dynamik wirksam werden. Entsprechende Vorgänge in der Vergangenheit sind die historischen Ursachen für die gegenwärtige Verbreitung bestimmter Gestaltungsideen in allen Lebensbereichen.

Sieht man einmal von der unzureichenden Information über die Entwicklung und den Stand der Innovations- und Diffusionsforschung ab, die bei SCHMITHÜSEN offensichtlich ist,[17] wird erkennbar, daß die Ausbreitung von Neuerungen nur unter einem sehr verengten Blickwinkel gesehen wird. Ein Ausbreitungsprozeß ist nur deshalb ein legitimes geographisches Forschungsproblem, weil er Veränderungen in der Landschaft bewirkt. Eine Analyse von Diffusionsprozessen in Abhängigkeit von Informationsbahnen, unterschiedlicher Aufnahmebereitschaft der potentiellen Adoptoren etc. ist kein Problem der Kulturlandschaftsforschung, kann es bei der ihr zugrundeliegenden Theorie auch nicht sein.

Das Landschaftskonzept ist vor allem von C. O. SAUER (1925, 1927, 1931) in die Vereinigten Staaten übertragen worden. Er ist als Schüler HETTNERS entscheidend von der Entwicklung der deutschen Landschaftskunde, und hier wiederum vor allem der Kulturlandschaftsforschung, beeinflußt worden. Auch bei ihm stehen Ideen der Morphologie der Natur- und Kulturlandschaft, Kulturströmungen, Kulturzentren und ihrer Ausstrahlung im Vordergrund des Interesses. MIKESELL (1967) hat in einem umfassenden Übersichtsartikel sehr überzeugend dargestellt, daß in den USA die Affinität zwischen der Anthropologie und der Kulturgeographie in den verfolgten Zielen und auch den angewandten Methoden länger bestanden hat als in Deutschland. Ähnlich wie RATZEL von der Ethnographie beeinflußt worden ist, haben eine Reihe amerikanischer Anthropologen und Ethnologen, z. B. KROEBER, WISSLER und FORDE, einen nachhaltigen Einfluß auf die Kulturgeographie ausgeübt. Ebenso wie in

Deutschland ist auch hier die Abtrennung der Kulturgeographie vor allem mit der deutlicheren räumlichen Perspektive begründet worden. MIKESELL (1967, S. 122) stellt bezüglich der Analyse der *culture areas* durch die Anthropologie fest: ". . . the culture area concept has rarely been more than a classificatory or pedagogic device, useful at an intermediate level of analysis." Das Raumverständnis von WISS-LER und KROEBER ist z. T. sehr „naiv", vor allem im Hinblick auf die Ausbreitung von Kulturelementen. WISSLER (1923) geht beispielsweise von der Annahme aus, daß sich Kulturelemente von ihrem Ursprungsgebiet zentrifugal ausbreiten. Wenn das Verbreitungsgebiet eines Elementes größer ist als das eines anderen, schließt er daraus, daß dieses Element älter ist.

Das Landschaftskonzept deutscher Prägung hat sich in den USA nicht durchgesetzt, obwohl SAUER (1925) eine klare Konzeption vorgelegt hatte. Dies mag einmal seine Ursache darin haben, daß SAUER nach dieser grundlegenden Arbeit den theoretischen Ansatz nicht weiter ausgearbeitet hat, zum anderen hat sicherlich die kritische Auseinandersetzung HARTSHORNES (1939) mit dem Landschaftskonzept eine nachhaltige Wirkung gehabt. Dieser weist darauf hin, daß die Trennung des Begriffes *Landschaft* als Forschungsansatz von der räumlichen Realität oder der räumlichen Dimension (= *area*) nicht klar genug erfolgt ist. Festzuhalten ist, daß in der amerikanischen Kulturgeographie der Terminus *landscape* überwiegend im Sinne von *region* gebraucht wird. Dies wird auch deutlich aus dem Aufsatz von MIKESELL (1978) über die Entwicklung der *cultural geography*. Er stellt hier heraus, daß trotz der unterschiedlichen Arbeitsgebiete doch ein Identitätsbewußtsein unter den amerikanischen Kulturgeographen besteht, das sich insbesondere aus den verwendeten Methoden und den analysierten Problemen herleitet. Diese sind (S. 4):

- a historical orientation,
- a stress of man's role as an agent of environmental modification,
- a preoccupation with material culture,
- a bias in favor of rural areas in this country and non-western or preindustrial societies abroad,
- a tendency to seek support from anthropology,

- a commitment to substantive research and a consequent attitude of extrem individualism, and
- a preference for field work rather than "armchair geography".

Das Studium von Wandlungsprozessen spielt eine herausragende Rolle. Diese werden zumeist als Resultat von *Wanderungen* angesehen, woraus sich die Parallele zu den Gedankengängen RATZELS ergibt. Bei MIKESELL (1978, S. 4) heißt es:

. . . one of the conspicuous themes of cultural-geographic research has been an interest in change and the processes that initiate change. Moreover, change has usually been described as a consequence of movement. Migration, diffusion, expansion, transfer – these words identify the orientation of cultural geographers even more explicitly than the theme of change.

MIKESELL macht ebenfalls deutlich, daß sich die Kulturgeographie, wenngleich stark an materiellen Objekten orientiert, schon relativ früh mit dem menschlichen Verhalten beschäftigt hat. Er schreibt (S. 5):

The material orientation of cultural geographers is an inevitable consequence of their preoccupation with tangible objects and, more generally, with landscapes. . . . Nevertheless, in so far as cultural geographers have shown an explicit preference for material culture they have displayed an implicit reluctance to deal with less tangible manifestations of human behavior.

Es dürfte nicht zuletzt hierauf zurückzuführen sein, daß die geographische Innovations- und Diffusionsforschung in den USA Forschungsansätze der Anthropologie und der Agrarsoziologie sehr schnell aufgegriffen hat.[18] Im Vergleich zur deutschen Kulturgeographie ist festzuhalten, daß die amerikanische *cultural geography* in der Zeit bis 1950 sicherlich keine entsprechend zentrale Theorie ausgebildet hat, wie es in der Landschaftskunde der Fall war. Einen Vorteil dieser Entwicklung mag man darin sehen, daß den Kulturgeographen ein großer Teil der die Forschung nicht weiterbringenden Methoden- und Begriffsdiskussion erspart geblieben ist. Da es darüber hinaus nicht zu einer so deutlichen Abgrenzung gegenüber den anderen Kulturwissenschaften gekommen ist, konnten von hier Anregungen leichter übernommen werden. Wenn es auch nicht zur Ausbildung eines so eng abgegrenzten kulturgeographischen (kulturlandschaftskundlichen) Paradigmas kam, waren diese Forschungsprobleme nichtsdestoweniger, wie aus den Ausführungen deutlich geworden ist, sehr ähnlich. Was die Behandlung von Wandlungsvorgängen auf der Basis von Wanderungen kultureller Elemente angeht, muß man auch für die USA bis etwa 1950 festhalten (BROWN 1979, S. 23):

The relation between diffusion, the item being diffused, and the human landscape is therefore complex and subject to continual change. One result of this view is an emphasis upon describing these ever changing relationships, rather than upon understanding the specific processes by which the item moves from one location to another.

Diese Feststellung deckt sich weitgehend mit der hier vorgelegten Analyse der deutschen Kulturlandschaftsforschung. Eine Zusammenfassung der wichtigsten Einsichten hinsichtlich der geographischen Beschäftigung mit Wanderungsbewegungen und der Ausbreitung von kulturellen Elementen und Ideen in der prätheoretischen Phase der Innovations- und Diffusionsforschung ergibt folgendes Bild:

– Die theoretische Basis der Beschäftigung mit der Ausbreitung kultureller Elemente geht zurück auf den Ansatz von RATZEL, der in der Bewegung der Völker einmal die räumliche Dimension erkannte, die die Konstituierung einer eigenen Disziplin Anthropogeographie ermöglichte, und zum anderen die Bewegung als *Handlung* interpretierte, die eine Auseinandersetzung des Menschen mit der Natur beinhaltete.

– Da sich die Bewegung im Raum zuträgt und die Handlungen der Menschen zu einer Veränderung der Physiognomie eben dieses Raumes führen, konnte der Begriff der Bewegung den Kern einer anthropogeographischen Theorie bilden, die eine raumwissenschaftliche Programmatik beinhalten sollte.

– Die Veränderungen in der Physiognomie eines Raumes sind einer empirisch arbeitenden Anthropogeographie zugänglich. Diese kann sich sowohl durch ihren theoretischen Ansatz als auch die verwendeten Methoden von der Ethnographie und der Anthropologie abgrenzen.

– Der Bezugsaspekt wird von SCHLÜTER in eine Geographie der Kulturlandschaft einbezogen, indem er herausstellt, daß es die auf die

Bewegung von Individuen oder Völkern zurückführbare Ausbreitung kultureller Elemente oder Ideen ist, die aus einer Natur- eine Kulturlandschaft gestaltet bzw. letztere verändert.

– Mit der Zielsetzung, die physiognomische Veränderung zu erfassen und zu einer Morphologie der Kulturlandschaft (Form-Genese-Aspekt) zu gelangen, sind die Arbeitsrichtung und die Forschungsmethodik einer Geographie der Kulturlandschaft festgeschrieben.

– Die Folgezeit bringt zwar eine Präzisierung der theoretischen Grundlagen, indem der Gedanke der vertikalen Integration der beteiligten Geofaktoren klarer herausgearbeitet und die Sonderstellung des Menschen mit seinen geistigen Fähigkeiten als Landschaftsgestalter genauer erfaßt werden, doch erfährt die Basistheorie keine entscheidende Veränderung.

– In den USA kommt es nicht zur Ausbildung eines landschaftskundlichen Paradigmas. Trotzdem kann von einer weitgehenden Übereinstimmung der Kulturgeographen hinsichtlich ihres Forschungsobjektes und der verwendeten Methoden gesprochen werden. Die Arbeitsrichtung kann als historisch-geographisch ausgerichtete Erfassung der Veränderungen in der menschlichen Umwelt, die durch Verbreitung kultureller Elemente und Ideen bedingt sind, beschrieben werden. Auch in den USA ist der physiognomische Aspekt sehr bedeutend, wenngleich festgehalten werden kann, daß aufgrund einer weniger klaren Abgrenzung gegenüber anderen Kulturwissenschaften die Analyse des menschlichen Verhaltens *(human behavior)* bereits früher eine Rolle zu spielen beginnt.

Aus den theoretischen Grundlagen der RATZELschen Anthropogeographie und dem landschaftskundlichen Paradigma erklärt sich, weshalb die Ausbreitung kultureller Elemente und Ideen nur im Hinblick auf die Veränderung der Kulturlandschaft, oder auch der menschlichen Umwelt *(environmental modification),* gesehen und wissenschaftlich angegangen werden konnte. Der Ausbreitungsprozeß selbst war noch kein legitimes Forschungsproblem. Er konnte es erst werden, als sich der Form-Genese-Aspekt in einen *Form-Prozeß-Aspekt* (vgl. EISEL 1980, S. 185 ff.) wandelte. Im Raum ablaufende Prozesse werden, zumindest in der Anthropogeographie, auf

54

räumliches Verhalten von Individuen zurückgeführt. Dies Verhalten ist jedoch nicht statisch, sondern impliziert Bewegungen. Diese wiederum ruft räumliche Verteilungsmuster hervor und verändert sie. Die Analyse und Erklärung solcher räumlichen Verteilungsmuster erhält einen hohen Stellenwert im Rahmen der *neuen Geographie* und damit der Innovations- und Diffusionsforschung. Hierzu war jedoch zunächst eine Primärtheorie notwendig. Sie wurde von Hägerstrand zu Beginn der fünfziger Jahre entwickelt, wobei die Bewegungstheorie einen weitreichenden Einfluß ausgeübt hat.

3.3. Die Primärtheorie Hägerstrands und die Ausbildung des Paradigmas

Bei der Darstellung der Disziplingeschichte wurde bereits deutlich, daß Hägerstrand durch eine mehrjährige empirische Arbeit in einem relativ kleinen Gebiet Südschwedens zu seinen Modellvorstellungen bezüglich der Ausbreitung von Innovationen gelangte. Eine Analyse seiner Arbeiten, die vor der Dissertation des Jahres 1953 liegen, zeigt, daß allmählich eine Konkretisierung seiner Vorstellungen eintrat, und er erst in späteren Arbeiten endgültig zu einer rein abstrakten Behandlung raum-zeitlicher Diffusionsprozesse gelangt ist.

Es ist nicht möglich, an dieser Stelle in aller Ausführlichkeit auf die Einflüsse einzugehen, die für Hägerstrand in seiner wissenschaftlichen Frühphase bestimmend gewesen sind.[19] Es steht jedoch fest, daß er in seinen Fragestellungen von de Geer, Ohlin, Kant und nicht zuletzt von Ratzel beeinflußt worden ist, wenngleich die Beschäftigung mit raum-zeitlichen Ausbreitungsprozessen insbesondere durch Svensson erfolgte. Von sehr weitreichender Bedeutung ist zweifelsohne die bereits von de Geer (1923) vertretene Auffassung, daß das eigentliche wissenschaftliche Objekt der Geographie nicht materieller, sondern abstrakter Natur sei. Hieraus erwuchsen dann in Schweden zu einem sehr viel früheren Zeitpunkt als in Deutschland oder den USA Arbeiten, die sich mit der Bevölkerungsbewegung und Standortproblemen in recht abstrakter Weise beschäftigten.[20] Dies zu einem Zeitpunkt, als unter den Geographen noch weitgehende Übereinstimmung darüber bestand, daß die Geographie die räumliche Gliederung der Erdoberfläche oder die Erforschung der Beziehungen des Menschen zu seiner Umwelt zum Objekt habe. Aus der engen Beziehung, die seit dem Ende des 19. Jahrhunderts in Schweden zwischen der Geographie und der Anthropologie bestand,[21] und der Kooperation der Geographen mit Volkskundlern ist HÄGERSTRANDS Interesse für die Arbeiten von Friedrich RATZEL und der schwedischen Volkskunde zu erklären. PRED (1967, S. 305) macht deutlich, daß es letztlich das Studium der ›Anthropogeographie‹ RATZELS war, das HÄGERSTRAND auf die Idee brachte "that cultural elements spatially spread outward from their centers of origin, like 'ripples on a pond'".

Sieht man sich die Entwicklung der Primärtheorie genauer an, dann läßt sich in den Arbeiten HÄGERSTRANDS eine bezeichnende Abfolge feststellen, die den Übergang von der zunächst noch stärker kulturlandschaftsgenetisch bestimmten Betrachtungsweise zu einer Analyse reiner Diffusionsprozesse kennzeichnet.

In einer ersten kurzen Studie aus dem Jahre 1951[22] setzt er sich mit der *Entwicklung von Kulturregionen* auseinander. Er versucht dabei, aus den beobachtbaren Wanderungsbewegungen zwischen Städten und ihrem Umland neue Ansatzpunkte für eine geographische Analyse abzuleiten. Dabei geht es ihm darum, die funktionalen Beziehungen, die zwischen den Städten und ihren Einzugsbereichen bestehen, nicht nur auf der Basis des Wanderungsverhaltens zu untersuchen, sondern diese Wanderungen bezüglich ihrer Bedeutung für die Ausbreitung der Kenntnisse über bestimmte Neuerungen zu analysieren. Bezeichnenderweise geht er von einer volkskundlichen Betrachtung der Beziehungen zwischen Kulturregionen unterschiedlicher kultureller Entfaltung aus. Er schreibt in der englischen Zusammenfassung (1951, S. 109):

Ethnographers often regard a culture region at primitive stages as an effect of the fact that people in one place imitate people in other neighbouring places. This view is less usual among geographers dealing with modern problems. We usually try to explain the geographical distribution of a phenomenon by means of factors which operate in "vertical" direction, e. g. soils, terrain, climate, standard of living, density of population. The only "horizontal" factor which attracts considerable attention is located with respect to trade. But the theory of imitation brings to light *another kind of relative location connected with the transmission of ideas* – whether they concern customs, technical novelties or such traditionally geographical objects as forms of settlement or cultivated plants. Individual contacts are considered to be the most significant medium for culture diffusion (. . .). If we aim at a more precise knowledge of culture diffusion as a locating factor we must discover the geographical trends of those individual contacts. It is at this point I think investigation of migration will be of use.

Aus diesem Zitat wird deutlich, daß es HÄGERSTRAND nicht mehr vorrangig um die Heranziehung der *vertikalen* Abhängigkeit bei der Erklärung räumlicher Verteilungen geht, sondern um eine *horizontale* Wechselbeziehung. Diese wird von ihm als *relative Lage* bezeichnet. In dieser frühen Arbeit klingen auch bereits zwei Aspekte an, die dann später in der Primärtheorie eine vorrangige Bedeutung erhalten werden, nämlich der individuelle Kontakt von Person zu Person bei der Informationsübertragung und die Abnahme der Intensität der Ausbreitung mit zunehmender Distanz von den Kerngebieten. HÄGERSTRAND vertritt die Meinung, daß die Erforschung des Migrationsverhaltens der Bevölkerung *eine* Möglichkeit ist, um die Informationsausbreitung auch quantitativ zu erfassen. Daneben werden, so stellt er fest (S. 110), sicherlich noch weitere Faktoren wirksam, die aber schwierig kartenmäßig zu erfassen sind.

Wir können also festhalten, daß HÄGERSTRAND in der ersten Studie zum Themenkomplex der Ausbreitung von Neuerungen von seinen Untersuchungen zum Wanderungsverhalten der Bevölkerung ausgeht. Dieses Verhalten trägt einmal selbst zur Informationsausbreitung bei und kann zum anderen auch als Maß für die Beziehungen zwischen unterschiedlichen Gebieten angesehen werden. Das Studium der Ausbreitung kultureller Elemente hat hier aber vorerst nur das Ziel, die Größe und Lage von Kulturregionen zu erfassen (S. 110), der Ausbreitungsprozeß um seiner selbst willen wird noch nicht als Forschungsproblem angesprochen. Die Affinität zu Gedanken RATZELS bezüglich der Wanderung der Völker und der Kulturübertragung ist offensichtlich, doch geht HÄGERSTRAND einen anderen Weg in der Erklärung, weil er nicht mehr die Mensch–Natur-Beziehung als entscheidenden Erklärungsfaktor heranzieht; auch kommt es ihm neben der kartenmäßigen Erfassung auf einen quantitativen Nachweis der Zusammenhänge zwischen Kulturübertragung und Ausbreitung von Informationen an.

In seiner daran anschließenden Arbeit ›The Propagation of Innovation Waves‹ (1952) wird noch stark der formale Aspekt bei der Ausbreitung von Neuerungen herausgearbeitet, wenngleich auch hier schon Elemente der späteren Primärtheorie anklingen. Bei der Analyse der Literatur, die sich auf diese Arbeit bezieht, muß man leider den Eindruck gewinnen, daß sie offenbar nicht immer exakt genug gelesen worden ist. Auch ist sie vielfach zu isoliert betrachtet worden, denn im Zusammenhang beurteilt zeigt sich eine klare Gedankenkette von den frühen Arbeiten bis zur Dissertation von 1953.

Ausgangspunkt der Studie ist die Feststellung, daß viele kulturelle Elemente gegenwärtig (bezogen auf etwa 1950) keine enge räumliche Konzentration aufweisen, sondern sich Zentren mit einer hohen Verbreitungsdichte neben solchen Gebieten mit geringer Dichte finden. Hinter diesem Verbreitungsmuster vermutet er bestimmte Regelhaftigkeiten, die es zu erfassen, darzustellen und zu erklären gilt. Dabei ist das Objekt, dessen Verbreitung analysiert wird, unbedeutend, denn (S. 4): "The study has less reference to the geography of specified cultural elements, more to a 'geography of cultural behavior'."

Es wird klar, daß es HÄGERSTRAND um die *Erklärung der Veränderungen im räumlichen Verteilungsmuster von bestimmten Kulturelementen* geht. Er vermutet, daß dieser Wandel zusammenhängt mit dem Verhalten der Personen, an die diese Objekte gebunden sind. In der vorliegenden Studie betrachtet er nicht die soziale Dimension, es geht ihm allein um die *Erfassung räumlicher Prozesse*.

Als Beispiele untersucht er die Ausbreitung des Radios und des Kraftwagens in Südschweden. Entscheidend für die Wahl dieser Neuerungen war allein die Verfügbarkeit der Statistiken für ausreichend kurze Zeitintervalle, denn nur wenn diese Voraussetzung gegeben ist, lassen sich Diffusionsprozesse rekonstruieren.

Auf die von HÄGERSTRAND entwickelten Gedanken hinsichtlich der kartenmäßigen Erfassung und Darstellung der Ergebnisse kann hier nicht näher eingegangen werden. Für die Weiterentwicklung seiner Theorie ist die Erkenntnis von Bedeutung, daß die Neuerungen zu verschiedenen Zeitpunkten in voneinander entfernt liegenden Orten auftreten. Wenn allein ökonomische Aspekte entscheidend wären für die Adoption einer Innovation, müßte in allen Orten, die gleiche oder ähnliche ökonomische Bedingungen aufweisen, die Neuerung zum selben Zeitpunkt auftreten. Dies ist jedoch nicht der Fall. Eine gleichzeitige Aufnahme würde eine gleichmäßige Verteilung der Information über das gesamte potentielle Diffusionsareal voraussetzen. HÄGERSTRAND vermutet (S. 13): "In fact the information seems to extend only to restricted distances around the places where the novelty already exists. The information seems to flow mainly in the network of social contacts."

Hier kündigt sich die spätere Primärtheorie bereits an, wenngleich der vermutete Mechanismus noch nicht näher spezifiziert wird. Statt dessen wendet sich HÄGERSTRAND der Frage zu, wie der Wandel in der Dichte der räumlichen Verteilung einer Neuerung erfaßt werden kann. Zu diesem Zweck legt er ein Profil durch sein Untersuchungsgebiet, das den Quotienten (z. B. Radios/Bevölkerung) der relativen Dichte darstellt. Dabei gelingt es ihm, gewisse Regelhaftigkeiten herauszuarbeiten, die offenbar bei der wellenförmigen Ausbreitung von Neuerungen auftreten.

Ausgangspunkt seiner Analyse ist die Entwicklung dreier Typen, die die mögliche Veränderung der Dichte in Abhängigkeit von der Distanz zum Innovationszentrum erfassen (Abb. 3).

Typ I beschreibt die Situation einer schnellen Zunahme in der Nähe des Zentrums und einer Abflachung der Zunahmerate an der Peripherie.

Typ II zeigt die umgekehrte Situation, d. h., nun treten die höchsten Wachstumsraten in den Außenbezirken auf.

Typ III beschreibt eine gleichmäßige Zunahme an allen Punkten. Ausgestattet mit diesem Instrumentarium analysiert er anschließend verschiedene Profile, die sich bei der Ausbreitung von Kraftwagen und Radios in Südschweden ergaben. Dabei schälte sich dann als Ergebnis heraus, daß die Ausbreitung von Innovationen in folgender Weise verläuft:

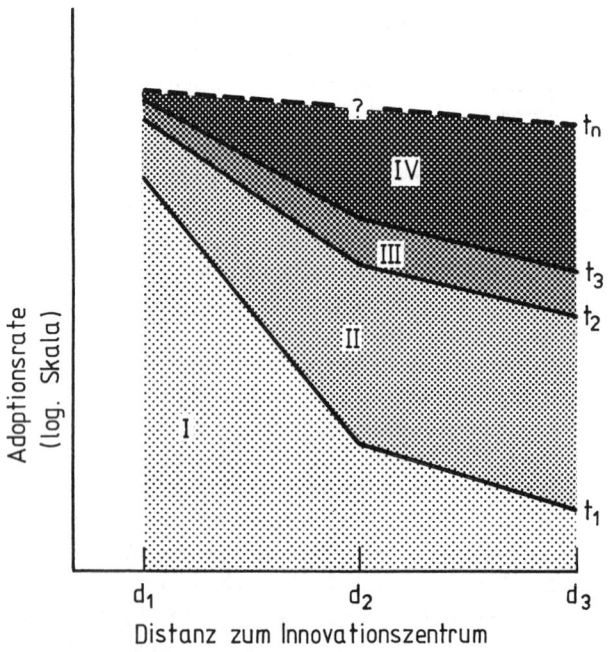

Abb. 3: Profile von Innovationswellen (nach HÄGERSTRAND 1952)

In einer 1. Phase, die HÄGERSTRAND als *primary stage* bezeichnet, entstehen innerhalb kurzer Zeit Innovationszentren. Die sich anschließende 2. Phase *(diffusion stage)* ist dadurch ausgezeichnet, daß die ursprünglichen Zentren an Bedeutung verlieren, neue Zentren treten in anderen Gebieten auf und die Neuerung breitet sich zentrifugal aus. Die anfangs offensichtlichen Kontraste zwischen Zentrum und Peripherie beginnen sich zu verwischen. In der 3. Phase *(condensing stage)* ist die Neuerung überall bekannt. Schließlich beginnt sich der Diffusionsprozeß einer oberen Marke zu nähern, über die hinaus keine weitere Verbreitung mehr erfolgt. Diese 4. Phase wird als *saturation stage* gekennzeichnet.

Es ist noch darauf hinzuweisen, daß die graphische Darstellung der Phasen, wie sie sich bei HAGGETT (1979, S. 302) findet, in der Arbeit von HÄGERSTRAND nicht enthalten ist, HAGGETT hat sich wohl bei der Darstellung von Abb. 8 leiten lassen.

HÄGERSTRAND stellt heraus, daß es sich zunächst noch um eine recht grobe Modellvorstellung handelt (S. 17), die durch quantitative Analysen weiterer Diffusionsprozesse zu differenzieren ist; dennoch glaubt er, damit eine gute Vorstellung von der Art und Weise der Ausbreitung einer Neuerung in einer Bevölkerung gewonnen zu haben. Bemerkenswert ist noch seine Aussage (S. 18) hinsichtlich der Zufälligkeit des räumlichen Musters einer Ausbreitung, weil sie andeutet, in welche Richtung seine weiteren Analysen der Ausbreitungsmechanismen zielen werden:

When making a statement concerning some distribution we often risk apprehending a phenomenon in stage I or II as being determined by favourable conditions with about the same distribution. Instead a better explanation may be that *a start was made in some place by mere chance, after which the diffusion mechanism began to operate through the network of social contacts, thus forming a distribution ("region") which could have been located otherwise, all things being equal.*

Diese notwendig erscheinende ausführliche Darstellung der Aussagen der Arbeit aus dem Jahre 1952 zeigt sehr einprägsam, wie bei HÄGERSTRAND die Grundfragestellung immer präziser wird und aus den anfangs noch recht vagen Vorstellungen die Primärtheorie hervorgeht.

Die eigentliche Ausformulierung der Primärtheorie erfolgt dann in der Dissertation des Jahres 1953.[23] Die für die Charakterisierung der Theorie grundlegenden Aussagen finden sich überwiegend in den Abschnitten 1 und 2 des Kapitels I.

Bereits im einleitenden Satz der Arbeit wird deutlich, daß HÄGERSTRAND nun endgültig die Abkehr von der Analyse bestimmter Kulturregionen vollzogen hat. Es heißt dort (S. 1): "This study is not concerned with the analysis of a specific geographic area, its object is to deal with the diffusion of innovations as a spatial process." Damit ist das Programm umrissen und gleichzeitig verdeutlicht, daß es in Zukunft bei der Analyse der Ausbreitung von Neuerungen um die geographische Betrachtung eines *räumlichen Prozesses* geht. Die

Anbindung der Arbeit an einen bestimmten Raum ist, bedingt durch die Notwendigkeit der Materialaufbereitung, eine „bedauerliche Notwendigkeit". HÄGERSTRAND stellt heraus, daß die Analyse von Diffusionsprozessen (definiert von ihm als: *the origin and dissemination of cultural novelties;* S. 1) von allen Wissenschaften, die sich mit menschlichen Aktivitäten befassen, betrieben werden sollte, insbesondere auch von der Wirtschafts- und Sozialgeographie. Bemerkenswert ist, daß trotz der eindeutigen Ausrichtung der Arbeit auf die Erfassung von Innovationsprozessen dennoch mehrfach Anklänge an die Kulturlandschaftsforschung auftreten. So heißt es z. B. (S. 1):

The process is of equally unquestionable relevance, whether we limit our task to a study of the landscape's visible cultural elements or, regardless of the nature of the particular objects of research, undertake a general study of 'areal distributions'.

Oder:

House types, production and communication facilities, domesticated plants, the ways in which open land and forest are allocated, all the features which constitute the visible cultural landscape, were once innovations that have by now risen from their inconspicious origins to become characteristic of their regions.

HÄGERSTRAND verdeutlicht, daß geographische Untersuchungen, die sich mit der Frage nach den jeweiligen regionalen Eigenarten oder der spezifischen Anordnung kultureller Elemente zu einem bestimmten Zeitpunkt beschäftigen, sehr zahlreich vorliegen. Der genetische Aspekt steht zumeist im Vordergrund. Welche Möglichkeiten bestehen, den schnellen Wandel in der Gegenwart zu erfassen, und gleichzeitig den räumlichen und zeitlichen Aspekt gebührend zu berücksichtigen? Hierauf gibt er folgende Antwort (S. 2):

When the purpose of the study is an understanding of the present but quickly changing world, it seems important to seek means of limiting the scope of the problem without casting overboard the essential aspects of time. If attention is directed to the *process of change itself* [Herausheb. v. Verf.], the development of such means becomes possible.

Dabei ist es wichtig, sich darüber klarzuwerden, daß der Zeitfaktor in unterschiedlicher Weise gesehen wird. Es geht nicht mehr um

Längsschnittanalysen, die mehrere Jahrhunderte umfassen, wie bei der Kulturlandschaftsgenese häufig anzutreffen, sondern um sehr viel kürzere Zeitintervalle. Die Länge der Intervalle, die man in einer so angelegten Analyse berücksichtigen kann, wird vor allem vom Quellenmaterial bestimmt.

HÄGERSTRAND weist darauf hin, daß geographische Untersuchungen, die sich mit der Ausbreitung von Neuerungen beschäftigen, bereits vorliegen.[24] Zwar werden der räumliche und auch der zeitliche Gesichtspunkt berücksichtigt, doch sind die Untersuchungen überwiegend deskriptiv und noch sehr wenig systematisch in der Erfassung der Diffusionsprozesse. Eine sehr viel systematischere Lösung des Problems ist seines Erachtens von Sozialwissenschaftlern (RYAN und GROSS 1943) vorgeschlagen worden. Diese erkennen zwar, daß die Informationsübertragung von entscheidender Bedeutung ist, befassen sich aber nicht mit deren räumlicher Komponente.

Die eigentliche Fragestellung und die grundlegende Anregung zu seiner Untersuchung und Modellbildung ist, darauf weist HÄGERSTRAND (S. 5) hin, vom Volkskundler S. SVENSSON ausgegangen.[25] Im Gegensatz zu SVENSSON interessiert ihn jedoch weniger das *erste* Auftreten eines kulturellen Elementes in einer Siedlung, sondern die sich daran anschließende raum-zeitliche Ausbreitung.

Eine weitere Zielsetzung wird bereits zu Beginn des Buches mit allem Nachdruck betont (S. 5): "Quantitative results are sought." Hieraus erwächst die Notwendigkeit, die Analyse auf einen kleinen Raum zu beschränken, weil nur so die Möglichkeit besteht, das notwendige Quellenmaterial zu beschaffen. Nicht die verbale Beschreibung von Diffusionsprozessen (wie noch 1952), sondern deren mathematische Erfassung und das Erkennen allgemeiner Gesetzmäßigkeiten sind das Ziel. Dazu ist es notwendig, die kurzfristige Veränderung der vorliegenden räumlichen Verteilung der betrachteten Objekte zu erfassen. Nur so wird es möglich sein, aus der Beobachtung zur Erkenntnis der Regelhaftigkeiten zu gelangen (S. 6): "Similarities and dissimilarities among these 'diffusion patterns' are noted and subsequent theoretical endeavours are directly linked to these observations." Auf der Basis des umfangreichen statistischen Materials und dessen Darstellung in Verteilungskarten wird eine Theorie über die wirkenden Ausbreitungsmechanismen entworfen und diese dann in Simulationsmodelle umgesetzt.

Wegen der Bedeutung, die den Begriffen *Raum* und *räumliche Verteilung* in der Theorie zukommt, ist ihnen noch genauer nachzugehen. HÄGERSTRAND bevorzugt die Termini *räumlich* bzw. *chorologisch* anstelle von *geographisch*. Dies hat seine Ursache einmal darin, daß in den Modellen von räumlichen Abgrenzungen gesprochen wird, die keinerlei Verbindung zu irgendeinem realen Raum haben, sondern nur im abstrakten Sinne Bedeutung erlangen. Daneben bezeichnet die Vorsilbe *geo-* seines Erachtens häufig Vorstellungen in Richtung auf eine vertikale Abhängigkeit bestehender räumlicher Verteilungen von physischen Faktoren. Diese Geofaktoren sind für ihn jedoch nur von sehr geringem Interesse, denn (S. 6): "The locational relationship here under investigation are esentially horizontal man ↔ man relations and only in passing are of the vertical man ↔ earths's surface variety."

Lagebeziehungen werden also auf die sozialen Abhängigkeiten von im Raum lebenden Individuen reduziert. Diese Individuen gilt es in ihrer räumlichen Verteilung zu erfassen (Punktverteilungskarte), um dann auf der Basis einer solchen Karte herauszuarbeiten, welche der betreffenden Personen (oder auch Betriebe, Haushalte) in den jeweiligen Zeitintervallen über eine Neuerung verfügen. Die an die Träger einer Neuerung gebundene Kartierung bezeichnet HÄGERSTRAND als die Erfassung einer *sozialen Verteilung* (S. 9). Die exakte Kartierung dieser Verteilung ermöglicht es, Veränderungen im Verteilungsmuster von einem Zeitintervall zum anderen sehr präzise zu erfassen. Dieses methodische Vorgehen erlaubt es, den gesamten Ausbreitungsprozeß vom realen Raum mit seiner physisch-geographischen Ausstattung abzuheben[26] und in seiner abstrakten Form zu analysieren (S. 11):

All the above changes [im Verteilungsmuster; d. Verf.] can first be seen against the background of the unique qualities of that part of the earth's surface inhabited by the studied population. However, we can also daringly lift up the whole population and isolate it from its somewhat inconvenient physical foundation, proceeding then to the study how the process of change unravels itself within subareas, and paying *special attention to how every new change relates to the previous ones.* In so doing it is naturally of particular interest whether or not changes generally evince any development regularities in relation to the points of origin of the process, and whether it is at all possible to detect any spatial order in the general diffusion process.

HÄGERSTRAND analysiert in seinem empirischen Teil dann eine Reihe von Innovationen[27], die er als *Indikatoren* bezeichnet. Sie werden von ihm in *allgemeine* und *ergänzende Indikatoren* aufgeteilt. Während sich für erstere raum-zeitliche Ausbreitungsprozesse rekonstruieren lassen, sind für letztere nur Verteilungsmuster zu einem bestimmten Zeitpunkt darstellbar.

Ab Kapitel V schließt sich ein theoretischer Teil an, in dem HÄGERSTRAND auf der Grundlage der analysierten Diffusionsprozesse eine *Theorie der Diffusion von Innovationen* entwickelt, die als die eigentliche Primärtheorie einer geographischen Innovations- und Diffusionsforschung angesprochen werden kann. Hierbei ist jedoch zu berücksichtigen, daß die Theorie und die darauf basierenden Modelle nicht *direkt* aus den Fallstudien hervorgehen. Der Zusammenhang zwischen empirischer Untersuchung und Theorie ist differenzierter zu sehen (S. 135):

However, conclusions will not be directly drawn from the empirically established diffusion processes. Instead, a number of hypotheses will be set forth regarding the causal factors and their interrelationships. Following this, the ramifications of these assumptions will be studied, with the empirical data determining whether or not these ramifications express themselves in reality. This comparison will determine the adequacy of these hypotheses.

Die realen Diffusionsprozesse haben folglich eine Art Kontrollfunktion. An ihnen wird überprüft, ob die aufgestellten Hypothesen und die darauf basierenden Simulationsmodelle sinnvolle Ergebnisse bringen. Es handelt sich um ein mit den Methoden der Experimentalphysik vergleichbares Vorgehen (S. 135): "With the aid of heuristic models, attempts are made to simulate those aspects of social life with which we are concerned."

Auf die eigentliche Modellbildung soll an dieser Stelle nicht eingegangen werden, es sei auf Kapitel 4.3 verwiesen.

Das Ziel der Modellbildung ist es, die (möglichst wenigen) Faktoren herauszuarbeiten, die den Ausbreitungsprozeß steuern. HÄGER-

STRAND bezeichnet sie als *primary factors*. Als einen solchen entscheidenden Faktor kennzeichnet er die *private Informationsübertragung*. Hierunter versteht er die Weitergabe von Informationen von einer Person an eine andere (S. 139 und S. 164). Dies ist, so stellt er selbst fest, keine neue Erkenntnis, denn vor ihm waren schon RYAN und GROSS (1943) zu demselben Ergebnis gelangt. Für die Primärtheorie sind folgende Fragen von besonderer Bedeutung:

– Welche räumlichen Verteilungsmuster liegen in der Informationsausbreitung zu bestimmten Zeitpunkten vor?

– Welche Dynamik führt zu diesen Verbreitungsmustern?

Als Instrument zur Erfassung und zur Simulation der Informationsübertragung konzipiert HÄGERSTRAND das *Informationsfeld*[28] eines Individuums, das er in Anlehnung an das soziometrische Konzept des *social atom* von MORENO (1934) definiert. Beim privaten Informationsfeld eines Individuums handelt es sich um eine Region der Informationsübertragung, in deren Zentrum ein Individuum steht, also um eine Nodalregion. Woraus resultiert die *Feldstruktur* dieser Region und wie läßt sie sich quantitativ erfassen? Insbesondere der letzte Aspekt ist für die Simulation von Bedeutung. Auf der Grundlage der Analyse des Umzugsverhaltens und der Distanzüberbrückung bei Telefongesprächen hat HÄGERSTRAND ein durchschnittliches Informationsfeld konstruiert, das als *mean information field* (MIF) in die Literatur eingegangen ist. Es baut auf folgenden Sachverhalten auf (S. 199–200): ". . . telephone-call fields have one quality in common with migration fields and other social fields, i. e., their intensity diminishes with increasing distance from the center." Das MIF ist in gleicher Weise konstruiert, d. h. mit zunehmender Distanz zum Individuum, das im Zentrum steht, nimmt die Wahrscheinlichkeit der Weitergabe einer Information an eine andere Person ab. Es stellt sich die grundlegende Frage, ob die persönlichen Informationsfelder, über die wenig bekannt ist, in ähnlicher Weise aufgebaut sind. Auf das MIF und seine Rolle in Simulationsprozessen wird später genauer eingegangen (vgl. Kap. 4.3). In einem weiteren Schritt hat HÄGERSTRAND dann noch den in den potentiellen Adoptoren einer Innovation gelegenen Widerstand gegen eine Annahme in die Theorie einbezogen. Dies wird von ihm als *resistance concept* (S. 263 ff.) bezeichnet.[29] Er geht der Frage nach, ob es realistisch ist, anzunehmen, daß ein potentieller Adoptor einer Neuerung bereits nach nur einer zu ihm gelangenden Information die Innovation übernimmt. Er gelangt zu einer Klassifizierung nach *resistance classes,* die eine realitätsnähere Simulation ermöglichen. Mit diesem letzten Konzept ist dann die von ihm entwickelte Primärtheorie vollständig. Die konstituierenden Elemente lassen sich in folgender Weise zusammenfassen:

- Die Primärtheorie HÄGERSTRANDS erklärt die raum-zeitliche Ausbreitung von Neuerungen, d. h. einen raum-zeitlichen Prozeß.
- Sie ist auf die Gewinnung quantitativer Ergebnisse ausgerichtet.
- Neben der Erklärung von real abgelaufenen Diffusionsprozessen ist es auch ein Ziel der Theorie, die Simulation von Ausbreitungsprozessen zu ermöglichen, d. h. Simulationsmodelle zu erstellen.
- Die Primärtheorie reduziert räumliche Lagebeziehungen auf soziale Abhängigkeiten von im Raum lebenden Individuen *(horizontal man to man relations)* und läßt die vertikalen Abhängigkeiten *(man-earth's surface relations)* unberücksichtigt.
- Der Diffusionsprozeß wird vom realen Raum mit seiner physischen Ausstattung und seinen sozioökonomischen Rahmenbedingungen abgehoben und in seiner abstrakten Form analysiert.
- Die persönliche Informationsübertragung ist der entscheidende Erklärungsfaktor für die räumliche Dynamik und die räumlichen Muster von Diffusionsprozessen.
- Die räumliche Struktur der jeweiligen Informationsfelder von Individuen entscheidet ebenso über den Verlauf von Ausbreitungsprozessen wie der in den potentiellen Adoptoren gelegene Widerstand gegen die Annahme einer Neuerung *(resistance concept).*

Rückblickend wird verständlich, weshalb die Primärtheorie einer Ausbreitung von Innovationen gerade in Schweden zum damaligen Zeitpunkt entstehen konnte. Die enge Kooperation der Kultur- und Sozialwissenschaften untereinander, die frühe Erkenntnis in der Geographie, daß das eigentliche Forschungsobjekt dieser Disziplin abstrakter Natur sei, eine Beschäftigung mit Standortproblemen

und räumlichen Verteilungen sowie das Aufkommen von leistungs-
fähigen Großrechnern in Verbindung mit einer unverkennbaren
Tendenz zur Quantifizierung der gewonnenen Ergebnisse bildeten
in dieser Kombination den Nährboden für die Formulierung der
Theorie und ihre Anwendung.

Das Auftreten einer Primärtheorie ist nach STEGMÜLLER (1973,
S. 231 ff.) als wissenschaftliche Revolution zu kennzeichnen. Es
stellt sich jedoch die Frage, ob mit der 1953 erfolgten Formulierung
der Theorie bereits ein Paradigma der Disziplin ausgebildet war oder
ob sich erst durch nachfolgende Arbeiten die Sichtweise bestimmter
Phänomene sowie die legitimen Forschungsprobleme und Lö-
sungsmethoden klarer herausschälten. Zutreffend ist sicherlich, daß
die Erfolgsverheißung der Primärtheorie zu einer großen Zahl von
normalwissenschaftlichen Arbeiten geführt hat, doch erfolgte ebenfalls eine Ergänzung der Theorie. Der Verfasser neigt mehr dazu, die
Primärtheorie als *Aufblitzen einer Idee* zu kennzeichnen. Das Paradigma bildete sich dann in der Folgezeit aus. Die Theorie wurde von
den Geographen, die sich mit der Analyse von Diffusionsprozessen
beschäftigten, auf ihre Anwendbarkeit geprüft, ergänzt und
modifiziert. Erst im Rückblick ist feststellbar, daß die Grundkonzeption der Primärtheorie nicht verändert, sondern von einer größeren Zahl von Wissenschaftlern als erfolgverheißende Erklärungs-
möglichkeit akzeptiert wurde. Erst in diesem Augenblick ist es möglich, von einem für eine bestimmte Forschergemeinschaft für eine
gewisse Zeit verbindlichen Paradigma zu sprechen. Aufgabe der folgenden Ausführungen wird es sein, diesen so formulierten Sachver-
halt zu belegen, d. h. aufzuzeigen, in welcher Weise es zu einer Ergänzung bzw. Modifizierung der Primärtheorie kam, ohne dabei
ihre Grundkonzeption anzugreifen. Wir werden uns dabei auf
die wesentlichen Arbeiten theoretischer Art beschränken müssen
und folgende Aspekte in den Vordergrund der Überlegungen
stellen:

– Kritische Auseinandersetzungen mit dem Konzept des *mean
information field*.

– Kritische Auseinandersetzungen mit dem *resistance concept*.

Es geht also nicht um eine Analyse von empirischen Arbeiten, die sich mit der Anwendung von Teilaspekten der Primärtheorie beschäftigen oder reale Diffusionsprozesse analysieren.

Da das MIF den HÄGERSTRANDschen Modellen ihre räumliche Dynamik verleiht, wird verständlich, daß man sich in der Auseinandersetzung mit den theoretischen Überlegungen insbesondere diesem Grundelement zuwandte. Sieht man einmal von den Arbeiten ab, die in der Ableitung geeigneter mathematischer Funktionen ihr Hauptziel sehen, wurde im Hinblick auf die Theorie auch weiterreichenden Fragen nachgegangen, z. B.:

– Ist das MIF überhaupt ein sinnvolles Instrument, um Diffusionsprozesse zu erklären und zu simulieren?

– Mit Hilfe welcher Ausgangsdaten kann eine Eichung des MIF vorgenommen werden?

Zu diesem Problemkreis haben sich MORRILL und PITTS (1967), MAYFIELD und YAPA (1974) und SHANNON (1970) geäußert. Die Ergebnisse dieser Untersuchungen bestätigen, daß das MIF sinnvoll angewendet werden kann. Als Ausgangsdaten für die Eichung werden die Distanzen zwischen den Wohnorten späterer Ehepartner, Distanzen zwischen den Wohnorten von guten Bekannten, Pendlerdistanzen und Einkaufswege herangezogen.

COHEN (1972) hat sich im theoretischen Teil seiner Arbeit über die Ausbreitung des *shopping center* in den USA sehr eingehend mit der Frage auseinandergesetzt, ob ein MIF, das auf der räumlichen Distanzfunktion aufbaut, überhaupt zu sinnvollen Erklärungen von Diffusions*prozessen* führen kann. Er kritisiert (S. 12), daß HÄGERSTRAND entgegen aller Beteuerungen eben diesem Prozeß nur sehr wenig Aufmerksamkeit widmet. Jede Studie, die den räumlichen und zeitlichen Aspekt zu sehr betone, so COHEN, könne nur wenig zur Erklärung von Diffusionsprozessen beitragen. Zwar könne man den raum-zeitlichen Verlauf rekonstruieren oder auch simulieren, doch sei damit noch wenig erklärt. Das große Defizit in HÄGERSTRANDS Theorie sieht COHEN darin, daß sie soziale und ökonomische Faktoren nicht genügend berücksichtigt (S. 13): "Space and time are elements that are external to the diffusion process, while social, economic, cultural, psychological or other behavioral factors are the endogeneous causes of acceptance, rejection, and spread of innovations. Geographers have almost completely failed to recognize the distinction made above." Hieraus erklärt sich auch, so stellt Cohen fest, daß bis 1972 die überwiegende Zahl der Diffusionsstudien deskriptiver Art ist, weil sie vielfach das Konzept des MIF oder die Wirkungsweisen des Nachbarschaftseffektes kritiklos übernehmen. Cohen hält eine Anwendung des MIF in der von Hägerstrand vorgelegten Art für wenig ergiebig, weil die physische Distanz in der Informationsübermittlung immer unbedeutender wird. Seiner Ansicht nach entscheiden eher Charakteristika der Innovation selbst, praktische, soziale, kulturelle und wirtschaftliche Faktoren über den zeitlichen und räumlichen Verlauf von Diffusionsprozessen. Die Berücksichtigung dieser Faktoren wird auch eher zu einer sinnvollen Erklärung führen und nicht in der Beschreibung steckenbleiben.

Trotz dieser kritischen Haltung gegenüber einem Grundelement der Theorie ist Cohen ebenfalls der Ansicht, daß die Informationsübertragung eine wichtige Rolle bei der Ausbreitung von Innovationen spielt. Er möchte in ihr jedoch nicht den alles entscheidenden Faktor sehen, sondern die obengenannten sozialen und ökonomischen Faktoren ergänzend zur Erklärung von Diffusionsprozessen heranziehen. Bemerkenswert in diesem Zusammenhang ist, daß in den ersten Diffusionsstudien im deutschen Sprachbereich (Borcherdt 1961, Meffert 1968), die sich im wesentlichen auf die frühe Arbeit von Hägerstrand aus dem Jahre 1952 beziehen, der Informationsübertragung keine Aufmerksamkeit geschenkt wird. Im Gegensatz dazu wird versucht, die vorliegenden Verteilungsmuster aus unterschiedlichen physisch-geographischen, ökonomischen und sozialen Faktoren zu erklären. Diese Tradition setzt sich auch in späteren Arbeiten fort (Windhorst 1975, Heinritz 1979, Breuer 1979). Diese Untersuchungen zeigen, daß eine einseitig ausgerichtete Erklärung von Ausbreitungsprozessen in der deutschen Wirtschafts- und Sozialgeographie keinen Eingang gefunden hat. Erst in der ›Theoretischen Geographie‹ von Wirth (1979, S. 196 ff.) wird dem MIF größere Aufmerksamkeit gewidmet. Wirth stellt dabei heraus, daß das MIF Hägerstrands eigentlich kein Informationsfeld, sondern ein Kontaktfeld ist,[30] weil hier nichts anderes angegeben wird als die Wahrscheinlichkeit, „daß ein in der Mitte des Feldes befindliches Individuum mit anderen, gleichmäßig über das ganze Feld verteilten Individuen persönlich zusammentrifft" (S. 212). WIRTH macht ebenfalls deutlich, daß das MIF für die Simulation von Diffusionsprozessen zwar eine herausragende Bedeutung hat, die Erklärung realer Ausbreitungsvorgänge jedoch auf empirisch ermittelte Felder und ihre Regelhaftigkeiten zurückgreifen muß. Hier ist ihm unbedingt zuzustimmen, allerdings nicht, wenn er feststellt (S. 212), daß das MIF ohne empirischen Bezug ist. Die Analyse der Dissertation HÄGERSTRANDS hat eindeutig gezeigt, daß hier sehr wohl ein empirischer Bezug vorliegt, ebenso wie in einer Reihe anderer Arbeiten, die sich dieses Grundelementes der Primärtheorie bedienen.

Es läßt sich also festhalten, daß das Grundelement MIF der Primärtheorie als sinnvoller Erklärungsansatz für Ausbreitungsvorgänge akzeptiert wird. Kritik richtet sich gegen die alleinige Verwendung des MIF als Erklärung der räumlichen Muster von Diffusionsprozessen, die Bezeichnung Informationsfeld und die z. T. nicht sorgfältig genug vorgenommene Eichung.

Ein weiterer grundlegender Bestandteil der Theorie ist das *resistance concept*. HÄGERSTRAND hat darunter zunächst nur den Widerstand eines potentiellen Adoptors gegen die Annahme der Neuerung verstanden. Durch die Notwendigkeit, bis zur Annahme der Innovation mehrere Informationen zu erhalten, hat er diesen Widerstand in die Theorie einbezogen. Wenngleich es sich um eine starke Vereinfachung realer Verhältnisse handelte, ließ sich damit doch eine überraschend realitätsnahe Simulation von Diffusionsprozessen erreichen. In der Folgezeit stellte sich die Frage, ob nicht weitere Faktoren mit einzubeziehen seien und, wie sich spezifische Barrieren auf den Ausbreitungsprozeß auswirken würden. YUILL (1964) hat in einer Studie die Form und Durchlässigkeit von Barrieren bezüglich ihres Einflusses auf den Ausbreitungsprozeß untersucht. Dabei wurde über die Art der Barrieren nichts ausgesagt. Sie können z. B. als natürliche Hindernisse, aber auch als soziale bzw. ökonomische Barrieren aufgefaßt werden. HÄGERSTRAND selbst (1966, 1967) hat sich in späteren Arbeiten ebenfalls kritisch mit dem *resistance concept* auseinandergesetzt. So schreibt er (1966, S. 269–270):

There is a wide variety of factors which we may boldly hide under one roof, *resistance*. For a multitude of reasons a population offers a resistance to change. . . . Of course resistance is variable, and probably we should not assume that individual behavior is always the same from innovation to innovation; a given individual may show a high resistance to one trait, a low resistance to another. In addition to individual variations, or rather governing them, there is also a general level of resistance according to the relation between the innovation and the state of the culture it enters.

Trotz dieser Erkenntnis wird jedoch von der Modellkonstruktion nicht abgewichen, denn der Widerstand wird durch mehrfachen Kontakt der potentiellen Adoptoren mit Personen, die die Neuerung bereits aufgenommen haben, ausgeglichen. Neben diesen eher im sozialen Bereich anzusiedelnden Widerständen hat er sich ebenfalls mit solchen physischer Art beschäftigt (1967, S. 20). Dabei werden z. B. langgestreckte Seen als unüberwindbare Hindernisse bei der Informationsausbreitung angesehen, während andere Hindernisse nur jede zweite Information unterdrücken. Die weitere Einpassung realer Ausbreitungsbedingungen in seine Modelle ist letztlich wohl an der Speicherkapazität der damals verfügbaren Rechner gescheitert. Auch in auf die Primärtheorie folgenden Arbeiten hat das *resistance concept* zunächst keine entscheidende Modifizierung erfahren. Hier ist eine Integration sozialwissenschaftlicher Ansätze, wie sie z. B. von RO-GERS und SHOEMAKER (1971) zusammengestellt worden sind, zu vollziehen.

Bis in die späten sechziger Jahre hatte sich also an der Grundkonzeption HÄGERSTRANDS, sieht man von geringfügigen kritischen Einwänden und Modifizierungen ab, nichts Grundlegendes geändert. Man kann feststellen, daß diese Primärtheorie, einschließlich der genannten Ergänzungen, etwa 20 Jahre lang die Geographen, die sich mit der Analyse der Ausbreitung von Innovationen beschäftigten, hinsichtlich ihrer Fragestellungen, der Forschungsprobleme und der verwendeten Methoden bestimmt hat. Das Paradigma einer von der Theorie HÄGERSTRANDS geprägten Gemeinschaft von Innovations- und Diffusionsforschern kann in folgender Weise charakterisiert werden:

– Innovationen werden als Neuerungen im Sinne einer subjektiven Neuheitsbeurteilung durch Individuen aufgefaßt. Innovationen in diesem Sinne können sein: materielle Objekte, Verhaltensweisen und Einstellungen.

– Die Neuerungen breiten sich durch Übertragung von Informationen von einem oder mehreren Innovationszentren im Zeitverlauf räumlich aus.

– Der Diffusionsprozeß kann sich in unterschiedlichen Dimensionen zutragen. Er wird durch Nachbarschafts- und Hierarchieeffekte bestimmt. Während der Nachbarschaftseffekt allein auftreten kann (Informationsübertragung, Anschauung), ist der Hierarchieeffekt (gebunden z. B. an ein System zentraler Orte) zumeist in Verbindung mit dem Nachbarschaftseffekt wirksam.

– Der raum-zeitliche Ausbreitungsprozeß wird (zumindest anfangs) in seiner abstrakten Form, losgelöst von der physisch-geographischen Raumausstattung und den sozioökonomischen Rahmenbedingungen, analysiert. Im Mittelpunkt der Analyse steht die Abhängigkeit des Diffusionsprozesses von der Verteilung der im Raum lebenden Individuen mit ihren Informationsfeldern und der zwischen ihnen bestehenden Informationsbahnen. Die Charakteristika der Innovationen selbst und ihre möglichen Veränderungen während des Ausbreitungsprozesses werden nicht berücksichtigt.

– Es wird eine generelle Gültigkeit der Forschungsergebnisse für alle räumlichen Dimensionen angestrebt; die Ergebnisse beziehen sich auf die Form und den Prozeß der Diffusion.

– Als legitime Forschungsprobleme werden angesehen: Die Analyse raum-zeitlicher Ausbreitungsprozesse in Abhängigkeit von der räumlichen Verteilung der in einem bestimmten Raum lebenden potentiellen Adoptoren (später auch: von den natürlichen, sozialen und ökonomischen Rahmenbedingungen), ihren Informationsfeldern und der zwischen den Adoptoren bestehenden Informationsbahnen; mathematische Beschreibung von Diffusionsprozessen; Simulation von Diffusionen in fiktiven Räumen mit fiktiver Verteilung potentieller Adoptoren und zufälliger Verteilung ihrer Innova-

tionsbereitschaft; Vergleich realer Ausbreitungsprozesse mit Simulationen.

– Von den Geographen, die sich mit der Diffusion von Innovationen
beschäftigen, werden u. a. folgende Forschungsmethoden angewendet: Rekonstruktion raum-zeitlicher Diffusionsprozesse mit
Hilfe von Kartierungen und der Auswertung von anderen empirischen Erhebungen, Quellen und Statistiken; Monte-Carlo-Simula-
tionen; zeitliche Querschnittsanalysen mit unterschiedlich langen
Zeitintervallen und kartenmäßige Erfassung der jeweiligen räumlichen Verteilungsmuster; Regressions-, Korrelations- und Faktorenanalysen.

Bezieht man ebenfalls mit in die Charakterisierung ein, daß die
Wissenschaftler, die sich dieses Paradigmas bedienen, eine bestimmte Sichtweise der von ihnen analysierten Phänomene kennzeichnet, kann man auch hier eine hohe Übereinstimmung feststellen. *Der geographische Innovations- und Diffusionsforscher der modelltheoretischen Phase erkennt in der Diffusion von Innovationen
einen raum-zeitlichen Prozeß, der räumliche Strukturen hervorruft
und verändert. Dieser Prozeß ist auf eine Informationsübertragung
zwischen Individuen zurückzuführen, in mathematischer Form
erfaßbar und mit Hilfe von stochastischen Modellen simulierbar.*

Die Sichtweise der Diffusion von Innovationen während dieser
Phase ist von GOULD (in ABLER, ADAMS und GOULD 1971, S. 389)
in besonders treffender Weise beschrieben worden. Es heißt bei
ihm:

That man and his works exist in space and time is so obvious that it hardly
seems worth mentioning. But upon closer examination this simple fact is seen
to contain such conceptual richness and intellectual challenge that it underlies
one of Geography's most exciting contemporary fields. When we consider
man and his works in space and time, we can no longer think about static
structures and relationships. Rather, we focus explicitly upon the dynamics
of spatial patterns, so that diffusion processes acting over space and through
time become the core of our concern.

The mechanisms of spatial diffusion are little understood, and there is
much exciting work to be done along the entire continuum from general
theory to the solution of practical problems. The unfolding of man's patterns

over geographic space and through time is a fascinating thing to watch and study, and once you have thought about the processes at work in these fundamental dimensions of human existence, you can never wholly return to 'pre-diffusion' thinking. This is crucial, for whether you plan to become a social scientist, or simply an informed and responsible citizen, the world of 2000 is desparately going to need men and women with a clear understanding of man's use of space over time.

Hier schwingt vieles von dem mit, was KUHN als charakteristisch für einen Wissenschaftler herausgestellt hat, der sich einer neuen Theorie (hier: Primärtheorie) bedient: Eine veränderte, neue Sichtweise der Welt; eine euphorische Einschätzung der Möglichkeiten, die aus ihr erwachsen (Erfolgsverheißung); der Versuch, andere Wissenschaftler von der Notwendigkeit zu überzeugen, die Theorie anzuwenden; Sendungsbewußtsein etc.

Die beiden Jahrzehnte nach Entwicklung der Primärtheorie durch HÄGERSTRAND waren überwiegend gekennzeichnet durch deren Anwendung. Sie können also im Sinne KUHNS als Phase der normalwissenschaftlichen Betätigung bezeichnet werden, in der es vorrangig um das „Lösen von Rätseln" und „experimentelles Faktensammeln" ging. Eine theoretische Neuorientierung erfolgt nicht, wie die vorangehenden Ausführungen gezeigt haben. Sie wird erst zu Beginn der siebziger Jahre erkennbar, als die Primärtheorie zusehends in eine Krise gerät und sich eine Reihe analysierter Diffusionsprozesse mit ihr nicht mehr zufriedenstellend erklären lassen.

Im folgenden Abschnitt wird diese Krisenphase zu analysieren sein, um festzustellen, ob in der Phase der (interdisziplinären) Neuorientierung ab 1975 ein Paradigmenwechsel eingetreten ist oder ob sich die Disziplin gegenwärtig noch in der Phase normalwissenschaftlichen Wachstums befindet.

3.4. Auftretende Anomalien und die Krise der HÄGERSTRANDschen Primärtheorie

Vor der eigentlichen Analyse der siebziger Jahre, in der eine Neuorientierung einiger geographischer Innovations- und Diffusionsforscher offensichtlich wird, sind zunächst einige wissenschaftstheoretische Aspekte ins Gedächtnis zurückzurufen.

Wir hatten festgestellt, daß KUHN zwischen Normalwissenschaft und außerordentlicher bzw. revolutionärer Wissenschaft unterscheidet. Letztere tritt dann auf, wenn eine vorhandene Theorie nicht mehr in der Lage ist, die sich stellenden Forschungsprobleme zufriedenstellend zu lösen, und *gehäuft* Anomalien auftreten. Diese Krise kann durch einen Paradigmenwechsel überwunden werden.

Im Rahmen einer Disziplingeschichte sind Phasen, in denen eine vorhandene Theorie in eine Krise gerät, von besonderem Interesse, weil hier eine Entscheidung über die weitere wissenschaftliche Betätigung in dieser Disziplin, also über die legitimen Forschungsprobleme und Forschungsmethoden, zu treffen ist. STEGMÜLLER (1973, S. 244 ff.) hat sich den ablaufenden Prozessen während dieser Phase eingehender zugewendet als KUHN. Er vertritt die Ansicht, daß man nicht grundsätzlich davon ausgehen kann, daß eine Theorieverdrängung durch eine Ersatztheorie generell dergestalt erfolgt, daß die verdrängte Theorie vollständig aufgegeben wird. STEGMÜLLER ist vielmehr der Ansicht, daß eine Ersatztheorie sehr wohl Altes bewahren und integrieren kann; auch ist sie mit der verdrängten Theorie bezüglich ihrer Leistungsfähigkeit bei der Problemlösung vergleichbar.

Wir werden also zu untersuchen haben, welche der beiden denkbaren Formen in der Phase der (interdisziplinären) Neuorientierung nach 1975 auftritt.

1. Normalwissenschaftlicher Fortschritt [31]: Die bestehende Theorie ist in der Lage, die „Natur der analysierten Phänomene" anzudeuten, Einzelheiten der sich stellenden Forschungsprobleme können jedoch erst durch die Ergänzung der Theorie gelöst werden. Wenn dieser Fall vorliegt, besteht offensichtlich keine Notwendigkeit nach einer neuen Theorie, da die vorgenommenen Erweiterungen ausreichen, um die auftretenden Forschungsprobleme einer zufriedenstellenden Lösung zuzuführen.

2. *Theorieverdrängung durch eine Ersatztheorie* (wissenschaftliche Umwälzung): Das gehäufte Auftreten von Anomalien zeigt, daß die bestehende Theorie nicht länger in der Lage ist, die als legitim erkannten Forschungsprobleme zu lösen; sie muß deshalb durch eine Ersatztheorie abgelöst werden. Wenn eine solche Theorie auftritt und angewendet wird, ist mit dem Paradigmenwechsel eine wissenschaftliche Revolution erfolgt.

Man erkennt leicht, daß es nicht ganz einfach ist zu entscheiden, ob die vorgenommenen Ergänzungen einer vorhandenen Theorie noch als normalwissenschaftlicher Fortschritt oder bereits als wissenschaftliche Umwälzung zu kennzeichnen sind. Dies gilt vor allem dann, wenn man berücksichtigt, daß STEGMÜLLER (1973, S. 278 ff.) herausgearbeitet hat, daß die Ersatztheorie „Altes bewahren und integrieren" kann. Es wird also darauf ankommen, die seit Beginn der siebziger Jahre vorgelegten theoretischen Konzeptionen daraufhin zu analysieren, ob sie von den Wissenschaftlern, die sich ihrer bedienen, als Ersatztheorie angesprochen werden, die die Primärtheorie HÄGERSTRANDS verdrängt hat, oder ob sie „nur" als Ergänzungen zu eben dieser Theorie angesehen werden. Daneben wird bei der Beurteilung der Situation auch noch berücksichtigt, ob ein Nebeneinander verschiedener Theorien feststellbar ist, was aus der unterschiedlichen Ausrichtung empirischer Arbeiten zu rekonstruieren sein müßte.

Es kann nicht die gesamte Breite vorgelegter theoretischer und empirischer Arbeiten analysiert werden, sondern es sind aus den in Kapitel 2 (Phase 4) unterschiedenen gegenwärtigen Forschungsperspektiven jene auszuwählen, die bereits ein weitgehend ausgearbeitetes theoretisches Konzept erkennen lassen. Dies sind nach eingehendem Studium vorliegender Arbeiten vor allem die Untersuchungen von BROWN und seinen Mitarbeitern zum *market and infrastructure model*.[32]

Die Beschäftigung von L. A. BROWN[33] mit der geographischen Innovations- und Diffusionsforschung läßt sich bis in die frühen sechziger Jahre zurückverfolgen. Es ist schwierig, die verschiedenen

Einflüsse zu erfassen, die ihn schließlich zu der von ihm verfolgten Fragestellung führten. Ohne Zweifel ist er während seines Studienaufenthaltes in Lund von HÄGERSTRAND angeregt worden, auch sind von MARBLE und MORRILL Einflüsse ausgegangen. Enge Beziehungen lassen sich auch zu HUDSON bezüglich der Versuche erkennen, Diffusionsprozesse in mathematischer Form zu erfassen. Die frühen Arbeiten von BROWN weisen eine eindeutige Ausrichtung auf die Quantifizierung der Ausbreitung von Innovationen auf. Zeichnen sie sich anfangs durch eine rein theoretische Behandlung des Phänomens aus, treten später auch empirische Fallstudien hinzu. Dieser Weg ist aus der in den USA zu Beginn der sechziger Jahre sich rasch ausbreitenden *quantitativen Revolution* verständlich. Seine theoretisch angelegte Untersuchung aus dem Jahre 1968, ›Diffusion Processes and Location‹, versucht, einen theoretischen Rahmen für Bewegungsvorgänge im Raum zu entwickeln, wobei die räumliche Diffusion jedoch eindeutig im Vordergrund steht.

Der von ihm vorgeschlagene Rahmen basiert auf dem Isomorphismus, daß räumliche Bewegungsvorgänge sich aus sechs Grundelementen zusammensetzen (1968, S. 9): Area or environment, time intervals, an item being diffused, nodes of origin, nodes of destination, paths of movement between places of origin and places of destination.

Diesen einzelnen Elementen wendet er sich anschließend zu, wobei herauszustellen ist, daß er bereits der Frage nachgeht, welchen Einfluß die Fläche, auf der die Innovation sich ausbreitet, und die Innovation selbst auf den Diffusionsprozeß haben.

Dieser auf der Allgemeinen Systemtheorie gegründete theoretische Rahmen ließ erwarten, daß sich in der geographischen Analyse von Ausbreitungsprozessen und anderen Bewegungsvorgängen im Raum Übereinstimmungen in den Ergebnissen zeigen würden. Dies trat auch ein, gleichzeitig mußte jedoch festgestellt werden, daß der Verlauf einer Reihe von analysierten Diffusionsprozessen sich mit dem Modell HÄGERSTRANDS nicht erklären ließ. Ein erster Kritikpunkt setzte an der Forderung HÄGERSTRANDS an, daß der Ausbreitungsprozeß auf die Informationsübertragung zurückgeführt werden könne. WILBANKS (1972) sowie BROWN und LENTNEK (1973) gelangen aufgrund empirischer Studien in Indien und Mexico zu der Erkenntnis, daß die vorhandene Infrastruktur auf regionaler Basis entscheidender war für den Verlauf der Diffusionsprozesse als die Übertragung der Information. In weiteren Untersuchungen haben SHAWYER (1970, 1974), HUDSON (1972) und YAPA (1975) nachgewiesen, daß die räumliche Struktur der Informationsausbreitung auch völlig anders gelagert sein kann als von HÄGERSTRAND postuliert.

BROWN selbst (1968a, 1969) geht schon einige Jahre früher in einem ersten kritischen Ansatz so weit, das Einkaufsverhalten potentieller Adoptoren bzw. die Vermarktungsstrategie von Agenturen als die eigentlich steuernden Faktoren bei der Ausbreitung spezifischer Innovationen (Konsumgüter) zu bezeichnen. Weitere Untersuchungen (HANHAM und BROWN 1972, PEDERSEN 1975) deuten ebenfalls an, daß für eine Reihe von Diffusionsprozessen das unternehmerische Verhalten und die angewendete Vermarktungsstrategie von größerer Wirkung auf raum-zeitliche Ausbreitungsprozesse waren als die sozialen Interaktionen auf persönlicher Ebene.[34]

Die beobachteten Anomalien führten im Rahmen des von BROWN in Columbus (Ohio) initiierten Forschungsprojektes zu zwei Arbeitsschwerpunkten:

1. In einem Forschungsvorhaben sollte untersucht werden, welchen Einfluß die Zugangsmöglichkeit eines potentiellen Adoptors zu einer Innovation bzw. die Art und Weise in der eine Innovation unterschiedlichen sozialen Gruppen, Einkommensschichten usw. verfügbar gemacht wird, auf den Diffusionsprozeß haben. Diese mehr die *Angebotsseite* betonende Sichtweise wird von BROWN (1979, S. 45) als *market and infrastructure perspective* bezeichnet.

2. Ein zweiter Forschungsschwerpunkt sollte einmal analysieren, welchen Einfluß Diffusionsprozesse auf das individuelle Wohlergehen, die wirtschaftliche Entwicklung und den sozialen Wandel haben, und zum anderen untersuchen, in welchem Maße ein erreichter Entwicklungsstand selbst die Ausbreitung von Innovationen beeinflußt. Diese Zielrichtung nennt BROWN (1979, S. 45) die Entwicklungsperspektive *(development perspective)* in der geographischen Innovations- und Diffusionsforschung.

Man erkennt leicht, daß sich mit den beiden angedeuteten Forschungsperspektiven eine veränderte Sichtweise in der geographischen Analyse von Diffusionsprozessen eingestellt hat. Dies drückt BROWN (1979, S. 47) sehr treffend aus:[35]

... diffusion research in geography since Hägerstrand primarily has been concerned with the operational model of diffusion. This focus coincides with a broader trend in geography and other social science disciplines characterized as the *quantitative revolution*. Recognizing this fosters the observation that diffusion research was also an important medium of the *revolution*. Further, the recent shift towards the conceptual model of diffusion coincided with a disciplinary shift towards a concern with substantive reality, relevance, and social utility.

In Kapitel 2 wurde bereits verdeutlicht, daß um die Mitte der siebziger Jahre dieser Wandel von der modellorientierten Phase zu einer Phase der (interdisziplinären) Neuorientierung klarer erkennbar wird.

Nachdem dargestellt wurde, daß sich die Forschungsperspektiven BROWNS in größere wissenschaftliche Zusammenhänge einordnen lassen, soll nun der Frage nachgegangen werden, welcher Art die auftretenden Anomalien waren, die ihn zur Entwicklung seines *market and infrastructure model* führten.

In einer Studie aus dem Jahre 1969 wird das Kernproblem, das sich bei der Anwendung der Primärtheorie auf regionaler Ebene[36] zeigt, bereits klar formuliert. BROWN geht dabei aus von einer fiktiven Situation in einigen schwedischen Orten, in denen potentielle Adoptoren wohnen, die sich in einen zentralen Ort begeben, um dort Güter für den gehobenen Bedarf (z. B. Fernsehapparat) zu kaufen. Der Zeitpunkt der Adoption durch die einzelnen potentiellen Adoptoren hängt entscheidend davon ab, wie oft sie diesen Ort aufsuchen, und von dem Zeitpunkt, zu dem die betreffende Innovation in dem jeweils aufgesuchten Geschäft angeboten wird. Der Primärtheorie HÄGERSTRANDS entsprechend müßte in einem Ort, der eine geringere Distanz zum zentralen Ort aufweist, die Innovation früher angenommen werden. Aus der konstruierten Situation ist jedoch sehr wohl eine andere Abfolge denkbar, z. B. dann, wenn Personen aus einem weiter entfernt liegenden Ort häufiger zum Einkaufen fahren oder aber in einem Geschäft Kunden sind, das die Neuerung früher anbietet. BROWN schließt aus seinen Überlegungen, daß bei der Analyse von Diffusionsprozessen das Einkaufsverhalten *(shopping trip behavior)* des potentiellen Adoptors und die Marktstrategie der Läden ebenfalls zu berücksichtigen sind (S. 192). Während HÄGERSTRANDS Modell nur die Nachfrageseite (= Informationsfluß über die Innovation) berücksichtigt, will BROWN auch die Angebotsseite mit in die Betrachtung einbeziehen, um damit Abweichungen realer Ausbreitungsprozesse vom räumlichen Muster, wie es die Primärtheorie erwarten läßt, erklären zu können. In einer gemeinsam mit HANHAM durchgeführten Studie untersuchte BROWN (1976) die Ausbreitung der künstlichen Besamung von Rindern in Südschweden. Auch hier zeigte sich, daß die distanzabhängige Informationsausbreitung nicht als entscheidender Steuerungsfaktor angesehen werden konnte. Die Ausbreitung hing vielmehr von der Einrichtung staatlicher Besamungsstationen ab, die einem Bauern erst die Möglichkeit gaben, diese agrartechnologische Innovation aufzunehmen. Die Einrichtung wurde jedoch nicht nach Distanzgesichtspunkten entschieden, sondern nach Fragen der Betriebsgröße und der durchschnittlichen Rindviehdichte. Auch die in diesem Beispiel auftretende räumliche Diffusion wäre mit der vorhandenen Theorie nicht zufriedenstellend zu beantworten gewesen.[37]

Von der ersten Konfrontation mit nicht lösbaren Anomalien bis zur Entwicklung des *market and infrastructure model* und dessen Akzeptierung in der geographischen Innovations- und Diffusionsforschung vergingen sechs Jahre. BROWN schreibt dazu (1979, S. 52):

In part this period represents the *extended exploration of the area of anomaly* step of the paradigm shift process, and overcoming the expected resistance to change. However, this period also corresponds with the broader shift in disciplinary focus from the quantitative revolution to a concern with relevance or societal utility and substantive reality.

Widerstände unter den Geographen einerseits und ein sich vollziehender allgemeiner Wandel in der Forschungsperspektive der Geographie können also als Ursachen für diese relativ lange Übergangsperiode angegeben werden.

81

Wenden wir uns dem *market and infrastructure model* etwas genauer zu. Während sich das HÄGERSTRANDsche Modell an der Entscheidung eines Individuums über die Annahme oder Ablehnung einer Innovation orientiert und demzufolge den sozialen Beziehungen und der Informationsausbreitung die größte Aufmerksamkeit zuwendet, beschäftigt sich das Modell BROWNs vorrangig mit den Mechanismen, durch die bestimmte Innovationen potentiellen Adoptoren verfügbar gemacht werden. Die grundlegenden Elemente des Modells lassen sich in folgender Weise erfassen (1979, S. 72 ff.):

– Eine zentrale Funktion hat die *diffusion agency*. Über sie wird eine Innovation der Bevölkerung zugänglich gemacht. Der Zeitpunkt der Einrichtung einer solchen Agentur und ihr jeweiliger Standort bzw. die räumliche Verteilung der Standorte und deren zeitliche Abfolge entscheiden darüber, wann und wo eine Neuerung verfügbar ist. Durch diese zeitliche und räumliche Fixierung wird das räumliche Muster der Diffusion entscheidend beeinflußt.

– Durch die Entwicklung und Anwendung einer Strategie, deren Ziel die Erhöhung der Adoption unter der Bevölkerung des ihr zugeordneten Einflußgebietes ist, übt die *diffusion agency* weiteren Einfluß auf den Diffusionsprozeß aus. Diese Aktivität bewirkt unterschiedliche Zugangsmöglichkeiten der potentiellen Adoptoren zu der betreffenden Innovation, wobei die Distanz zum Standort der *agency* und die wirtschaftlichen, sozialen und demographischen Charakteristika der Adoptoren zur raum-zeitlichen Differenzierung des Diffusionsprozesses beitragen.

– Der Ausbreitungsprozeß wird darüber hinaus beeinflußt durch die Nutzung einer vorhandenen, für den Diffusionsprozeß unabdinglichen Infrastruktur bzw. die Schaffung eben dieser Infrastruktur.[38]

Die Vermarktung der Innovation, worunter die Einrichtung der *diffusion agency* und deren Tätigkeit zu verstehen ist, und die Nutzung bzw. Schaffung infrastruktureller Einrichtungen bestimmen zusammen den raum-zeitlichen Diffusionsprozeß.

Die Markt- und Infrastrukturfaktoren werden von BROWN als die Angebots- bzw. Versorgungsseite der Diffusion bezeichnet, ihnen steht die Nachfrageseite der potentiellen Adoptoren gegenüber.

Letztere wird durch das verfügbare Angebot entscheidend beeinflußt, so daß eine enge Wechselwirkung festgestellt werden kann.
Ein Diffusionsprozeß verläuft nach Brown in drei Schritten[39]:
1. diffusion agency establishment,
2. agency operating procedures,
3. adoption.

Die gegenüber Hägerstrand veränderte Sichtweise des Diffusionsprozesses ist aus den vorangehenden Ausführungen deutlich
geworden. Auf weitere Einzelheiten des Modells kann hier nur noch
kurz eingegangen werden, es sei auf die ausführliche Darstellung bei
Brown (1979) verwiesen. Er zeigt (S. 74–138), daß die Einrichtung
von *diffusion agencies* in unterschiedlicher Weise erfolgen kann.
Grundsätzlich treten drei Möglichkeiten auf:
– Zentrale Entscheidungskompetenz: Ein einzelner *propagator* entscheidet über Zahl, Standort, Größe usw. der *agencies*.
– Dezentralisierte Entscheidungskompetenz: Jede *agency* wird gesondert und unabhängig von den anderen eingerichtet, wobei sie als
eigenständiges Wirtschaftssubjekt mit voller Entscheidungsbefugnis
anzusehen ist.
– Dezentralisierte Entscheidungskompetenz mit einem koordinierenden *propagator*: Der koordinierende *propagator* beeinflußt die
Einrichtung der *agencies,* hat aber nicht die letzte Entscheidungskompetenz.

Die von Brown vorgestellten Fallbeispiele realer Ausbreitungsprozesse verdeutlichen, daß die Verwendung vorhandener ökonomischer, sozialer und hierarchischer Strukturen bei der Einrichtung
der *diffusion agencies* eine große Bedeutung erlangt. Dies gilt nicht
nur für gewinnorientierte Innovationen, sondern auch für solche,
die eher ideeller Natur sind (z. B. Montessori-Erziehung).

Nach Einrichtung der *agencies* beginnt deren Aktivität in dem
ihnen zugeordneten Gebiet wirksam zu werden. Während der
erste Schritt mehr die großen Züge des räumlichen Verbreitungsmusters bestimmt, wird im zweiten Schritt das räumliche Muster
des lokalen Marktes geprägt. Brown unterscheidet vier Elemente
der Diffusionsstrategie, die das Muster auf der lokalen Ebene beeinflussen:

– Die Entwicklung einer notwendigen Infrastruktur und institutioneller Möglichkeiten,[40]

– Preispolitik,[41]

– Art und Häufigkeit der Informationsweitergabe (z. B. durch Werbung),

– Auswahl und Segmentierung potentieller Märkte.[42]

Der Einfluß der einzelnen Elemente auf den Diffusionsprozeß wird an einer Reihe von Fallbeispielen erläutert.

Faßt man die wesentlichen Unterschiede der Forschungsperspektiven von HÄGERSTRAND und BROWN zusammen, ist festzuhalten, daß (Abb. 4):

– die HÄGERSTRANDsche Perspektive das Adoptionsverhalten von Individuen und die Ausbreitung von Informationen über Neuerungen in den Mittelpunkt der Forschungsaktivität stellt,

– die von BROWN und seinen Mitarbeitern vertretene Forschungsperspektive die Zugangsmöglichkeit potentieller Adoptoren zu Innovationen stärker berücksichtigt und die Art und Weise, in der Neuerungen unterschiedlichen sozialen Gruppen, Schichten etc. verfügbar gemacht werden, zum Kernanliegen der Forschung macht,

– wie es BROWN ausdrückt, die Perspektive von der Nachfrageseite zur Angebotsseite verlagert worden ist.

BROWN selbst ist der Überzeugung, daß durch die seit etwa 1975 erfolgte Akzeptierung seines Modells ein Paradigmenwechsel in der geographischen Innovations- und Diffusionsforschung eingetreten ist. Es heißt bei ihm (1979, S. 52):

..., the market and infrastructure model can be seen to play a role in the present focus of the discipline, just as the Hägerstrand model can be viewed as a medium of the quantitative revolution. It is likely, in fact, that such a congruency was a prerequisite to the widespread acceptance of either model, that is, that the extensive elaboration of the market and infrastructure paradigm that has recently taken place would not have occured without the concommitant shift in disciplinary focus.

Die große Zahl von Arbeiten, die im Rahmen des von ihm initiierten Forschungsprojektes erstellt wurde, geben ihm ebenso recht wie die Leistungsfähigkeit seines Modells, das in der Lage ist, die

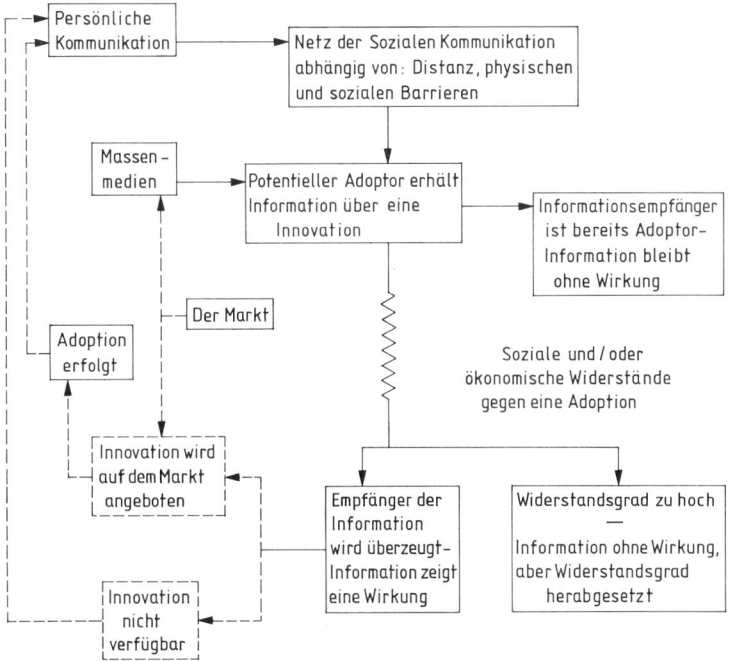

gerissene Linien kennzeichnen die Ergänzung der Hägerstrand'schen Konzeption
durch das Markt-und-Infrastruktur-Modell von Brown

Abb. 4: Die Ergänzung der Hägerstrandschen Konzeption der Adoption von Innovationen durch das market and infrastructure model von Brown (nach BROWN 1979)

auftretenden Anomalien einer zufriedenstellenden Lösung zuzuführen.

Das Paradigma der geographischen Innovations- und Diffusionsforscher, die sich auf die von BROWN vorgelegte Theorie und sein entwickeltes Modell berufen, kann in folgender Weise charakterisiert werden:

– Innovationen werden im Sinne einer subjektiven Neuheitsbeurteilung durch Individuen, Haushalte oder Institutionen aufgefaßt. Innovationen in diesem Sinne können sein: neue Produkte, Dienstleistungen, aber auch Verbreitungsmethoden und Institutionen, die der Vermarktung von Neuerungen dienen.[43]

– Der raum-zeitliche Ausbreitungsprozeß wird gesteuert durch die Einrichtung von *diffusion agencies* sowie der von ihnen entwickelten und in ihrem Einflußgebiet praktizierten Diffusionsstrategie.

– Entscheidenden Einfluß auf den Verlauf des Diffusionsprozesses hat die Möglichkeit der Nutzbarmachung einer vorhandenen oder die Notwendigkeit der Schaffung einer für die Ausbreitung unabdingbaren Infrastruktur.

– Zu einer Feindifferenzierung des räumlichen Verteilungsmusters kommt es erst auf der lokalen Ebene durch das jeweilige Verhalten der potentiellen Adoptoren.

– Der Ausbreitungsprozeß wird in Abhängigkeit von den Kriterien analysiert, die zur räumlichen und zeitlichen Fixierung der *diffusion agencies* führten, sowie von den vorliegenden ökonomischen und sozialen Rahmenbedingungen, die eine spezifische Diffusionsstrategie zur Folge hatten.

– Die Veränderung einer Innovation während eines Diffusionsprozesses wird mit in die Betrachtung einbezogen.[44]

– Diffusionsprozesse werden auf unterschiedlichen räumlichen Ebenen analysiert, ebenfalls in verschiedenartig strukturierten sozioökonomischen Umfeldern, wobei die Stadt bzw. städtische Hierarchien allerdings eindeutig Vorrang genießen.

– Es wird eine generelle Gültigkeit der Untersuchungsergebnisse für alle räumlichen Dimensionen angestrebt; die Ergebnisse beziehen sich auf Form und Prozeß der Diffusion.

– Eine Anwendung der gefundenen Ergebnisse in der Regionalpolitik und Regionalplanung ist entsprechend der veränderten Zielsetzung der Geographie beabsichtigt.[45]

Als legitime Forschungsprobleme werden angesehen:

– Die Analyse raum-zeitlicher Ausbreitungsprozesse in Abhängigkeit von der zeitlichen Abfolge der Errichtung und der Lokalisierung von *diffusion agencies* sowie der von ihnen praktizierten Diffusionsstrategien.

– Die Analyse der sozioökonomischen Rahmenbedingungen, die zu bestimmten Verbreitungsmustern von *diffusion agencies* und spe-

zifischen Diffusionsstrategien führten und damit über die Verfügbarkeit von Innovationen bei potentiellen Adoptoren entschieden.
– Die Untersuchung der Abhängigkeit raum-zeitlicher Diffusionsprozesse von einer für die Ausbreitung notwendigen Infrastruktur.
– Die Anwendung des entwickelten Konzeptes auf die Ausbreitung technologischer Innovationen in Wirtschaftsunternehmen oder Institutionen, um auf diesem Wege zu einer allgemeingültigeren theoretischen Basis zu gelangen.
– Die Entwicklung mathematischer Modelle zur Erfassung raum-zeitlicher Diffusionsprozesse unter dem Blickwinkel der Angebotsseite von Innovationen.

Es werden vor allem folgende Forschungsmethoden verwendet: Rekonstruktion raum-zeitlicher Ausbreitungsprozesse auf der Basis von Kartierungen, Quellenstudien, Befragungen und Auswertungen statistischer Unterlagen; Regressions-, Korrelations- und Faktorenanalysen; Anwendung unterschiedlicher Methoden der empirischen Sozialforschung zur Ermittlung des Einstellungsverhaltens zu Innovationen; Expertengespräche etc. Auffallend ist, daß die Simulation von Diffusionsprozessen in der Forschung kaum noch eine Rolle spielt, worin sich ebenfalls die Neuorientierung in der Forschungsrichtung ausdrückt.

Die geographischen Innovations- und Diffusionsforscher, die sich dieses Paradigmas bedienen (überwiegend handelt es sich dabei bislang um amerikanische Wissenschaftler), sehen in der *Diffusion von Innovationen einen raum-zeitlichen Prozeß, der sozioökonomische räumliche Strukturen bewirkt und diese verändert. Der Prozeß wird in erster Linie durch die Verfügbarmachung der Innovation für potentielle Adoptoren durch Vermarktungseinrichtungen und der von ihnen angewendeten Diffusionsstrategien bestimmt, daneben ist die für den Ausbreitungsprozeß notwendige Infrastruktur von Bedeutung. Die Anwendung der erkannten Steuerungsmechanismen in der Planung wird angestrebt.*

Die stärker auf die Lösung bestehender sozialer und ökonomischer Probleme gerichtete Sichtweise sowie die Überzeugung, daß die neue Theorie entscheidend dazu beitragen kann, zeigt sich sehr deutlich im letzten Kapitel der Monographie von BROWN (1979,

S. 425–463). Auch hier wird eine Erfolgsverheißung ausgesprochen, die veränderte Sichtweise der Welt beschrieben und der Versuch gemacht, andere Wissenschaftler von der Leistungsfähigkeit
der Theorie zu überzeugen. Abschließend heißt es (S. 462–463):

The shift away from reliance upon the communications model of innovation
diffusion, . . ., is evident throughout social science, as is the concern with the
impacts of innovations and of the strategies by which they are diffused. It is
likely, therefore, that the theories, models, collective findings, and programs
of innovation diffusion of the future will look quite different from those of
the present. It is hoped that this monography will facilitate that progress.

Zur anfangs gestellten Frage kann also festgehalten werden, daß
offensichtlich ein Paradigmenwechsel eingetreten ist. Die von
BROWN und seinen Mitarbeitern entwickelte Theorie erfährt gegenwärtig in einer Phase der normalwissenschaftlichen Forschung ihre
Anwendung, wobei sich abzeichnet, daß der Versuch gemacht werden soll, zu einer umfassenden Gesamttheorie zu gelangen, die alle
bislang unterschiedenen Forschungsperspektiven in sich vereinigt.
Erste Ansätze dazu wurden von BROWN in seiner Monographie an-
gedeutet. In welche Richtung seine zukünftige Forschungsaktivität
zielen wird, ist von ihm zusammen mit GILLIARD (BROWN und
GILLIARD 1981) in einem größeren Aufsatz zur Entwicklung eines
Paradigmas der Migration dargestellt worden.

In keiner anderen Forschungsperspektive, die in Kapitel 2 unterschieden wurde, ist bislang eine vergleichbare in sich geschlossene
theoretische Konzeption erarbeitet worden. Es deutet sich an, daß
die Vorstellungen BROWNs und seiner Mitarbeiter mit der Publikation der Monographie[46] eine weitere Verbreitung erfahren werden;
bislang werden sie, von einigen Ausnahmen abgesehen, vor allem
von nordamerikanischen Geographen angewendet. Obwohl die
Arbeiten auch in deutschen Publikationen zur Innovations- und
Diffusionsforschung zitiert werden, ist eine vollständige Rezeption
der Theorie noch keinesfalls erfolgt. Ein Forschungsansatz, der zu
einer umfassenden Theorie der geographischen Analyse raum-zeit-
varianter stochastischer Prozesse führen soll, deutet sich in den
Arbeiten von NIPPER und STREIT an. Welche Möglichkeiten aus
dem Ansatz der *time geography* erwachsen, muß in weiteren empi-

rischen Untersuchungen und theoretischen Erörterungen geklärt werden.

Kennzeichnend für den eingetretenen Paradigmenwechsel ist auch das Nebeneinander unterschiedlicher Forschungsperspektiven und die allmähliche Ausbreitung des neuen Paradigmas unter den Wissenschaftlern, die sich mit der Analyse der Diffusion von Innovationen beschäftigen.

Die Analyse des eingetretenen Paradigmenwechsels bestätigt sehr schön die von STEGMÜLLER entwickelten Überlegungen zum Prozeß der wissenschaftlichen Umwälzung und seiner von KUHN abweichenden Auffassung, daß eine Ersatztheorie in der Lage ist, „Altes zu bewahren und zu integrieren".

4. ELEMENTE UND BASISKONZEPTIONEN
   EINER GEOGRAPHISCHEN INNOVATIONS-
   UND DIFFUSIONSFORSCHUNG

In diesem Abschnitt sollen einige grundlegende Elemente und Basiskonzeptionen dieses Forschungsansatzes vorgestellt werden, denen im Gesamtrahmen eine besondere Bedeutung zukommt. Dabei werden solche Elemente aus empirischen Studien und theoretischen Arbeiten herausgegriffen, die in der Entwicklung des Forschungszweiges eine entscheidende Rolle gespielt haben.

4.1. Die logistische Kurve und die Klassifizierung
     nach Adoptorkategorien

Sowohl empirische Arbeiten als auch mathematisch-theoretische Überlegungen haben gezeigt, daß die S-Kurve oder *logistische Kurve* bei einer großen Zahl von Ausbreitungsprozessen dazu geeignet ist, den zeitlichen Verlauf des Adoptionsprozesses zu beschreiben. Eine frühe Diskussion des Modells findet sich bereits bei RYAN und GROSS (1943). In der Folgezeit ist das Modell z. T. sehr kontrovers diskutiert worden. Neben Versuchen, seine allgemeine Gültigkeit nachzuweisen, finden sich zahlreiche Untersuchungen, die aufzeigen, daß Diffusionsprozesse auch in völlig anderer zeitlicher Abfolge erfolgen können.[1] Die logistische Kurve stellt die erste Ableitung der Normalverteilungskurve dar (Abb. 5). Während die Normalverteilungs- oder Glockenkurve die Adoptoren pro Zeiteinheit erfaßt, ist die S-Kurve die Darstellung der Summe der Adoptoren über eine bestimmte Zeit.

Sowohl Glockenkurve als auch logistische Kurve haben in den Sozialwissenschaften, insbesondere der Agrarsoziologie, und der Geographie Verwendung gefunden. Die logistische Kurve ist zu-

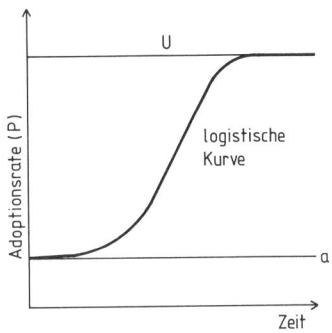 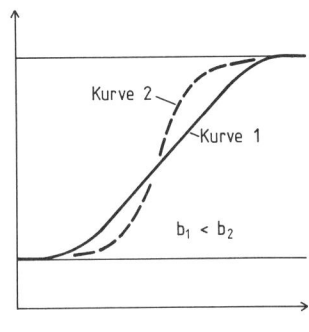

Abb. 5: Die logistische Kurve und ihre Veränderung durch unterschiedliche Zuwachsraten (nach HAGGETT 1979)

meist als graphischer Ausdruck des Widerstandes gegenüber der Annahme und Anwendung einer Innovation in einer bestimmten Bevölkerung angesehen worden. Es bestehen verschiedene Möglichkeiten, diese Kurve in mathematischer Form zu erfassen. Die häufigste Gleichung, die sich in der Literatur findet,[2] ist:

$$P = \frac{U}{1 + e^{(a-bt)}}$$

Hierbei sind:

P = der Anteil der Bevölkerung (bzw. der potentiellen Adoptoren), der die Innovation zu einem bestimmten Zeitpunkt angenommen hat (in %),

U = die Obergrenze der Adoptoren einer Innovation (= Anteil der potentiellen Adoptoren an einer Bevölkerung),

e = Basis des natürlichen Logarithmus (2,718),

a = der Wert für P zum Zeitpunkt t_o,

b = eine Konstante, die angibt, um welchen Betrag P pro Zeitintervall zunimmt,

t = Zeit.

An einem Beispiel mag verdeutlicht werden, wie die Bestimmung der Werte für P erfolgt. Ausgegangen werden soll von der Annahme, daß U = 80 % ist, d. h., 80 % der Bevölkerung eines Gebietes kommen als potentielle Adoptoren in Betracht. Geht man weiterhin davon aus, daß a = 5 % ist und b = 2 beträgt, ergeben sich folgende Werte für P zu bestimmten Zeitpunkten: T_2 = 2,5 %, t_3 = 58,5 %, t_4 = 79,5 % und t_5 = 79,9 %. Die Konstante b bestimmt, welche Form die logistische Kurve annimmt. Kleine Werte für b ergeben flache Kurven, hohe Werte steile Kurven. Hierdurch wird ausgedrückt, daß in der mittleren Phase des Adoptionsprozesses eine langsame bzw. schnelle Zunahme der Adoptoren erfolgt (vgl. Abb. 5).

Die Form der logistischen Kurve mit dem relativ flachen Beginn, dem steileren Mittelteil und dem flachen Auslaufen hat zu der Vermutung Anlaß gegeben, daß der Adoptionsprozeß in unterschiedliche Phasen eingeteilt werden kann.[3] ROGERS hat auf der Grundlage einer sehr ausführlichen Analyse vorliegender Arbeiten eine Einteilung der Adoptoren in *Adoptorkategorien* vorgenommen (1962, S. 159 ff.). Die Klassifizierung erfolgt (Abb. 6) nach dem mittleren Zeitpunkt der Aufnahme der Innovation über das Maß der Standardabweichung. Er unterscheidet zwischen: Innovatoren, frühe Adoptoren, frühe Mehrheit, späte Mehrheit und Zauderer. Die von ihm (S. 169–191) vorgelegte Charakterisierung der Adoptorkategorien ist in der Folgezeit sehr unterschiedlich aufgenommen und beurteilt worden. Dabei zeigte sich, daß die den einzelnen Kategorien zugeschriebenen Charakteristika nur bedingt gültig sind. Vor einer unkritischen Übernahme ist in jedem Fall zu warnen.

Die räumlichen Parallelen, die sich aus dem in der logistischen Kurve erfaßten zeitlichen Verlauf des Adoptionsprozesses ergeben, sind mehrfach untersucht worden. HÄGERSTRAND (1952) hat Profile von Innovationswellen entwickelt und ist zu einer Phasengliederung des Diffusionsprozesses gelangt (vgl. Kap. 2.1). Die unterschiedenen Phasen werden von ihm verbal charakterisiert.

MALECKI, SPECTOR und BROWN (1974) haben sich am Beispiel der Diffusion der künstlichen Besamung von Rindvieh in Südschweden mit der Frage der räumlichen Lokalisierung der Adoptorkategorien auseinandergesetzt. Neben der Analyse der von ROGERS unterschiedenen Kategorien und deren Charakteristika erfassen sie un-

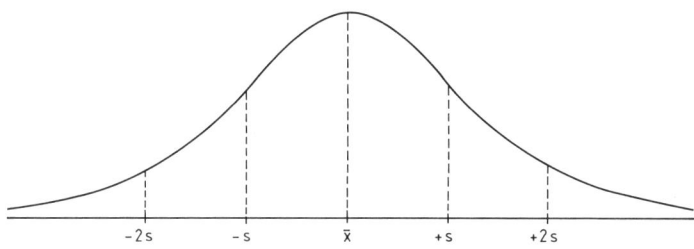

x̄ = mittlerer Zeitpunkt der Adoption
s = Standardabweichung

ADOPTORKATEGORIEN

1	2	3	4	5

1 INNOVATOREN *4 SPÄTE MEHRHEIT*
2 FRÜHE ADOPTOREN *5 ZAUDERER*
3 FRÜHE MEHRHEIT

DIFFUSIONSPHASEN

I	II	III	IV

I INITIALPHASE *III VERDICHTUNGSPHASE*
II EXPANSIONSPHASE *IV SÄTTIGUNGSPHASE*

Abb. 6: Die Parallelisierung von Adoptorkategorien und Diffusionsphasen
(nach Rogers 1962 und Windhorst 1975)

ter Verwendung spezifischer Darstellungsmethoden *(centrographic analysis, standard ellipse)*[4] deren jeweilige räumliche Verteilung. Das verschiedenartige räumliche Verhalten der Adoptorkategorien wird von ihnen jedoch nicht analysiert.

Gleichzeitig hat Windhorst (1974, 1975, 1979) in mehreren Beiträgen die Möglichkeit der Erfassung der raumwirksamen Tätigkeit der Adoptorkategorien untersucht. Er gelangt dabei auf der Grundlage der Analyse real abgelaufener Diffusionsprozesse von agrartechnologischen Innovationen zu einer Parallelisierung von Adoptorkategorien und Diffusionsphasen.

Adoptorkategorien	Diffusionsphasen
Innovatoren	Initialphase
Frühe Adoptoren } Frühe Mehrheit	Expansionsphase
Späte Mehrheit	Verdichtungsphase
Zauderer	Sättigungsphase

Sein Ansatz (1979, S. 242 ff.) beruht auf dem Nachweis, daß die Adoptorkategorien durch Aufnahme einer Innovation mit raumbeeinflussendem Charakter zu verschiedenen Zeitpunkten und mit unterschiedlicher Durchsetzungskraft raumwirksam tätig werden. Die unterschiedliche Innovationsbereitschaft, verschiedenartige Verhaltensnormen und darauf basierende Zielsetzungen, unterschiedliche Informations- und Kommunikationssysteme sowie ein abweichendes raumveränderndes Verhalten erweisen die Einteilung der Adoptoren in Adoptorkategorien auch unter geographischen Fragestellungen als sinnvoll. Die Adoptorkategorien können als sozialgeographisch relevante Gruppen angesprochen werden.

Durch die bereits genannte Parallelisierung mit den Diffusionsphasen gelingt die Anbindung des raum-zeitlichen Diffusionsprozesses an die soziologischen Verhaltensgruppen, wodurch ein erfolgversprechender Weg der sozialgeographischen Analyse derartiger Prozesse aufgezeigt wird. Bemerkenswert ist, daß zwischen der Formulierung des Adoptorkategorien-Konzeptes durch ROGERS und der sinnvollen Integration in die geographische Innovations- und Diffusionsforschung nahezu zwei Jahrzehnte verstrichen sind. Eine Ursache ist sicherlich in der sehr unvollständigen Rezeption der Innovations- und Diffusionsforschung durch die „Münchener Schule" der Sozialgeographie zu sehen. Der von WINDHORST begründete behavioristische Ansatz und dessen Anwendung in der Analyse realer Diffusionsprozesse läßt die sozialwissenschaftliche Orientierung des Forschungsansatzes deutlich werden.

4.2. Nachbarschafts- und Hierarchieeffekt

Eine weitere Basiskonzeption, die schon sehr früh entwickelt
(HÄGERSTRAND 1953) und in der Folgezeit immer wieder aufgegriffen wurde (z. B. GOULD 1969, GIESE 1978, BROWN 1979) liegt in
der Feststellung vor, daß bei der Ausbreitung einer Innovation
Nachbarschafts- und/oder Hierarchieeffekte wirksam werden. HÄ-
GERSTRAND hat diese Vorstellung zunächst beschrieben und in einer
überzeugenden Darstellung (Abb. 7) verdeutlicht. Hiermit soll folgendes gesagt werden. Der Nachbarschaftseffekt tritt dort auf, wo
die Ausbreitung einer Neuerung vor allem auf persönlichen Kontak-
ten zwischen Personen und dem dabei vorgenommenen Informationsaustausch beruht. In empirischen Untersuchungen ist nachgewiesen worden, daß der Vorgang der Informationsübertragung di-

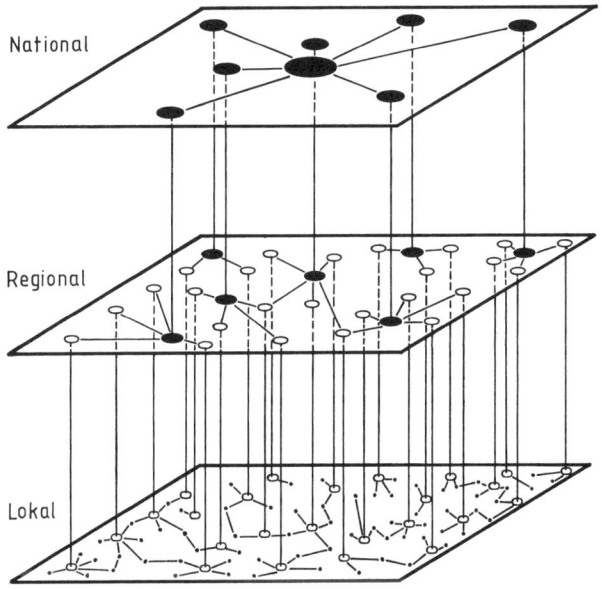

*Abb. 7: Die Diffusion von Innovationen auf unterschiedlichen räumlichen
Ebenen* (nach HÄGERSTRAND 1953)

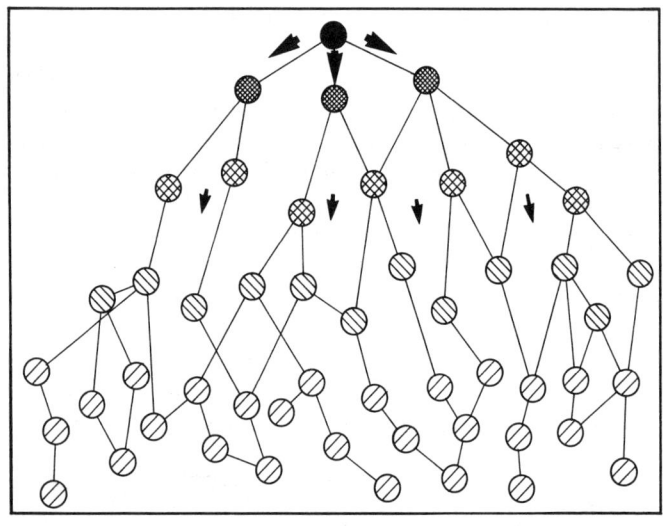

Abb. 8: Modell einer hierarchischen Diffusion (nach GOULD 1969)

stanzabhängig ist. Dies besagt, daß mit zunehmender Entfernung von einem *Sender* (= Person, die die Innovation bereits übernommen hat und darüber berichtet) die Wahrscheinlichkeit eines potentiellen Adoptors abnimmt, von ihm etwas über die Vorteile der Adoption zu erfahren. Die Form der Diffusion, die auf der persönlichen Informationsübertragung beruht, ist von BROWN (1968) als Expansionsdiffusion[5] bezeichnet worden. HÄGERSTRAND hat mit Hilfe des *mean information field* (vgl. Kap. 4.3) versucht, den Informationsfluß in seiner räumlichen Struktur zu simulieren.

GIESE (1978, S. 96) vertritt die Ansicht, daß der Nachbarschaftseffekt vorwiegend dort auftritt, wo das Kommunikationsnetz noch nicht weit entwickelt ist und die Weitergabe von Informationen überwiegend durch persönliche Gespräche erfolgt.[6] Diese Feststellung ist zu bezweifeln, denn offensichtlich ist die betrachtete *räumliche Dimension* zu berücksichtigen. Selbst in Industriestaaten mit hochentwickelten Informationssystemen kann auf lokaler Ebene der persönliche Kontakt ausschlaggebend für den Verlauf eines Diffusionsprozesses sein. Auf das Dimensionsproblem wird in Kapitel 4.6 zurückzukommen sein.

Der Hierarchieeffekt (Abb. 8) entfaltet seine Wirkung, wenn hochentwickelte Informations- und Kommunikationssysteme vorliegen. Hierbei wird die Information über eine Innovation entlang einer hierarchischen Ordnung (z. B. zentralörtliche Gliederung, Kompetenzabfolge von Institutionen) ausgebreitet. Der Frage der Informationsausbreitung in zentralörtlichen Systemen ist bislang die größte Aufmerksamkeit gewidmet worden (z. B. BELL 1965, HANHAM und BROWN 1972, EIDEN 1968). Dabei wurde festgestellt, daß eine Innovation zunächst in Orten sehr hoher oder höchster Zentralität auftritt und dann zu solchen niedrigerer Rangordnung springt. Parallel zu dieser hierarchischen Diffusion verläuft allerdings in vielen Fällen eine auf dem Nachbarschaftseffekt beruhende wellenförmige Ausbreitung im Nahbereich der jeweiligen Zentren. BAHRENBERG und ŁOBODA (1973) haben am Beispiel der Ausbreitung des Fernsehens in Polen gezeigt, daß aus der Kombination der beiden Effekte hierarchisch gestaffelte wellenförmige Ausbreitungsmuster resultieren. Bei HAGGETT, CLIFF und FREY (1977, S. 240–241) findet sich ein sehr anschauliches Beispiel, in dem der Nachbarschafts- und Hierarchieeffekt miteinander verglichen werden. Es wird ausgegangen vom Modell CHRISTALLERS mit einer vierstufigen zentralörtlichen Hierarchie. Dann wird verglichen, wie sich eine Innovation auf der vorgegebenen Fläche in Raum und Zeit ausbreitet, wenn nur der Hierarchie- oder der Nachbarschaftseffekt auftritt bzw. wenn beide gleichzeitig wirksam werden (Abb. 9). Sehr schön wird dabei erkennbar, daß die Kombination der beiden Effekte zu einer sehr schnellen flächendeckenden Ausbreitung führt.

BROWN verweist darauf (1979, S. 63–67), daß neben den beiden Formen der hierarchischen und kontaktgebundenen Diffusion noch die Möglichkeit besteht, daß keine Regelhaftigkeit auftritt, sondern eher ein *zufälliger* Ablauf des Ausbreitungsprozesses vorliegt. Er gelangt zu dieser Feststellung aufgrund von Untersuchungen, die TORNQUIST (1967) sowie BROWN u. a. (1974) vorgelegt haben. Hierbei ist jedoch zu beachten, daß die Bezugsebene der potentiellen Adoptoren sehr wichtig ist. So kann beispielsweise bei der Analyse

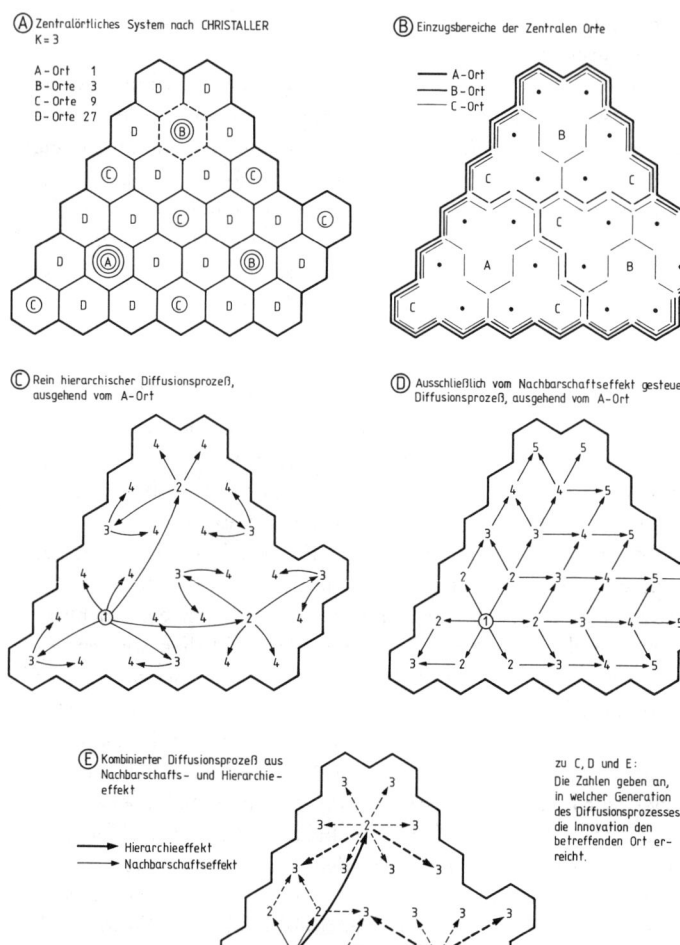

Abb. 9: Unterschiedliche Diffusionsmuster in zentralörtlichen Systemen
(nach HAGGETT, CLIFF und FREY 1977)

Vergleich der Ausbreitungsgeschwindigkeiten bei der Wirkung des Nachbarschaftseffektes, Hierarchieeffektes und einer Kombination beider Formen (nach: HAGGETT, CLIFF und FREY 1978)

Zeitintervall	Anzahl der Siedlungen, die von der Innovation erreicht sind (in Klammern: in % der Bevölkerung)		
	reiner Hierarchie- effekt	reiner Nachbarschafts- effekt	Kombination beider Formen
t_1	1 (33)	1 (33)	1 (33)
t_2	3 (56)	7 (41)	9 (63)
t_3	9 (78)	13 (58)	27 (100)
t_4	27 (100)	19 (85)	–
t_5	–	26 (98)	–
t_6	–	27 (100)	–

Anmerkung: Bei der %-Angabe des erreichten Bevölkerungsanteiles wurde folgendes Verhältnis der Bevölkerung in den Orten angenommen: A-Ort = 27, B-Ort = 9, C-Ort = 3, D-Ort = 1.

der Diffusion einer agrartechnologischen Innovation der Eindruck entstehen, das vorliegende räumliche Muster sei rein zufällig; solange man es im Gesamtrahmen der Bevölkerung sieht, mag das Ergebnis richtig sein, beschränkt man die Analyse jedoch auf die Landwirte, die überhaupt nur als potentielle Adoptoren in Betracht kommen, können sich sehr schnell die Wirkungsweisen des Nachbarschafts- und/oder Hierarchieeffektes zeigen. Bei detaillierter Analyse treten in scheinbar ungeregelten Mustern dann doch Regelhaftigkeiten auf.

4.3. Das mean information field

Der vielleicht anregendste und in der Zeit nach seiner Konzipierung durch HÄGERSTRAND am häufigsten kontrovers diskutierte Baustein einer Theorie der geographischen Innovations- und

Diffusionsforschung ist das *mean information field.* HÄGERSTRAND (1967, S. 165) hat es ursprünglich als *private information field* bezeichnet. Er ist ausgegangen von der Frage, wie das Kommunikationsverhalten eines Individuums im Raum strukturiert ist und wie die räumliche Verteilung einer bestimmten Information in einer vorgegebenen Bevölkerung zu unterschiedlichen Zeitpunkten aussieht. Dabei bezieht er sich auf eine recht simple Alltagserfahrung (S. 166): "From everyday experience one can infer that a person's information field during any given period consists of a relatively limited assortment of other persons with whom contacts are often reciprocally repeated."

Wie bereits dargestellt (vgl. Kap. 3.5), gelangt er in Anlehnung an das soziometrische Konzept des *social atom* von MORENO (1934) zur Präzisierung seiner Vorstellungen. Auf der Basis der Analyse des Umzugsverhaltens von Personen und der Reichweite durchgeführter Telefongespräche nimmt er eine Eichung seines Informationsfeldes vor.[7] Dabei zeigt sich, daß die Resultate der Untersuchungen sehr ähnlich sind und die in Abb. 10 dargestellte Struktur erkennen lassen. Informationsfelder weisen mit zunehmender Distanz vom Zentrum eine sehr schnelle Abnahme der Häufigkeit des Informationsaustausches auf. HÄGERSTRAND (1967, S. 236 ff.) setzt sich dann sehr eingehend mit der Frage auseinander, welche Faktoren die Dimension der Informationsfelder bestimmen. Er gelangt dabei zu sehr differenzierten Aussagen bezüglich der unterschiedlichen persönlichen Informationsfelder von Stadt- und Landbewohnern, die in der Folgezeit bei der Verwendung dieses Bausteines in empirischen Untersuchungen und der Simulation von Diffusionsprozessen nicht immer berücksichtigt worden sind. So heißt es (S. 236):

The relationship of contact frequencies to distance cannot always be one and the same. We must imagine the occurence of many variations, ranging from the field which is highly concentrated in the immediate vicinity of its center, to that which is somewhat less spatially compact and possibly does not even attain its maximum in the area immediately adjacent to its center.

Und (S. 237):

The rule regarding the diminishing of contact frequencies with increasing distance must subsume another: that the nearer two persons live to one another, the greater is the possibility that their information fields are identical. The farther they live from one another, the lesser is the probability. This is certainly true of the countryside's dispersed population.

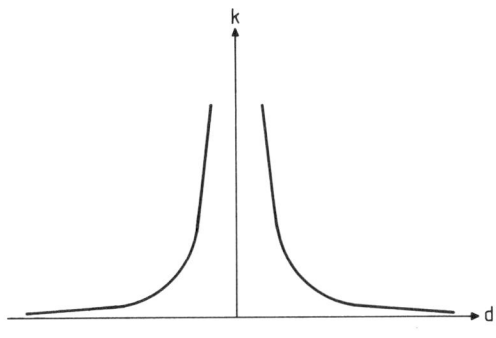

d = Distanz
k = Häufigkeit der sozialen Kontakte

Abb. 10: Grundstruktur eines persönlichen Kontaktfeldes
(nach HÄGERSTRAND 1953)

Er macht außerdem deutlich, daß die Konstruktion und Eichung der Informationsfelder abhängig ist von der Berufsgruppenzugehörigkeit der Kontaktpersonen und ihrer sozialen Stellung. Dabei ist weiterhin zu berücksichtigen, daß das von ihm vorgelegte Informationsfeld z. T. durch Extrapolation entstanden ist.

Auch darf nicht davon ausgegangen werden, daß die Struktur eines solchen Feldes über längere Zeiträume identisch ist. Hieraus sind folgende Konsequenzen abzuleiten:

– Informationsfelder haben jeweils nur für einen begrenzten Raum und eine bestimmte Zeitdauer Gültigkeit,

– sie sind gebunden an bestimmte Berufsgruppen, soziale Gruppen oder soziale Schichten,

– sie stellen eine weitgehende Abstraktion der realen Situation dar,

– Informationsfelder sind nicht ohne genaue Prüfung und Neueichung auf andere Räume und/oder sozioökonomische Bedingungen übertragbar.

101

Das von HÄGERSTRAND nach den empirischen Erhebungen in seinem Untersuchungsgebiet entwickelte MIF hat die in Abb. 11 dargestellte Form.[8] Es handelt sich um ein Feld mit 25 Zellen, die jeweils 1 km × 1 km groß sind. Die in den einzelnen Zellen genannten Werte drücken die Wahrscheinlichkeit eines Kontaktes zwischen einer Person in der zentralen Zelle (3c) und der jeweiligen Zelle (z. B. 1a, 1b, 1c) aus. Die Gesamtsumme der Wahrscheinlichkeit ist 1 (exakt 0,9999). Dieses Informationsfeld, das sei noch einmal betont, gilt nur für den Informationsaustausch zwischen Bauern in Südschweden (= Untersuchungsgebiet HÄGERSTRANDS).

Um das Informationsfeld leichter bei der Simulation von Diffusionsprozessen einsetzen zu können, hat er es bei seinen unterschiedlichen Modellkonstruktionen letztlich in das MIF (Abb. 11) transformiert, welches dann mit Hilfe von Zufallszahlen zwischen 0 und 9999 eine Simulation von Diffusionsprozessen ermöglicht. HÄGERSTRAND geht dabei in seinem Modell II b (1967, S. 253 ff.) von folgenden Grundannahmen aus:

– Das Gebiet, in dem sich eine Diffusion zuträgt, besteht aus einer Ebene mit gleichartiger Naturausstattung und gleichmäßiger Bevölkerungsverteilung (30 Personen pro Zelle).

– Zu Beginn des Diffusionsprozesses verfügt nur eine Person über die Information.

– Diese Information wird jeweils pro Zeitintervall (Generation) von einer Person, die über die Information verfügt, weitergegeben.

– Zeitintervalle sind diskrete Einheiten von gleicher Dauer.

– Die Richtung der Informationsweitergabe wird durch Zufallszahlen bestimmt.

– Eine Adoption erfolgt, sobald eine Person durch diesen persönlichen Kontakt die Information erhalten hat.

– Verfügt eine Person, auf die die Informationsweitergabe erfolgt, bereits darüber, verfällt sie. Fällt die Information auf den *Sender,* wird eine neue Zufallszahl gezogen.

Die Simulation erfolgt in folgender Weise. Zu Beginn (t_1) wird das MIF zentriert über die Zelle gelegt, in der sich die Person befindet, die über die Information verfügt. Dann wird eine Zufallszahl zwischen 1 und 30 gezogen, um die Person zu ermitteln, auf die die In-

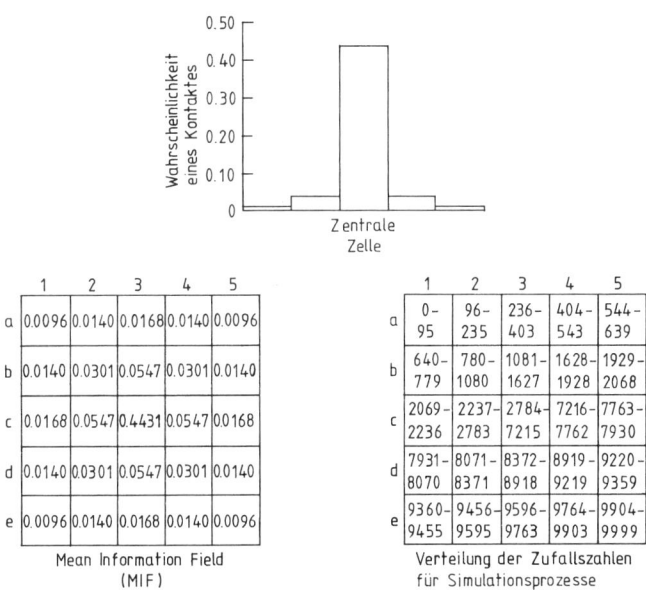

Abb. 11: Das mean information field Hägerstrands
(nach HÄGERSTRAND 1953 und HAGGETT 1979)

formation entfallen soll. Danach wird eine zweite Zufallszahl zwischen 0 und 9999 bestimmt, mit deren Hilfe die Zelle festgelegt wird, in die die Information fließen soll. In der zweiten Generation (t_2) wird das MIF dann über die Zelle(n) gelegt, in der (denen) sich die Personen befinden, denen die Information bekannt ist. Dies Verfahren wird fortgesetzt, bis alle potentiellen Adoptoren die Innovation angenommen haben. Hinzuweisen ist noch auf das Problem der Simulation an den Rändern des Diffusionsgebietes. Es besteht dabei einmal die Möglichkeit, eine neue Zufallszahl zu bestimmen, wenn die Information auf eine Zelle fällt, die außerhalb des Gebietes gelegen ist, oder sie verfallen zu lassen. Die ersten vier Schritte einer solchen Simulation zeigt Abb. 12.

Man sieht leicht, daß die Handhabung des Modells zwar recht einfach ist, aber bei Rechnern eine hohe Speicherkapazität voraussetzt.

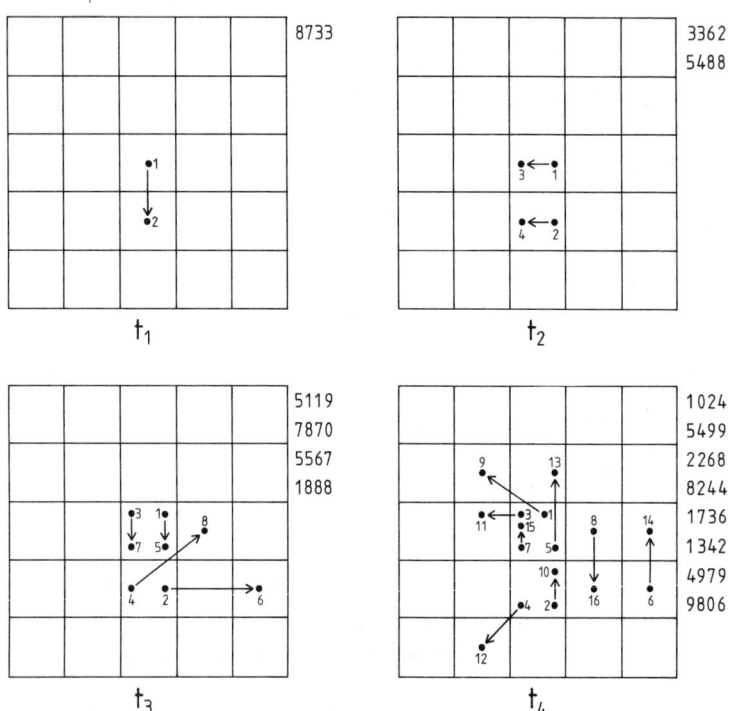

Abb. 12: Beispiel der vier ersten Schritte einer Monte-Carlo-Simulation eines Diffusionsprozesses. (Die neben den Abb. stehenden vierstelligen Zahlen sind die gezogenen Zufallszahlen.)

HÄGERSTRAND war sich darüber im klaren, daß das MIF in dieser Form eine im strengen Sinne unzulässige Vereinfachung darstellt, vor allem bezüglich des Adoptionsverhaltens. Aus diesem Grunde hat er im Modell III (1967, S. 263 ff.) noch den bei den potentiellen Adoptoren vorhandenen Widerstand gegenüber der Annahme einer Innovation miteinbezogen. Dabei unterscheidet er zwischen fünf Widerstandsklassen. Sie besagen, daß von den 30 Personen einer Zelle zwei die Innovation bereits annehmen, wenn sie nur eine Information erhalten haben, sieben bei zwei Informationen, zwölf bei drei, sieben bei vier und zwei bei fünf Informationen. Auch hier besteht noch der Nachteil, daß jede Zelle dieselbe Struktur aufweist.

GOULD (1969, S. 29 ff.) hat sich sehr intensiv mit den oben beschriebenen Verfahren der Monte-Carlo-Simulation auseinandergesetzt.[9] Dabei hat er durch die Einbeziehung realer Bevölkerungsverteilungen eine Gewichtung der Wahrscheinlichkeit der Informationsübertragung vorgenommen (S. 32). Diese Art der Anpassung könnte durch Charakterisierung des Widerstandes potentieller Adoptoren, Einbeziehung von Barrieren sowie einer unterschiedlichen natürlichen Ausstattung und sozioökonomischer Rahmenbedingungen noch stärker der Realität angepaßt werden. Die Handhabung des Modells wird jedoch immer komplizierter, auch dürfte die Speicherkapazität vieler Rechner bei größeren Diffusionsgebieten schnell eine Grenze setzen.[10]

Auf die Auseinandersetzung einer Reihe geographischer Innovations- und Diffusionsforscher mit dem MIF wurde bereits eingegangen (vgl. Kap. 2.3). Der häufigste Kritikpunkt ist die unreflektierte Übernahme des MIF in der von HÄGERSTRAND vorgelegten Struktur. Es ist einer Reihe von Geographen ganz offensichtlich die nur begrenzte Gültigkeit der von ihm genannten Wahrscheinlichkeitswerte nicht deutlich geworden;[11] dies mag seine Ursache darin haben, daß das MIF in vielen amerikanischen Lehrbüchern und auch anderen Publikationen in unveränderter Form abgedruckt worden ist, ohne daß die von HÄGERSTRAND gemachten Einschränkungen (s. o.) ebenfalls genannt wurden. Hierauf ist auch wohl die Meinung zurückzuführen, das MIF sei ein rein theoretisches Konstrukt und habe eine generelle Gültigkeit für alle Diffusionsprozesse. So erklärt sich z. B. auch WIRTHS (1979, S. 212) Feststellung bei der Behandlung des Informationsfeldes: „Ohne empirischen Bezug erscheint demgegenüber das 'mean information field', mit welchem die Computerprogramme zur Simulation der Ausbreitung von Innovationen arbeiten." Das von ihm als Abb. 31 dargestellte MIF HÄGERSTRANDs geht sehr wohl auf empirische Erhebungen zurück, wie oben gezeigt wurde, und ist auch an diesen Erhebungen geeicht worden. Zutreffend ist sicher seine Kritik, daß es letztlich ein *Kon-*

taktfeld ist. Auf seine weiteren Ausführungen zum Informationsfeld (1979, S. 214–217) kann hier nur verwiesen werden.

Mit der Umorientierung der Innovations- und Diffusionsforschung und der daran gebundenen Abkehr von den abstrakten Modellen hat das MIF viel an Interesse verloren. Es kann überhaupt festgestellt werden, daß bis auf die Arbeiten von BOWDEN (1965), MORRILL und PITTS (1967) sowie SHANNON (1970) diese theoretische Konzeption bei der Analyse und Simulation realer Diffusionsprozesse nur selten verwendet wurde.

Abstrakte, von der Realität losgelöste Simulationen, wie sie z. B. von YUILL (1964) vorgenommen wurden, besitzen heute offenbar nur noch eine geringe Attraktivität, wie eine Analyse der seit 1975 erschienenen Literatur zeigt. Die Ursache für die relativ seltene Anwendung dieses m. E. sehr erfolgversprechenden Ansatzes bei der Analyse realer Diffusionsprozesse ist wohl in der sehr aufwendigen Arbeit zu sehen, die der Bestimmung der in einem Diffusionsgebiet vorliegenden Informations- und Kontaktfelder vorausgehen muß.[12] Die Entscheidung, welche Datenbasis zur Erfassung der Feldstruktur herangezogen werden soll, stellt dabei sicherlich ein Kernproblem dar. Hier sind sehr unterschiedliche Wege gewählt worden (BOWDEN 1965, MORRILL und PITTS 1967, SHANNON 1970). Eine weitere bislang nicht endgültig gelöste Frage ist in der Schwierigkeit zu sehen, aus dem Informationsverhalten von Individuen auf ein allgemeingültiges MIF in einem Untersuchungsgebiet zu schließen (MORRILL und PITTS 1967, S. 407 ff., WIRTH 1979, S. 212).

4.4. Diffusionswellen und Barrieren

Es wurde bereits darauf verwiesen (Kap. 2.1), daß das Bild der wellenförmigen Ausbreitung auf TARDE zurückgeht und in der Folgezeit in der Literatur zur Diffusionsforschung immer wieder auftaucht. In der Geographie ist diese gedankliche Konzeption von HÄGERSTRAND (1952) in seiner Arbeit über die formale Erfassung von Ausbreitungsprozessen aufgegriffen und präzisiert worden. Er unterscheidet dabei zwischen vier Stadien (vgl. Abb. 3).[13]

Phase I: Initialstadium: Dieses Stadium bezeichnet den Beginn des Diffusionsprozesses. An einem oder wenigen Orten tritt die Innovation auf. Das Innovationsprofil zeigt, daß in diesem frühen Stadium ein starker Kontrast zwischen dem Innovationszentrum und den benachbarten Gebieten besteht.

Phase II: Diffusionsstadium: Hier setzt der eigentliche räumliche Ausbreitungsprozeß ein. Er ist durch ein Vordringen der Innovation in Gebiete gekennzeichnet, die bislang noch keine Adoption aufwiesen. Hier kommt es z. T. zur Ausbildung von Nebenzentren. Der starke räumliche Kontrast, der Phase I kennzeichnete, beginnt sich zu verwischen.

Phase III: Verdichtungsstadium: Überall beginnt eine Verdichtung der Adoption. Die Identifizierung des Innovationszentrums ist kaum noch möglich, die räumlichen Unterschiede bezüglich der Verteilung der Adoptoren gleichen sich immer mehr aus.

Phase IV: Sättigungsstadium: Allmählich beginnt sich der Ausbreitungsprozeß der maximalen Zahl der potentiellen Adoptoren zu nähern, d. h., die Zahl neu hinzukommender Adoptoren nimmt beständig ab, besonders in der Nähe des ehemaligen Innovationszentrums, jedoch auch in peripherer Lage.

Die von HÄGERSTRAND so beschriebenen Phasen ließen sich in zahlreichen empirischen Studien nachweisen. Sehr viel intensiver als andere Geographen hat sich MORRILL in seinen Arbeiten zur Übertragbarkeit des Wellenmodells auf Diffusionsprozesse geäußert, hier sind insbesondere seine Untersuchungen aus den Jahren 1968 und 1970 zu nennen. Wegen der Bedeutung, die ihnen im Rahmen der Modellkonstruktion zukommt, ist genauer darauf einzugehen.[14]

MORRILL (1968, S. 1 ff.) geht aus von der Unterscheidung einer expansiven und relokativen Diffusion, wie sie BROWN bezeichnet hat, und stellt fest, daß nur bei der ersten Art wellenförmige Phänomene auftreten. Dazu heißt es bei ihm (S. 2):

In a true diffusion process, the loci of action are themselves expanding in space and time, rather like an impact wave, out from an origin, as from a rock dropped into the water. Here the occurence of preceding time periods have a powerful influence on subsequent times; obviously what has happened or not happened to a point or area just closer to the origin is of utmost conse-

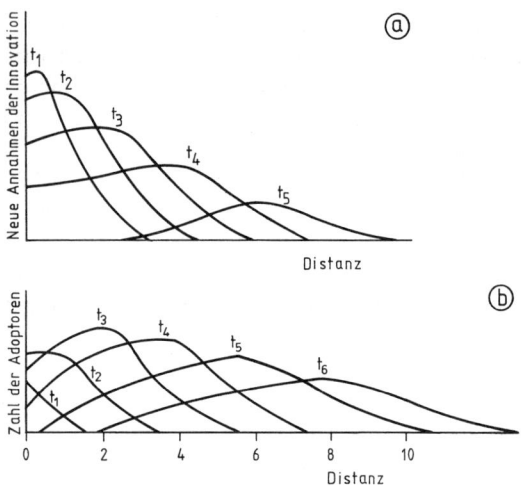

Abb. 13: Veränderung der Form von Innovationswellen: Die Adoption einer Innovation in verschiedenen Distanzen vom Innovationszentrum zu unterschiedlichen Zeiten; (a) ursprüngliche und (b) modifizierte Fassung (nach MORRILL 1968 und 1970)

quence to the more distant point or area. The analogy of waves to human spatial phenomena is, of course, indirect and imperfect, but the study of waves can provide useful insights and interpretations of spatial diffusion.

Die wellenförmige Ausbreitung wird in Anlehnung an die von HÄGERSTRAND entwickelten Vorstellungen abgeleitet. Das dynamische Moment des Prozesses ist die Weitergabe von Informationen, da diese distanzabhängig ist, nimmt die Aktivität einer Person, die bereits über die Information verfügt, mit zunehmender Entfernung von ihrem Standort ab. Die wellenförmige Ausbreitung wird von MORRILL in folgender Weise begründet (1970, S. 259): "The form is wave-like because as an area nearer the origin becomes saturated, the crest of most active change is displaced outward, and those who were at the edge of the original teller's field of aquaintance now tell others at the edge of their own."

108

MORRILL hat in seinen Arbeiten die von ihm entwickelten theoretischen Vorstellungen und deren Modifizierungen, die durch die Anwendung auf reale Diffusionsprozesse notwendig wurden, in einer Reihe sehr prägnanter Abbildungen vorgestellt.

Abb. 13 a zeigt, daß eine Innovation sich von einem Zentrum aus wellenförmig ausbreitet, wobei sich die Wellen bezüglich ihrer Höhe und Länge verändern. Zu Beginn ist die Reichweite der Welle gering, aber die Aktivität der frühen Adoptoren bewirkt in der Nähe des Innovationszentrums eine große Zahl von neuen Personen, die die Innovation annehmen. Zu einem späteren Zeitpunkt erstreckt sich der Adoptionsprozeß über eine größere Fläche, die Adoptionsrate ist in großer Entfernung zum Ursprungsgebiet allerdings sehr viel geringer. Der Abfall der Welle zum Zentrum hin ist bedingt durch die dort noch feststellbare Aktivität einiger früher Adoptoren. Die Kurvenbilder sind auch interpretierbar, wenn man auf der x-Achse die Zeit abträgt und die y-Achse die Distanzzonen kennzeichnet. MORRILL hat später (1970, S. 264–265) diese Vorstellung modifiziert, weil sie nicht mit den Ergebnissen realer Fallstudien in Einklang zu bringen waren. Abb. 13 b zeigt die modifizierte Form. Der Unterschied ist offensichtlich. Die Diffusion beginnt mit einer sehr geringen Reichweite und kleinen Adoptionsraten,[15] danach steigt die Rate an, die Reichweite der Welle nimmt ebenfalls zu. Bemerkenswert ist, daß die Adoptionsrate erst in einer gewissen Entfernung vom Innovationszentrum ihr Maximum erreicht und dann abfällt, während die Wellenlänge noch weiter zunimmt. Mit dieser neuen Vorstellung der Veränderung der Diffusionswelle in Abhängigkeit von der Distanz mußte auch das Bild der Wellen bei sich verändernder Zeit und gegebener Distanz modifiziert werden (Abb. 14).

Weiter hat sich MORRILL mit der Frage der kumulierten Adoption einer Innovation auseinandergesetzt. Dabei zeigt er, daß die logistische Kurve sich mit zunehmender Distanz vom Innovationszentrum verändert (Abb. 15). Je weiter man sich vom Zentrum entfernt, desto später beginnt wegen der Wirkung des Nachbarschaftseffektes der Adoptionsprozeß, auch erreicht die Kurve keine so hohen Steigungsraten, ist also viel flacher ausgebildet. Dazu kommt, daß insge-

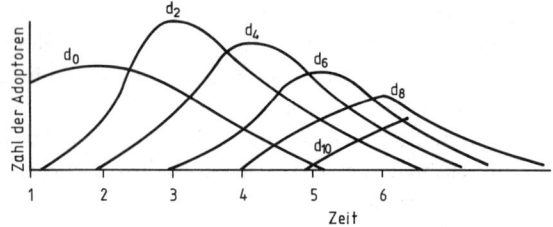

Abb. 14: Veränderung der Form von Innovationswellen: Die Adoption einer Innovation in einem bestimmten Abstand vom Innovationszentrum zu verschiedenen Zeiten (nach Morrill 1970)

samt geringere Anteile der Adoptoren an der Gesamtzahl der potentiellen Adoptoren auftreten. Die Darstellung der kumulierten Adoption in Abhängigkeit von der Distanz (Abb. 15) läßt erkennen, daß die Zahl der Adoptoren aufgrund der abnehmenden Wirkung der Informationsausbreitung mit zunehmender Entfernung vom Ursprungsgebiet sinkt. In einer zusammenfassenden Abbildung hat Morrill (1968, S. 4) die beiden Aspekte zusammengefaßt. Sie ist von ihm jedoch später nicht entsprechend der vorher beschriebenen Modifizierungen verändert worden. Haggett (1975, S. 360) hat

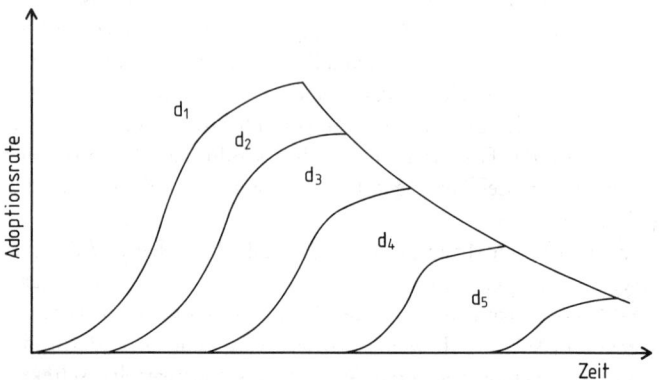

Abb. 15: Kumulierte Adoption für verschiedene Distanzen vom Innovationszentrum (nach Morrill 1968)

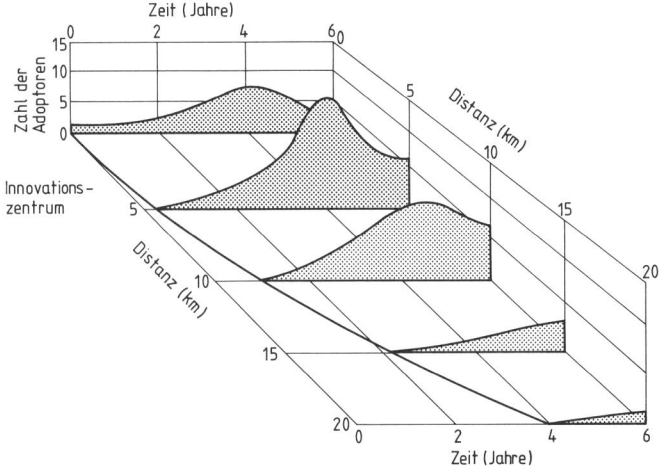

Abb. 16: Die Veränderung von Diffusionswellen in Abhängigkeit von Raum und Zeit (nach HAGGETT 1979)

eine angepaßte Darstellung der Veränderung von Diffusionswellen in Raum und Zeit auf der Basis einiger Angaben von MORRILL (1970, Abb. 12) vorgelegt. Sie ist hier als Abb. 16 wiedergegeben. Diese Darstellung faßt die Modellvorstellung der raum-zeitlichen Ausbreitung einer Diffusionswelle, die auf der Wirkung des Nachbarschaftseffektes beruht, sehr anschaulich zusammen. Wenngleich sicherlich nicht alle Ausbreitungsprozesse in dieser Weise ablaufen, spricht doch eine große Zahl empirischer Untersuchungen für das Modell.

Das von MORRILL zunächst theoretisch abgeleitete und in empirischen Studien evaluierte Modell geht von einer ungehinderten Ausbreitungsmöglichkeit aus. Diese Annahme stellt eine starke Abstraktion der realen Verhältnisse dar. Man kann annehmen, daß bei Ausbreitungsprozessen Hindernisse oder Barrieren die freie Entfaltung der Wellen behindern. HÄGERSTRAND selbst hat in späteren Arbeiten (z. B. 1965) natürliche Barrieren (Seen, geschlossene Waldgebiete) unterschiedlicher Permeabilität in seine Simulation eingebaut, um den realen Bedingungen näherzukommen. Einge

Ⓐ Barrieretypen nach YUILL

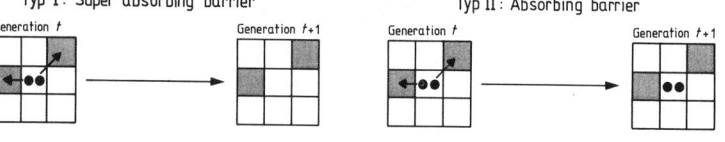

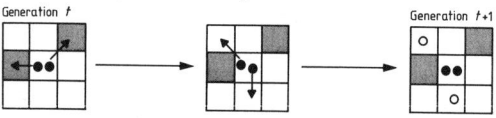

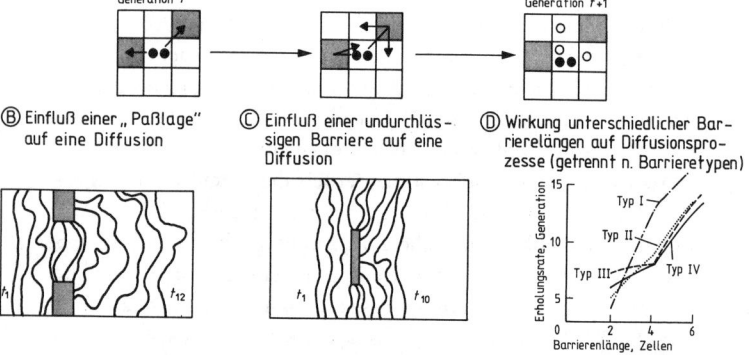

Abb. 17: Barriereeffekte bei Diffusionsprozessen (nach Haggett, Cliff und
Frey 1977)

hender mit dem Barriereproblem haben sich YUILL (1964) und GOULD (1969) auseinandergesetzt.

YUILL untersucht in seiner rein theoretischen Arbeit die Wirkungen unterschiedlicher Typen von Barrieren auf Diffusionsprozesse, wobei die Diffusion selbst durch das Monte-Carlo-Verfahren simuliert wird. Er verwendet dabei ein MIF von 9 Zellen (Abb. 17) als dynamisches Moment. Von diesen 9 Zellen sind jeweils zwei durch Zufallszahlen als Barrieren ausgewiesen worden. YUILL unterscheidet 4 Typen von Barrieren. Die Wirkungen auf den ersten Schritt der Informationsweitergabe zeigt Abb. 17.

Typ 1: *Super absorbing barrier:* Sie absorbiert die Information und zerstört den Sender.

Typ 2: *Absorbing barrier:* Sie absorbiert die Information, läßt den Informationsgeber jedoch unbeeinflußt.

Typ 3: *Reflecting barrier:* Sie absorbiert die Information, ermöglicht dem Informationsgeber jedoch einen weiteren Kontakt in derselben Generation.

Typ 4: *Direct reflecting barrier:* Sie absorbiert die Information nicht, sondern reflektiert sie zu einer benachbarten Zelle, die durch eine Zufallszahl bestimmt wird.

Daneben hat er untersucht, welche Wirkungen Korridore oder Barrieren unterschiedlicher Länge auf den Diffusionsprozeß haben und die *Erholungsrate* als Maß für die Effektivität solcher Barrieren verwendet.

GOULD hat sich mehr der Klassifizierung von Barriereeffekten zugewendet. Dabei geht er zunächst aus (1969, S. 11) von den möglichen Wirkungen, die Hindernisse haben können. Er unterscheidet zwischen absorbierenden, reflektierenden und permeablen Barrieren. Dann wendet er sich der Frage zu, welcher Art solche Hindernisse in der Realität sind. Er trennt nach physischen (Gebirge, Meere, Sümpfe etc.) und kulturellen Barrieren. Letztere können noch weiter differenziert werden. So sind linguistische Barrieren (z. B. zwischen Ontario und Quebec bzw. Flandern und Wallonien) von religiösen und politischen Barrieren zu trennen. Während sie mehr von außen auf den Diffusionsprozeß einwirken, sind die psychologischen Barrieren eher in den potentiellen Adoptoren gelegen.

113

ohne Raum!

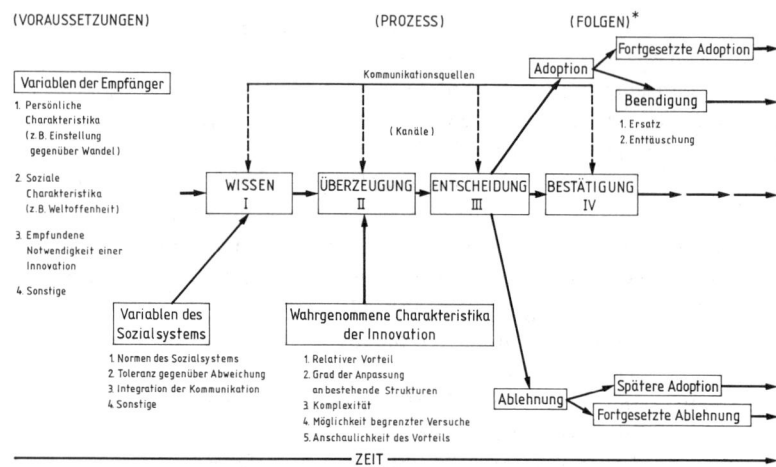

(VORAUSSETZUNGEN)

(PROZESS)

(FOLGEN)*

Variablen der Empfänger

1. Persönliche
   Charakteristika
   (z.B. Einstellung
   gegenüber Wandel)

2. Soziale
   Charakteristika
   (z.B. Weltoffenheit)

3. Empfundene
   Notwendigkeit einer
   Innovation

4. Sonstige

Kommunikationsquellen

(Kanäle)

Adoption

Fortgesetzte Adoption

Beendigung

1. Ersatz
2. Enttäuschung

WISSEN
I

ÜBERZEUGUNG
II

ENTSCHEIDUNG
III

BESTÄTIGUNG
IV

Variablen des
Sozialsystems

1. Normen des Sozialsystems
2. Toleranz gegenüber Abweichung
3. Integration der Kommunikation
4. Sonstige

Wahrgenommene Charakteristika
der Innovation

1. Relativer Vorteil
2. Grad der Anpassung
   an bestehende Strukturen
3. Komplexität
4. Möglichkeit begrenzter Versuche
5. Anschaulichkeit des Vorteils

Ablehnung

Spätere Adoption

Fortgesetzte Ablehnung

ZEIT

* nur die Folgen des Adoptionsprozesses sind aufgezeigt

Abb. 18: Der Adoptionsprozeß in soziologischer Sicht (nach ROGERS und SHOEMAKER 1971)

Bei der Durchsicht der vorliegenden empirischen Studien fällt auf, daß in der englischsprachigen Literatur den Wirkungen von Hindernissen, die einer Ausbreitung entgegenstehen, relativ wenig Beachtung geschenkt wird, erst die Arbeiten aus der Schule von BROWN widmen sich eingehender solchen Fragestellungen. Hierbei stehen jedoch weniger physische Barrieren als solche ökonomischer Art bzw. eine mangelhafte Infrastruktur im Vordergrund des Interesses. Im deutschen Sprachraum wird demgegenüber der Verlauf von Diffusionsprozessen in Relation zu den natürlichen und sozioökonomischen Rahmenbedingungen gesehen. So werden Ausbreitungsmuster in Abhängigkeit von der klimatischen Ausstattung, der Bodenqualität oder einer bestimmten agrarischen Betriebsstruktur bzw. Absatzmöglichkeiten gesehen. Dies ist sicherlich in der unterschiedlichen Rezeption der Arbeiten HÄGERSTRANDS und der Tradition der deutschen Kulturgeographie begründet. Es wäre der Mühe wert, die mit der Konzeption der wellenförmigen Ausbreitung von Innovationen und ihr entgegenstehender Barrieren

114

verbundenen Modellvorstellungen an weiteren real abgelaufenen Ausbreitungsprozessen zu überprüfen, um über die Wirkungen unterschiedlicher Hindernisse mehr zu erfahren. Dabei dürfte von besonderem Interesse sein, Verbindungen zur Wahrnehmungspsychologie bzw. zur Soziologie zu knüpfen, um von hierher zu weiteren Erkenntnissen zum unterschiedlichen Adoptionsverhalten von Individuen und sozialen Gruppen zu gelangen. Die von ROGERS und SHOEMAKER erarbeiteten Vorstellungen zu diesem Problemkomplex sind in Abb. 18 zusammengefaßt.

4.5. Diffusionsagentur und Diffusionsstrategie

Eine zentrale Stellung im Rahmen des *market and infrastructure model* von BROWN nimmt das Konzept der Diffusionsagentur *(diffusion agency)* und der von ihr angewendeten Diffusionsstrategie ein. BROWN (1979, S. 71 ff.) geht dabei von der Feststellung aus, daß sich viele Diffusionsprozesse bezüglich ihrer räumlichen Muster nicht allein aus dem Adoptionskonzept verstehen lassen. Es ist seines Erachtens deshalb notwendig, die Nachfrageseite nach Innovationen durch die Angebotsseite zu ergänzen, da viele Neuerungen durch Verbreiter *(propagators)* den potentiellen Adoptoren verfügbar gemacht werden. Diese Bereitstellung von Innovationen durch Diffusionsagenturen konstituiert deshalb den ersten Schritt in seinem Modell des Diffusionsprozesses. Darauf folgt die von ihr praktizierte Diffusionsstrategie. Sie hat das Ziel, die Neuerung in dem ihr zugeordneten Einflußgebiet bekanntzumachen. Erst im dritten Schritt erfolgt dann die Adoption selbst. Die Lokalisation der Agentur in einem Diffusionsgebiet und die zeitliche Abfolge der Errichtung mehrerer Agenturen entscheidet bereits über die großräumige Struktur des Ausbreitungsprozesses.

Unter einer *diffusion agency* versteht BROWN (1979, S. 72) "the public or private sector entity through which an innovation is distributed or made available to the public at large". Diese Agenturen können profitorientiert sein, wie es bei der Verbreitung der meisten Konsumgüter oder Dienstleistungen der Fall ist, oder nicht profitorientiert, z. B. bei der Verbreitung von Neuerungen im sozialen Bereich oder im Erziehungswesen.

Die zeitliche Abfolge und die Lokalisierung der Agenturen hängt vom Standort der Institution ab, der letztlich die Entscheidungskompetenz zukommt. BROWN unterscheidet zwischen drei Möglichkeiten:

– Zentrale Entscheidungskompetenz,
– Dezentralisierte Entscheidungskompetenz,
– Dezentralisierte Entscheidungskompetenz mit einem koordinierenden Verbreiter.

Der nach den Analysen von BROWN und seinen Schülern sehr häufig anzutreffende Fall ist der einer zentralen Entscheidungskompetenz. Hierbei wird entweder von einer Person oder einer Behörde festgelegt, wann an einem bestimmten Ort eine Agentur eingerichtet wird. Wenn die Entscheidungsbefugnis in einer Hand liegt, ist die sinnvolle Abstimmung der weiteren Maßnahmen (z. B. bezüglich neuer Agenturen oder der zu verfolgenden Diffusionsstrategie) sehr viel einfacher möglich als bei dezentralisierter Entscheidungskompetenz.

Bei der Frage, wann und wo Agenturen eingerichtet werden sollen, spielen vielfach Kostengesichtspunkte eine gewichtige Rolle. Aus diesem Grunde ist es beispielsweise möglich, den Diffusionsprozeß über bereits vorhandene Agenturen und Läden ablaufen zu lassen. Die Konsequenz wird sein, daß das sich ergebende räumliche Muster das Verbreitungsmuster dieser Einrichtungen widerspiegelt. Dies ist häufig der Fall bei Konsumgütern, die über Kaufhaus- oder Ladenketten vertrieben werden. Hier ergeben sich dann z. B. hierarchische Strukturen, die nicht unbedingt parallel laufen zur Nachfrage nach den jeweiligen Produkten. Ähnliche Muster können sich ergeben, wenn von staatlichen Behörden oder Banken Innovationen verbreitet werden. Hier wird das Verbreitungsmuster durch die Orte bestimmt, in denen Filialen bzw. Außenstellen der Behörde eingerichtet sind.

Unter geographischen Fragestellungen weitaus ergiebiger ist die Analyse der Einrichtung *neuer* Agenturen, weil sich hierbei die steuernden Faktoren herausarbeiten lassen, die für die raum-zeitliche

Abfolge der Errichtung von Diffusions-Agenturen entscheidend gewesen sind.

Die Festlegung von Zeitpunkt und Ort der Errichtung einer Agentur fällt bei zentraler Entscheidungskompetenz zumeist nach dem Gesichtspunkt der zu erwartenden Profitabilität, d. h., der Standortwahl geht eine eingehende Marktanalyse voraus, die zu einer Rangordnung der potentiellen Märkte führt. Entscheidungskriterien können z. B. sein: Einwohnerzahl, Farmen einer bestimmten Größenklasse, junge Familien mit eigenen Wohnhäusern. Daneben gehen in die Entscheidung Kostenfaktoren ein, u. a. Kosten für den Transport der Innovation von der Zentrale zur Agentur bzw. von der Agentur zu den Adoptoren, Lagerhaltungskosten, Werbemaßnahmen und Festkosten für die Unterhaltung der Agentur.

Ein drittes Kriterium ist die Erreichbarkeit der Diffusionsagentur durch die Zentrale und des Diffusionsgebietes durch die Agentur. Hier spielt die Verkehrsinfrastruktur eine große Rolle. So können weiter entfernt liegende Orte wegen der leichteren Erreichbarkeit über Fernstraßen oder Flughäfen oft „näher" liegen als nur über Landstraßen zugängliche Orte im Nahbereich der Agentur. Hieraus ergeben sich charakteristische räumliche Muster.

Marktpotential und Erreichbarkeit sind nach den Untersuchungen von BROWN (1979, S. 83) die Kriterien, die über Zeitpunkt und Standort der Errichtung einer *diffusion agency* entscheiden. Empirische Studien haben gezeigt, daß hierbei sowohl der Nachbarschafts- als auch der Hierarchieeffekt wirksam werden können.

Die räumlichen Muster im Einflußgebiet einer Agentur werden hauptsächlich von der *Diffusionsstrategie* bestimmt, die sie praktiziert. Die Strategie wird beeinflußt von der Art der Innovation, ihrem Preis, den notwendigen Kosten für Werbemaßnahmen, den Standorten von Verkaufsläden, die von der Agentur betreut oder beliefert werden, und dem Standort der Agentur selbst. Daneben ist entscheidend, mit welcher Zielsetzung die Diffusions-Agentur antritt. Sollen die Kosten minimal gehalten oder der Gewinn bzw. die Verkaufsmenge maximiert werden? Die aus der Kombination der steuernden Faktoren möglichen Strategien werden weiterhin bestimmt durch die Kapitalverfügbarkeit. Ein Verbreiter, der über viel

Kapital verfügen kann, wird bestrebt sein, die Verkaufsmenge zu maximieren, während bei einer nur dünnen Kapitaldecke eher die Kostenminimierung im Vordergrund steht. Das vorhandene Kapital entscheidet auch über die Möglichkeiten der Agenturen, Marktstudien erstellen zu lassen. Wenn ausreichend Kapital vorhanden ist, können umfangreiche Studien angefordert werden, die zu einer dem Diffusionsgebiet genau angepaßten Strategie führen. Ist nur wenig Kapital vorhanden, wird sich die Agentur in ihren Entscheidungen auf vorliegende Erfahrungen mit bekannten Märkten berufen und ähnlich gelagerte Situationen bevorzugen. Hieraus erwachsen in Verbindung mit der Frage der Transportkosten bestimmte räumliche Muster, weil zweifelsohne Märkte im Nahbereich der Zentrale bevorzugt werden (vgl. dazu auch das Beispiel in Kap. 5.3).

Auf Einzelheiten im Hinblick auf die Kriterien, die bei einer dezentralisierten Entscheidungskompetenz oder der Einflußnahme eines koordinierenden Verbreiters zu berücksichtigen sind, kann hier nicht weiter eingegangen werden. Es sei auf die Ausführungen bei BROWN (1979, S. 102 ff.) verwiesen.

Diese kurze Darstellung hat deutlich werden lassen, daß BROWN die Diffusion von Innovationen von einer stark ökonomisch geprägten Sichtweise angeht. Die vorgelegten mathematischen Modelle richten sich demzufolge an betriebs- und volkswirtschaftlichen Vorbildern aus.

4.6. Dimensionsprobleme

Abschließend soll auf einen Problemkreis eingegangen werden, der in der englischsprachigen Literatur sehr viel größere Beachtung gefunden hat als in der deutschen. Es ist die Frage nach dem Maßstab oder der Dimension, in dem sich raum-zeitliche Ausbreitungsprozesse zutragen und analysiert werden.

BROWN (1979, S. 54–67) hat sich sehr ausführlich mit dieser Fragestellung auseinandergesetzt. Er geht dabei von folgenden Sachverhalten aus. Die Diffusion von Innovationen ist das Ergebnis einer Anzahl menschlicher Entscheidungen. Diese Entscheidungen können von Individuen, Haushalten, Betriebsleitungen oder staatlichen Institutionen getroffen werden und räumliche Ausbreitungsmuster zur Folge haben, die auf lokaler, regionaler, nationaler oder auch internationaler bzw. globaler Ebene auftreten. Die Dimensionsfrage hat für den Geographen, der sich mit der Ausbreitung von Neuerungen beschäftigt, zumindest zwei Aspekte:

– den funktionalen Aspekt, der das Entscheidungsverhalten unterschiedlicher sozialer Aggregationen berücksichtigt, und
– den räumlichen Aspekt, der die Realisierung dieser Entscheidungen im Raum zum Inhalt hat.

Diese Dichotomie ist nach Ansicht BROWNs noch nicht hinreichend berücksichtigt worden. Er analysiert einige Untersuchungen, die sich mit der Frage der sinnvollen Festlegung von Dimensionen für wissenschaftliche Analysen beschäftigen.[16] Dabei gelangt er zu dem Ergebnis, daß Geographen, die beispielsweise von *micro-*, *meso-* und *macro scale* sprechen, oftmals nicht deutlich genug kennzeichnen, ob sie dies auf den räumlichen, den funktionalen oder auch beide Aspekte beziehen.

GOULD (1969, S. 25–68) befaßt sich mit der räumlichen Dimension auf der Mikro-, Meso- und Makroebene. BROWN selbst (1968, 1969, 1975) und einige seiner Mitarbeiter betonen demgegenüber stärker den funktionalen Aspekt. Dabei wird deutlich, daß die vertretenen Sichtweisen nicht unbedingt kompatibel sind. So erfaßt GOULD (1969, S. 25–26) unter *micro scale* den Informationsaustausch zwischen Individuen und analysiert die Ausbreitung von Hybridmais und Traktoren. Die Ausbreitung des Bankwesens in einem Staat wird demgegenüber der Makroebene zugeordnet, obwohl auch hier für die Diffusion der individuelle Meinungsaustausch entscheidend gewesen ist. Wenn BROWN und LENTNEK (1973) die Mesoebene auf die Ausbreitung einer Neuerung im Einzugsgebiet einer Stadt beziehen, dann wird dabei nicht klar genug herausgestellt, daß dies Einzugsgebiet im Falle einer Weltstadt wie London oder New York beispielsweise die Industriestaaten der Nordhalbkugel sein kann, im Falle einer Klein- oder Mittelstadt jedoch nur der ihr zugeordnete Landkreis. Außerdem zeigt die Literaturanalyse, daß der Nachbarschaftseffekt zumeist in Verbindung mit der Mikroebene

119

gesehen wird. Er kann jedoch auch auf der Meso- und Makroebene auftreten, wie BROWN (1975) bei der Analyse von Vermarktungsstrategien gezeigt hat.

Abschließend fragt BROWN (1979, S. 58), wie sich unterschiedliche räumliche Ausbreitungsmuster (Nachbarschaftseffekt, Hierarchieeffekt, Zufallsverteilung) mit den dargestellten räumlichen und funktionalen Aspekten der Diffusionsforschung in Verbindung bringen lassen. Seine Vorstellungen hat er in einer Synopse (Abb. 19) zusammengefaßt. Sie soll hier kurz erläutert werden.

Zunächst ist eine klare Trennung zwischen funktionaler[17] und räumlicher Betrachtungsweise zu beachten. Bei der Analyse der Diffusion von Innovationen unter dem funktionalen Aspekt ist ein grundlegender Unterschied darin zu sehen, ob der Prozeß frei abläuft oder von einem Verbreiter *(propagator)*[18] unterstützt wird, der an der schnellen Ausbreitung der Neuerung interessiert ist. Es handelt sich hierbei vorwiegend um den Vertrieb von Konsumgütern und Dienstleistungen. Es kann zwischen zwei Teilprozessen unterschieden werden, einmal der Einrichtung der Diffusionsagentur und zum anderen der Verbreitung der Innovation. Wie bei der Behandlung des *market and infrastructure model* (vgl. Kap. 3.4) und in Kapitel 4.5 herausgestellt wurde, wird durch die Einrichtung der Agentur das räumliche Muster der Diffusionsprozesse weitgehend geprägt.

Wird der Diffusionsprozeß nicht von einem Verbreiter beeinflußt, ist die Informationsübertragung das entscheidende Moment. Die Nahtstelle, an der die Entscheidung über den Verlauf der Ausbreitung erfolgt, ist die Informationsweitergabe eines Adoptors an einen potentiellen Adoptor, bei dem eine Nachfrage nach der Innovation vorliegt. Es ist offensichtlich, daß in der getroffenen Unterscheidung die von HÄGERSTRAND und BROWN verfolgten Forschungsansätze dargestellt sind.

Unabhängig davon, ob ein Diffusionsprozeß frei oder gesteuert abläuft, ist festzuhalten, daß er sich im Raum zuträgt. Die räumliche Betrachtungsweise umfaßt zwei Ansatzpunkte für eine Analyse. Einmal ist es möglich, mehr den *formalen* Gesichtspunkt in den Vordergrund zu stellen, zum anderen kann die *Größe* des Diffusionsareals im Mittelpunkt stehen.

120

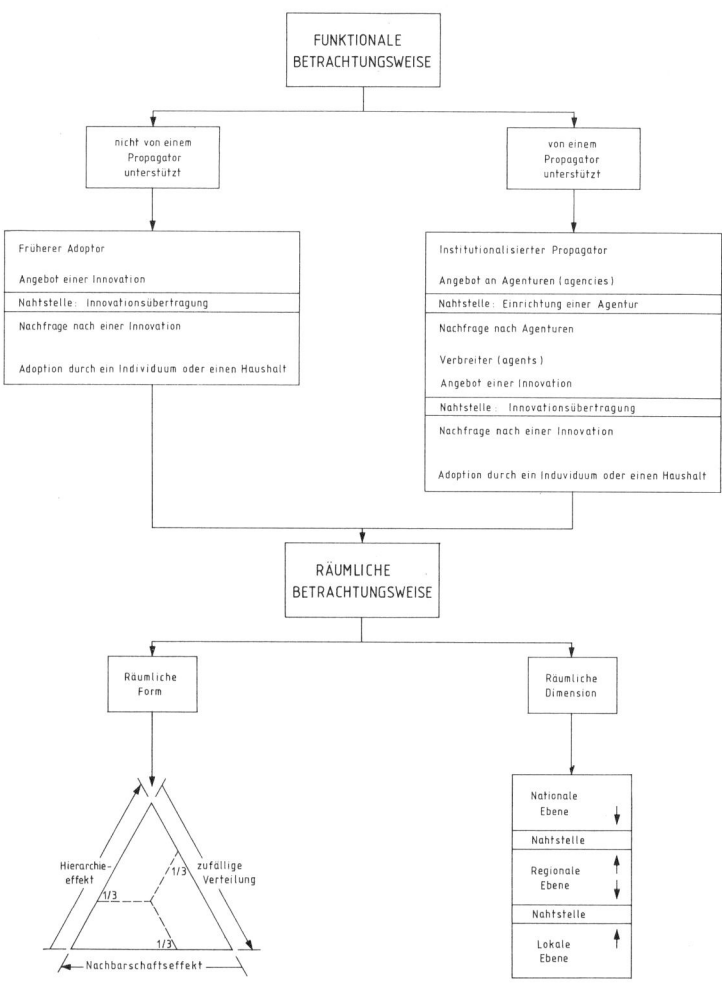

Abb. 19: Geographische Betrachtungsweisen der Diffusion von Innovationen
(nach BROWN 1979)

Räumliche Verbreitungsmuster von Diffusionen lassen sich, wenn keine zufällige Verteilung vorliegt, auf die Wirkung des Nachbarschafts- und/oder Hierarchieeffektes zurückführen. Vielfach dürfte eine Kopplung der beiden Effekte vorliegen. Diese Verbreitungsmuster können in unterschiedlichen räumlichen Dimensionen auftreten. Sie werden in der Literatur zumeist als Mikro-, Meso- und Makroebene bezeichnet.

Die von BROWN herausgearbeiteten Betrachtungsweisen einer geographischen Innovations- und Diffusionsforschung sind sehr einleuchtend. Die Unterscheidung der möglichen Aspekte sollte in theoretischen und empirischen Arbeiten beachtet werden. Dies ist leider gegenwärtig noch keineswegs selbstverständlich, was notwendigerweise konträre Beurteilungen bestimmter Ergebnisse und theoretischer Ansätze zur Folge hat. Es ist jedoch notwendig, einen Konsens über grundlegende Termini und Basiskonzeptionen zu erzielen, um auf dieser Grundlage sinnvoll an der Erweiterung unseres Wissens über die Ausbreitung von Innovationen und die steuernden Faktoren weiterarbeiten zu können. Hierfür eine konsensfähige Basis zu erreichen, war ein Ziel dieses Kapitels.

5. BEISPIELE ZUR GEOGRAPHISCHEN ANALYSE RAUM-ZEITLICHER DIFFUSIONSPROZESSE VON INNOVATIONEN

Nach den mehr theoretischen Abschnitten zur Entwicklung dieses Forschungszweiges der Sozialgeographie, der Ausbildung des Paradigmas sowie zu Elementen und Basiskonzeptionen der geographischen Innovations- und Diffusionsforschung sollen im folgenden Abschnitt Arbeiten zur Ausbreitung von Neuerungen vorgestellt werden, die unterschiedliche Forschungsansätze erkennen lassen. Aus Platzgründen können die jeweiligen Untersuchungen nur in Kurzform dargestellt werden; es ist darüber hinaus auf die Originalarbeiten zu verweisen. Das Ziel des Kapitels ist es nicht, eine Dokumentation des Forschungsweges der geographischen Innovations- und Diffusionsforschung vorzulegen, sondern verschiedene Ansätze zur geographischen Erfassung raum-zeitlicher Diffusionsprozesse vorzuführen.

5.1. Die Ausbreitung überdachter Brücken in den USA (KNIFFEN 1951)

Die Analyse der Ausbreitung der *covered bridge* in den Vereinigten Staaten durch KNIFFEN steht in der Tradition der Kulturlandschaftsforschung. Ebenso wie andere Kulturelemente der jungen Nation (z. B. *keelboats, prairie schooners*) kann auch das Vorhandensein oder Fehlen dieser Brückenkonstruktion dazu herangezogen werden, Regionen voneinander abzugrenzen, womit KNIFFEN (1951, S. 114) letztlich wohl Kulturlandschaften meint, denn es heißt: "Knowledge of the origin and diffusion of the covered bridge contributes to an understanding of cultural differentiation." Hieraus wird klar, daß es nicht eigentlich um die Erfassung

123

und Erklärung der Mechanismen geht, die den Diffusionsprozeß steuern.[1]

KNIFFEN stellt zunächst dar, daß die überdachte Brücke ein Produkt Neuenglands ist, wo sie im späten 18. und frühen 19. Jahrhundert aufkam. Die südlichen Neuenglandstaaten und die südlichen Gebiete des Staates New York bildeten damals ein kulturelles Zentrum, von dem aus sich viele Kulturelemente ausbreiteten.[2] Wenngleich diese Brückenkonstruktion ihren Ursprung in europäischen Vorläufern hat (sowohl Holz- als auch Steinbrücken), entfaltete sie in den USA eine charakteristische Eigenständigkeit. Abgesehen von wenigen Ausnahmen traten in der frühen Phase der Besiedlung kaum Brücken auf. Erst mit zunehmender Bedeutung des Landverkehrs und der allmählichen Öffnung nach Westen wurden in größerer Zahl Brücken gebaut, weil sowohl der Fährbetrieb als auch die bis dahin verwendeten Furten eine zu große Unsicherheit bedeuteten.

Die Anfänge dieser Konstruktionsweise sind wenig dokumentiert, so daß das Innovationszentrum und die frühe Ausbreitung kaum zu rekonstruieren sind. Sehr unterschiedlich ist auch die Begründung für die Überdachung. Die eigentliche Ursache dürfte im Schutz der Holzkonstruktion vor Witterungseinflüssen liegen, da die Konservierung des Holzes zum damaligen Zeitpunkt sehr schwierig war. Brücken stellten Kapitalinvestitionen dar, aus den Einnahmen aus dem Brückenzoll wollten die Kapitalgeber Gewinne schöpfen, so daß sie Wert legten auf eine lange Haltbarkeit. Dieser Aspekt hat auch beim Bau überdachter Eisenbahnbrücken eine große Rolle gespielt. Unbestritten ist, daß diese ursprüngliche Intention bei späteren Brückenbauten z. T. keine Bedeutung mehr gehabt hat, denn hier ging es einfach um die Nachahmung einer Konstruktionsform, man könnte sagen, die Nachahmung einer Mode.

KNIFFEN (1951, S. 118) stellt fest, daß die erste überdachte Brücke wahrscheinlich 1804 in Philadelphia errichtet wurde. Bis etwa 1810 wurden die Vor- und Nachteile einer solchen Konstruktion heftig diskutiert, erst dann begann sie sich schnell auszubreiten. Bemerkenswert dabei ist, daß nahezu alle Konstrukteure der frühen Brücken aus Neuengland stammen, dies trifft auch zu für die Handwerker, die die Brücken errichteten. Von ihnen schlossen sich offenbar viele den Siedlern an, die nach Westen drängten, womit sie zum Träger des Diffusionsprozesses wurden. Auffallend ist, daß in einigen Gebieten eine spezielle Bauform dominiert, dies dürfte zurückzuführen sein auf die Tätigkeit eines bestimmten Konstrukteurs oder die Nachahmung seiner Konstruktion bzw. die Verkaufserfolge von Geschäftsleuten, die für die Verbreitung dieser Form sorgten.

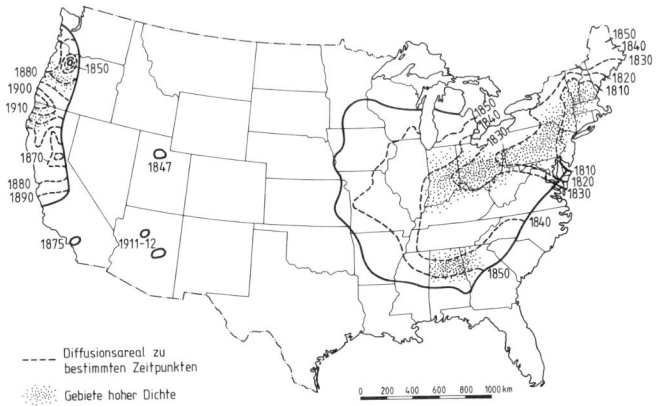

Abb. 20: Die Diffusion überdachter Straßenbrücken in den USA (nach KNIFFEN 1951)

Abb. 20 zeigt den Verlauf des Diffusionsprozesses. Man sieht sehr schön die Ausbreitung vom südlichen und westlichen Neuengland in alle Richtungen, wobei bevorzugte Wege unverkennbar sind. Auffällig ist eine Stoßrichtung nach Südwesten. Um 1850 war in der östlichen Hälfte der Vereinigten Staaten die größte Ausdehnung des Diffusionsareals erreicht, außerhalb des Areals wurden nur noch ganz vereinzelt überdachte Brücken errichtet. Im Westen der USA findet sich ein geschlossenes Verbreitungsareal vom südlichen Washington bis zum nördlichen Kalifornien. Der Ausbreitungsprozeß beginnt hier, der Abfolge der Besiedlung entsprechend, einige Jahrzehnte später und zieht sich bis ins 20. Jahrhundert hin.

KNIFFEN (1951, S. 120) zeigt an einigen Beispielen auf, wie stark

125

die Diffusion dieser Innovation an die Tätigkeit von Einzelpersonen gebunden war. So läßt sich z. B. der Weg eines Baumeisters von Neuengland, wo er den Beruf erlernte, über Ohio nach Oregon verfolgen.

Anschließend analysiert KNIFFEN die unterschiedliche Dichte innerhalb des Verbreitungsgebietes. Die von ihm gefundenen Erklärungen sind z. T. sehr vage, hier hätte eine detaillierte Fallstudie sicherlich weitere Ergebnisse bringen können. Es ist offensichtlich, daß diese Fragestellung von KNIFFEN noch nicht als besonders relevant angesehen wird. Bezüglich der Ausbreitungsmechanismen gilt eine ähnliche Feststellung. Auch hier gibt er sich zunächst mit der Erklärung zufrieden, daß sich die Neuerung mit den Konstrukteuren und Baumeistern ausgebreitet hat, was ganz in die RATZELsche Tradition paßt (vgl. Kap. 2.1). Die Möglichkeit der Ausbreitung durch Imitation, also das Auftreten eines Nachbarschaftseffektes, wird zwar beiläufig erwähnt (S. 117), aber nicht weiterverfolgt. KNIFFEN ist sich zwar darüber im klaren, daß seine Studien nur vorläufige Ergebnisse bringen und die Kombination unterschiedlicher natürlicher sowie kultureller Steuerungsfaktoren eine weitere Klärung des Verbreitungsmusters herbeiführen könnte, doch wird sein Grundansatz davon nicht berührt. Dies zeigt sich einprägsam am Schluß der Studie, wo die Ergebnisse im Hinblick auf die Möglichkeit der räumlichen Differenzierung von Kulturregionen gewertet werden (S. 123):

Based entirely on the distribution of the covered bridge as an index trait, specific observations can be made regarding cultural similarities and differences in Anglo-America. The same areal affinities and cleavages may no longer prevail; nevertheless, the present scene, if in any measure vestigal, can be fully understood only in the light of the past.

Wir haben in Kapitel 3.3 gesehen, daß HÄGERSTRAND von dieser wissenschaftlichen Tradition inspiriert wurde, seine Fragestellungen und Erklärungsansätze sich dann jedoch in eine andere Richtung weiterentwickelten. Als Beispiel für die Anwendung seiner theoretischen Gedanken in einer empirischen Studie soll die Arbeit von BOWDEN vorgestellt werden.

126

5.2. Bewässerungsfeldbau in den High Plains von Colorado (BOWDEN 1965)

Die Arbeit von BOWDEN ist eine der wenigen Untersuchungen, die das von HÄGERSTRAND entwickelte Simulationsmodell in Verbindung mit einer empirischen Studie anwenden. Hierbei ist zu berücksichtigen, daß die Dissertation zum Zeitpunkt als BOWDEN seine Arbeit verfaßte, noch nicht in englischer Sprache vorlag.

Es kann hier nicht auf die Gesamtkonzeption der Arbeit eingegangen werden. In diesem Zusammenhang ist vor allem Kapitel 4 von Interesse, in dem eine Simulation des Bewässerungsfeldbaues vorgenommen wird, oder genauer gesagt, der Entscheidung von Farmern, Feldbewässerung durchzuführen und zu diesem Zweck Brunnen zu errichten.

BOWDEN ging aus vom Zeitpunkt der Errichtung und der räumlichen Verteilung der Bewässerungsbrunnen (Abb. 21) im Jahre 1962. Dabei schien auf den ersten Blick eine zufällige Verteilung vorzuliegen. Eine eingehendere Analyse zeigte jedoch, daß in einigen Gebieten Verdichtungen auftraten und daß mit zunehmender Entfernung von diesen Verdichtungsgebieten die Zahl der Brunnen abnahm, was auf die Wirkung eines Nachbarschaftseffektes schließen ließ. Die in den High Plains wirtschaftenden Farmer waren in lokale und regionale Kommunikationsnetze eingebunden. BOWDEN versuchte in einem ersten Abschnitt, die Struktur dieser Netze zu erfassen, um auf der Grundlage anschließend ein MIF zu konstruieren, das den Simulationsprozeß steuern sollte. Durch den Vergleich der realen Verteilung mit dem Verteilungsmuster der Simulation wollte er den Nachweis erbringen, daß der Informationsaustausch zwischen den Farmern den Adoptionsprozeß und damit den raum-zeitlichen Diffusionsvorgang bestimmt hatte. Darüber hinaus sollte eine Projektion der Entwicklung bis 1975 und 1990 vorgenommen werden, um zu ermitteln, in welchem Ausmaße die fossilen Grundwasserreserven in Zukunft angegriffen würden.

Um den Simulationsprozeß durchführen zu können, waren folgende Annahmen notwendig:

127

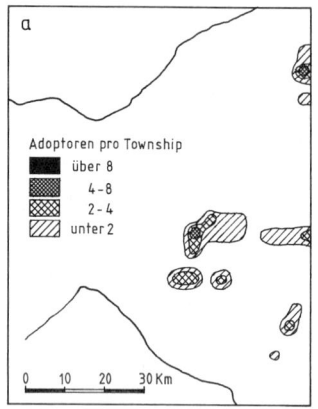

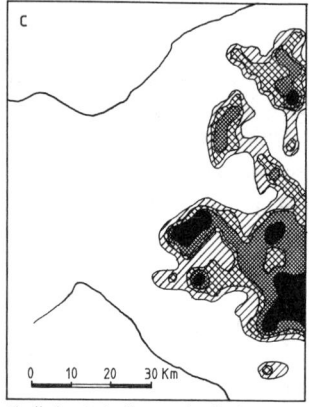

Bewässerungsbrunnen pro Township:
Verteilungsmuster im Jahre 1948

Simuliertes Ausbreitungsmuster für das
Jahr 1962

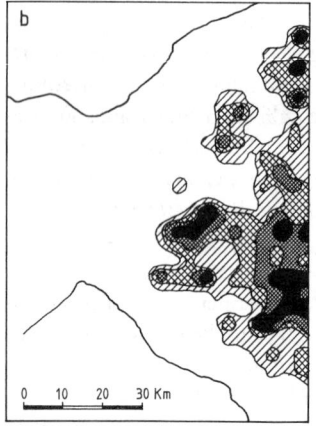

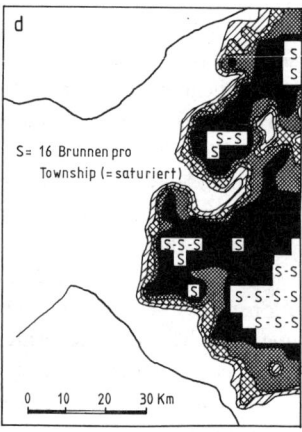

Reale Verteilung der Brunnen im Jahre 1962

Simulierte Voraussage für das Jahr 1990

*Abb. 21: Die Ausbreitung von Bewässerungsbrunnen in den High Plains von
Colorado* (nach BOWDEN 1965)

- Das Untersuchungsgebiet wird auch in Zukunft überwiegend landwirtschaftlich strukturiert sein.
- Es wird nicht zu einer grundlegenden Veränderung in der Agrarpolitik und im Konsumverhalten bezüglich agrarischer Produkte kommen.
- Das Preisverhältnis zwischen den Agrarprodukten wird relativ stabil bleiben.
- Die technologische Entwicklung wird beständige Fortschritte machen.

Daneben wurde im ersten Teil der Arbeit das potentielle Diffusionsareal durch Analyse der physisch-geographischen Faktoren, insbesondere des Grundwasservorkommens abgegrenzt.

Das MIF eichte BOWDEN auf der Basis der Reichweite von Grillveranstaltungen in den städtischen Siedlungen. Da diese Werbeveranstaltungen mit einer Tombola verbunden waren, bei der die Teilnehmer namentlich und mit Adresse registriert wurden, konnte aus den Teilnehmerlisten exakt der Einzugsbereich ermittelt werden. Hierbei zeigte sich ein deutlicher Distanzeffekt. Im Gegensatz zu HÄGERSTRAND verwendete BOWDEN ein kreisförmiges MIF, das in 25 Kreissektoren aufgeteilt war. Abb. 22 stellt eine vereinfachte Variante dar. Der regionale Informationsaustausch wurde nach den Ferngesprächen, die in den Vermittlungsstellen festgehalten waren, bestimmt. Durch Zufallszahlen wurde ermittelt, in welchen Kreissektor und welchen Distanzring die Information fiel.

Die Simulationsläufe (insgesamt 10) wurden unter folgenden Bedingungen durchgeführt (S. 105–106):
- Die Installation eines Bewässerungsbrunnens bildet den Beginn des Diffusionsprozesses.
- In jeder Generation kann ein Adoptor nur einen anderen zur Annahme der Innovation veranlassen.
- Die Wahrscheinlichkeit der direkten Kommunikation wird bestimmt von der Distanz zwischen Sender und Empfänger der Information.
- In jeder Folgegeneration gibt jeder neu hinzugekommene Adoptor eine Information weiter.
- Die sehr homogene Farmdichte äußert sich in einer gleichmäßigen

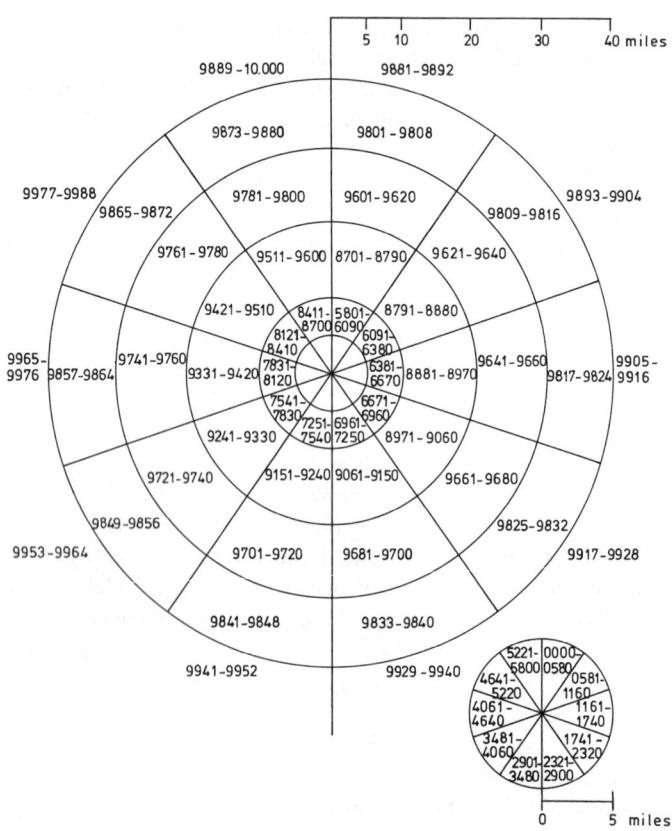

Abb. 22: Das mean information field Bowdens (nach BOWDEN 1965)

räumlichen Verteilung der potentiellen Adoptoren in den Gebieten, in denen die Errichtung von Brunnen ökonomisch vertretbar ist.
– Wenn eine Information in einen Kreissektor entfällt, der außerhalb des potentiellen Diffusionsgebietes gelegen ist, verfällt die Information.
– Fällt eine Information auf eine Farm, die die Innovation bereits aufgenommen hat, erfolgt keine erneute Adoption.

130

– Aus Gründen des bereitstehenden Grundwasservorkommens wird jede *township* [3], in der bereits 16 Brunnen angelegt wurden, aus dem weiteren Simulationsprozeß ausgeschlossen.[4] Die Adoptoren dieser *township* treten weiterhin nicht mehr als Informationsgeber auf.

Die einzelnen Simulationsläufe, bei denen, entsprechend der Zahl der 1962 vorhandenen Brunnen, Zufallszahlen gezogen wurden, führten wegen der Überschneidung der Informationen bei potentiellen Adoptoren zu sehr weit streuenden Ergebnissen. Die geringste Zahl an errichteten Brunnen lag bei 369, der höchste Wert war 438. Der Durchschnittswert von 406 kam der realen Zahl an vorhandenen Bewässerungsbrunnen jedoch sehr nahe. Auch die räumliche Verteilung der Brunnen, die durch die Simulation erzielt wurde, war dem tatsächlichen Bild sehr ähnlich (Abb. 21 c). Die Projektion auf das Jahr 1990 (Abb. 21 d) läßt erkennen, daß in weiten Teilen eine Saturierung in den *townships* eintreten wird. Die Außengrenze des Diffusionsareals deckt sich weitgehend mit dem potentiellen Verbreitungsgebiet.

Die Anwendung des Simulationsmodells HÄGERSTRANDscher Prägung hat in diesem Falle gezeigt, daß ein realer Diffusionsprozeß sinnvoll mit der Annahme der Informationsübertragung als steuerndem Faktor rekonstruiert werden kann. Auf kritische Anmerkungen zum MIF BOWDENS wurde bereits eingegangen. Ein weiterer Kritikpunkt ist die Form des Diffusionsareals. Da von BOWDEN das potentielle Areal aufgrund der Wasserreserven vorgegeben wurde, war es nicht überraschend, daß das räumliche Verteilungsmuster der Simulation mit der Realität große Übereinstimmungen aufwies.

Trotz der angeführten Kritik ist die Arbeit von BOWDEN ein schönes Beispiel für die Anwendung der Primärtheorie HÄGERSTRANDS, weil sie sowohl die Möglichkeiten als auch die Grenzen deutlich werden läßt. Da BOWDEN als Grundvoraussetzungen stabile ökonomische und geoökologische Bedingungen verlangen mußte, zeigte sich schon 1965, also nur drei Jahre nach Ende der empirischen Erhebungen, ein von der Simulation stark abweichendes Verteilungsmuster. Dürren in den Jahren 1962–1964 und eine starke Veränderung der Marktpreise für Agrarprodukte ließ die Zahl neuer Brunnen sehr viel schneller ansteigen als erwartet. Daneben kam es im Innovationszentrum und einigen Verdichtungsräumen zu einer weiten Überschreitung des Grenzwertes von 16 Brunnen pro *township* (vgl. BOWDEN 1965, S. 121 ff.). Die genannten Rahmenbedingungen sind also mit in die Analyse von Diffusionsprozessen einzubeziehen. Dies war ein wesentliches Anliegen des *market and infrastructure model* von BROWN.

5.3. Die Ausbreitung von Friendly-Ice-Cream-Verkaufsläden im Nordosten der USA (MEYER, BROWN und CAMARCO 1977)

Auf Einzelheiten des *market and infrastructure model* kann hier nicht noch einmal eingegangen werden; es sei auf die Kapitel 3.4 und 4.5 verwiesen. Die Autoren gehen von der Annahme aus, daß eine große Zahl von Innovationen durch kommerzielle Einrichtungen verbreitet oder den potentiellen Adoptoren verfügbar gemacht wird. Die Einrichtung von Diffusionsagenturen und deren Einflußnahme auf den raum-zeitlichen Diffusionsprozeß sind die wesentlichen Zielsetzungen der empirischen Studien.

Bei der Ausbreitung der Verkaufsläden handelte es sich um die Errichtung von Diffusionsagenturen, die durch die Entscheidungskompetenz einer Zentrale erfolgte. Die Standortwahl der Läden wurde von folgenden Faktoren bestimmt: Errichtung neuer bzw. Nutzung bereits vorhandener Läden, Versorgung der Läden mit den zu vermarktenden Produkten, Management der Verkaufskette, Marktpotential im Einzugsgebiet der jeweiligen Läden, Verfügbarkeit über Kapital zur Finanzierung der Einrichtung der Läden, deren Unterhaltung, Werbemaßnahmen usw.

Der zeitliche Ablauf des Diffusionsprozesses (Abb. 23) zeigt eine offensichtliche Übereinstimmung mit der ersten Hälfte der logistischen Kurve. An eine lange Anlaufphase (1936–1965) schließt sich eine kurze Phase der schnellen Zunahme der Läden an. Ob das Abknicken gegen Mitte der siebziger Jahre den Übergang zur Sättigungsphase andeutet, kann hier nicht entschieden werden, da über 1974 hinaus keine Daten vorliegen.

Der räumliche Diffusionsprozeß spiegelt den zeitlichen Verlauf

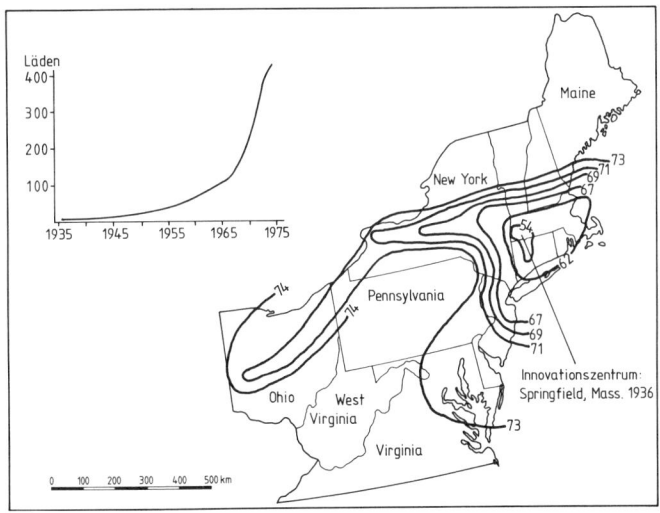

Abb. 23: Die Diffusion von Friendly-Ice-Cream-Verkaufsläden im Nordosten der USA zwischen 1936 und 1974 (nach Meyer, Brown und Camarco 1977)

wider. Bis in die Mitte der sechziger Jahre konzentrierten sich die Läden in einem relativ kleinen Areal, das die Staaten Massachusetts, Connecticut und Rhode Island einschloß. Mit der Expansionsphase schälen sich dann zwei Richtungen der bevorzugten Lokalisierung neuer Läden heraus; einmal eine Stroßrichtung entlang der Atlantikküste (New York, Philadelphia, Washington), zum anderen eine Ausweitung nach Westen durch den Staat New York bis hin an die Grenze zwischen Ohio und Indiana. Auffallend ist, daß große Teile der nördlichen Appalachen ebenso ausgespart bleiben wie der äußerste Nordosten.

Für den Verlauf des raum-zeitlichen Diffusionsprozesses werden von den Autoren folgende Erklärungen gegeben:

Die starke räumliche Konzentration der Läden zu Beginn des Diffusionsprozesses hat mehrere Ursachen. Alle Produkte, die von den Läden vertrieben wurden, mußten von einer zentralen Versor-

133

gungsstelle während der Nacht mit dem Lkw angeliefert werden. Diese Art der Belieferung setzte allein aus zeitlichen Gründen eine Außengrenze bei etwa 400 Meilen fest. Daneben ist weiterhin zu berücksichtigen, daß größere Distanzen notwendigerweise höhere Kosten zur Folge gehabt hätten. Als weiterer entscheidender Faktor ist zu nennen, daß die Betreuung der Läden, die Ausbildung der Leiter dieser Läden und Werbemaßnahmen von der Zentralverwaltung gesteuert wurden. Die Entscheidungskompetenz der lokalen Leiter beschränkte sich auf die Bestellungen, den Bezug von Frischmilch aus benachbarten Molkereien und die Einstellung der Beschäftigten. Aus dem zentralistisch organisierten Management ergibt sich, daß die Distanz zwischen Läden und Zentralverwaltung zur kritischen Größe wurde. Eine Detailanalyse der jeweiligen Standorte zeigte, daß aus transporttechnischen Gründen und der einfacheren Überwachung der Geschäftsabläufe die Läden entlang der Schnellstraßen bzw. als Cluster angelegt wurden. Die Konzentration mehrerer Läden hatte eine weitere Ursache in der Senkung der Kosten für Werbemaßnahmen, weil das Unternehmen überwiegend auf die persönliche Empfehlung der Produkte durch Gäste vertraut *(the Friendly image).*

Ein weiterer Faktorenkomplex ist im Bereich des Aufnahmepotentials der lokalen Märkte und der Profitabilität der Läden zu sehen. Bei der Auswahl neuer Standorte ging man um 1970 von folgenden Rahmenbedingungen aus:
– Die Bevölkerungszahl der Stadt sollte über 12 000 liegen,
– das durchschnittliche Familieneinkommen in der Stadt sollte über dem Wert des Durchschnittseinkommens einer Familie im Nordosten der USA rangieren,
– die Zunahmerate der Bevölkerung sollte über dem Durchschnitt der USA liegen.

Wenngleich nicht an jedem Standort diese Bedingungen erfüllt waren, gab es 1974 nur sechs Fälle, in denen keine der Voraussetzungen eingehalten war. In Städten, die zwar die Bedingungen erfüllten, wurde dann keine Verkaufsstelle eingerichtet, wenn vergleichbare Läden bereits vorhanden waren. Eine Detailanalyse bezüglich des Einflusses des Marktpotentials[5] auf den Zeitpunkt der

134

Errichtung der Läden zeigte, daß hier keinerlei Korrelation vorlag. Dieses auf den ersten Blick überraschende Ergebnis erklärt sich aus folgenden Bedingungen. Alle Läden haben dasselbe Angebot, dieselbe Verkaufsmethode und eine Kapazität von 90 Sitzplätzen. Der erzielbare Profit hängt folglich in erster Linie davon ab, welche Distanzen potentielle Käufer zurückzulegen gewillt sind, um die Produkte zu kaufen, wie häufig sie diese Erzeugnisse kaufen und bis zu welchem Grade die Sitzkapazität ausgelastet ist. Diese Rahmenbedingungen sind jedoch eher *lagespezifisch* als abhängig von der Größe einer Stadt. Dazu kommt (1977, S. 22): ". . ., the Friendly Corporation's stress upon a *solid, traditional, middle class* image leads one to expect a locational policy favoring suburbs and smaller cities."

Bei der Expansion einer Verkaufskette der vorliegenden Art ist weiterhin die Verfügbarkeit über Kapital ein entscheidender Faktor. Zu Beginn des Diffusionsprozesses war nur sehr wenig Kapital vorhanden, so daß die anfallenden Kosten möglichst niedrig gehalten werden mußten. Da die Läden anfangs noch von den Unternehmensgründern selbst überwacht wurden, war die Nähe zur Zentrale von sehr großer Bedeutung. Dazu kam, daß die Firmengründer selbst aus einer Kleinstadt kamen und, da sie die sozioökonomischen Bedingungen solcher Städte gut kannten, deshalb weitere Verkaufsstellen zunächst in vergleichbaren Städten errichteten, die Großstädte hingegen ganz bewußt mieden.

Als das Unternehmen dann eine Größe erreicht hatte, die mehr Kapital bereitstellen konnte, wurde die Entscheidungsfindung über neue Standorte an Institutionen übertragen, die vorher detaillierte Marktanalysen vornahmen.

Seit Beginn der siebziger Jahre versucht *Friendly Ice Cream,* sich im Mittelwesten einen neuen Markt zu erschließen, weil im Nordosten der Markt ausgeschöpft war. Zu diesem Zweck wurde in Troy (Ohio) ein zweites zentrales Versorgungslager eingerichtet, von dem aus der Mittelwesten versorgt werden soll. Die größere Kapitalverfügbarkeit drückt sich in der Tatsache aus, daß in Ohio innerhalb von zwei Jahren 17 Läden eingerichtet wurden, während zu Beginn des Diffusionsprozesses 19 Jahre benötigt wurden, um eine vergleichbare Zahl zu erreichen. Bemerkenswert ist weiterhin, daß in Ohio zunächst die großen Städte Dayton und Columbus sowie Standorte an den Interstates gewählt wurden, erst im zweiten Schritt wurden dann kleinere Städte aufgesucht. Die Ausrichtung auf die Maximierung des Absatzes wird in der Wahl von Columbus als erstem Standort deutlich. Hier kreuzen sich viele Autobahnen; die Wahl der Autobahnkreuze und Ausfahrten für die ersten Läden sollte eindeutig dazu beitragen, die Kette und ihre Produkte schnell im ganzen Staat bekanntzumachen. An sich hätte sich aus Kostengründen Cleveland als erster Standort angeboten (geringere Distanz zum Zentrallager in Springfield, Mass.), weil anfangs die Versorgung noch von der ursprünglichen Zentrale erfolgte, doch wurde diese Stadt wegen ihrer peripheren Lage nicht gewählt. Es wird hier eine deutliche Abkehr von der ursprünglichen Unternehmenspolitik erkennbar, die von den Autoren in folgender Weise beschrieben wird (1977, S. 25):

This experience of Friendly Ice Cream is consistent with Brown's (. . .) observations that sales maximation is a viable policy option for capital rich propagators, whereas capital poor propagators would be more likely to follow cost minimization until expansion capital is available. The lower rate of expansion and spatial concentration of Friendly in the first years represents a cost minimization policy, while the increased rate of shop openings in a less spatially concentrated pattern in more recent years represents a shift towards sales maximation.

Dieses Beispiel verdeutlicht treffend den veränderten Ansatzpunkt von BROWN gegenüber dem Modell HÄGERSTRANDS. Ihm geht es vor allem um die Herausarbeitung der steuernden Wirkung des Marktes und der Infrastruktur auf den raum-zeitlichen Diffusionsprozeß. Damit setzt er auf einer Betrachtungsebene an, die unter der auf den Adoptionsprozeß ausgerichteten Analyse bei HÄGERSTRAND liegt. Diese Studie zeigt weiterhin, daß dem Adoptionsprozeß selbst fast keine Aufmerksamkeit geschenkt wird, wohl aber der Diffusion der Läden, die erst die Produkte bereitstellen und damit die Adoption ermöglichen. Zweifellos wird durch diese Art der Analyse von Ausbreitungsprozessen eine völlig neue Sichtweise

in die geographische Innovations- und Diffusionsforschung eingebracht, die leider im deutschen Sprachraum bislang kaum rezipiert
oder zur Anwendung gebracht worden ist.

5.4. Die Diffusion ausländischer Arbeitnehmer in der Bundes-
republik Deutschland (GIESE 1978)

Auf die theoretischen Erörterungen von GIESE (1978, S. 93–96)[6]
wird hier nicht eingegangen. Der Autor betont, daß der Diffusion
der Gastarbeiter in der Bundesrepublik Deutschland die Ausbreitung einer anderen Innovation, nämlich die Bereitschaft, als Wan-
derarbeiter ins Ausland zu gehen, vorausgeht. Dieser Diffusionsprozeß ist von BARTELS (1968, 1970) untersucht worden. GIESE
selbst geht es um die Analyse der raum-zeitlichen Diffusion der Bereitschaft von Arbeitgebern, ausländische Arbeitnehmer einzustel-
len. Im Mittelpunkt der Analyse stehen drei Fragestellungen:
– Wird die Zuwanderung ausländischer Arbeitnehmer durch einen
  räumlichen Diffusionsprozeß der Einstellungsentschlüsse der
  Arbeitgeber gesteuert?
– Erfolgt die räumliche Ausbreitung in Form einer hierarchisch gestaffelten wellenförmigen Ausbreitung?
– Welchen Einfluß üben wirtschaftliche Konjunkturschwankungen
  auf den Diffusionsprozeß aus?
GIESE kann in seiner Analyse zeigen, daß die Zuwanderung der
Gastarbeiter im äußersten Südwesten der Bundesrepublik Deutschland beginnt und sich dann von Süden nach Norden ausbreitet. Dabei ist herauszustellen (Abb. 24), daß sich in der ersten Phase, die bis
etwa 1964 dauert, die Ausbreitung überwiegend nach dem hierarchischen Prinzip vollzieht. Dies wird aus dem Springen der Innovation
von südlichen zu nördlichen Zentren erkennbar. Die industriellen
Kerne des Nordens, Hamburg und Bremen, werden erst 1969 bzw.
1970 von der Innovation erreicht.

In der zweiten Phase der Ausbreitung, die nach 1964 anzusetzen
ist, wird der Nachbarschaftseffekt mit der daran gebundenen wellenförmigen Ausbreitung bedeutsamer. Man erkennt dies daran, daß

die den jeweiligen Zentren benachbarten Arbeitsamtsbezirke nach und nach erfaßt werden. Daraus ergibt sich insgesamt, wie GIESE deutlich macht (S. 102), das Bild einer hierarchisch gestaffelten wellenförmigen Diffusion. Abb. 25, die ein Nord-Süd-Profil durch die Bundesrepublik Deutschland zeigt, läßt erkennen, daß auch in der zweiten Phase des Diffusionsprozesses dem Hierarchieeffekt noch die größere Steuerungsfunktion zuzumessen ist. Die Innovation wird in den städtischen und industriellen Zentren von den Arbeitgebern stärker angenommen als in den Klein- und Mittelstädten bzw. den agrarisch strukturierten Gebieten.

Mit Hilfe einer multiplen Regressionsanalyse geht GIESE anschließend der Frage nach, welche Faktoren den räumlichen Diffusionsprozeß gesteuert haben. Dazu werden folgende Variablen einbezogen:
– Anteil der Zahl der offenen Stellen an der Gesamtzahl der unselbständig Erwerbstätigen in Prozent zum Zeitpunkt t_i,
– Anteil der beschäftigten ausländischen Arbeitnehmer an der Gesamtzahl der unselbständig Erwerbstätigen zum Zeitpunkt t_{i-1},
– Entfernung des Arbeitsamtsbezirkes (Hauptort) vom Grenzort der Zuwanderung in Kilometern (Eisenbahnstrecke).

Folgende Hypothesen sollen überprüft werden (S. 102–104):
– Es wird angenommen, daß die Anzahl der ausländischen Arbeitnehmer in einem Arbeitsamtsbezirk um so kleiner ist, je weiter dieser vom Grenzort der Zuwanderung entfernt liegt (Distanzeffekt).
– Es wird angenommen, daß die Zahl der Gastarbeiter in einem Arbeitsamtsbezirk mit der Zahl der offenen Stellen in diesem Bezirk zunimmt (Komplementaritätseffekt).
– Es wird angenommen, daß die Zuwanderungsquote in einem Arbeitsamtsbezirk abhängt von der Zahl der dort bereits beschäftigten ausländischen Arbeitnehmer (Multiplikator- bzw. Persistenzeffekt).

Als Ergebnis der Regressionsanalyse ergab sich: Der Diffusionsprozeß ist in drei Phasen gegliedert. Im Anfangsstadium hängt die Ausbreitung vor allem vom Informationsfluß und vom Erfahrungsaustausch ab. Mit zunehmender Ausbreitung der Innovation werden dann ökonomische Faktoren bedeutender, der Einfluß der Information und Kommunikation nimmt ab. In einem fortgeschrit-

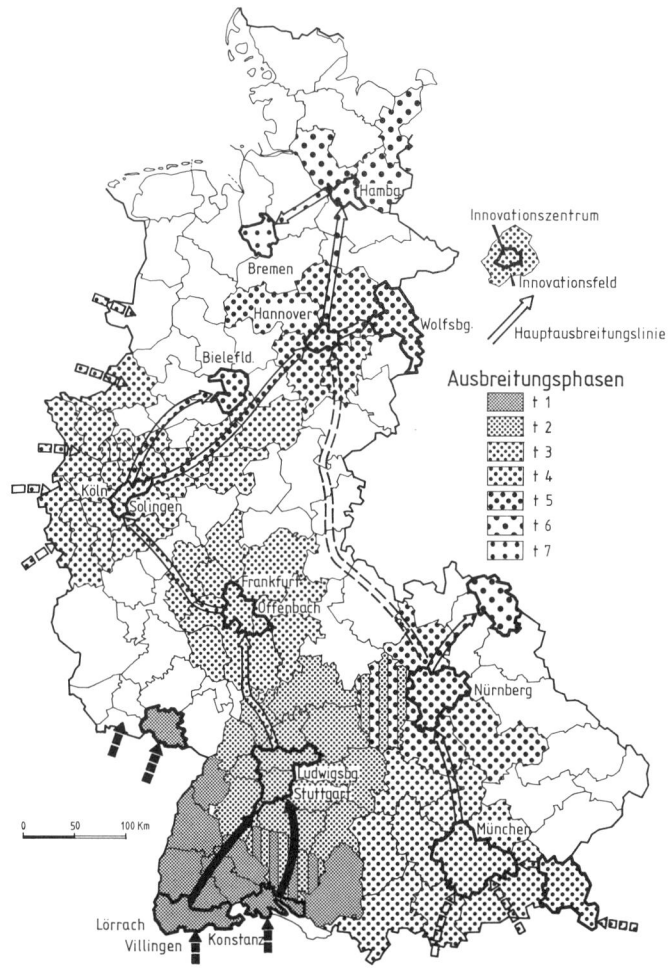

Abb. 24: Die Ausbreitung ausländischer Arbeitnehmer in der Bundesrepublik Deutschland (nach GIESE 1978)

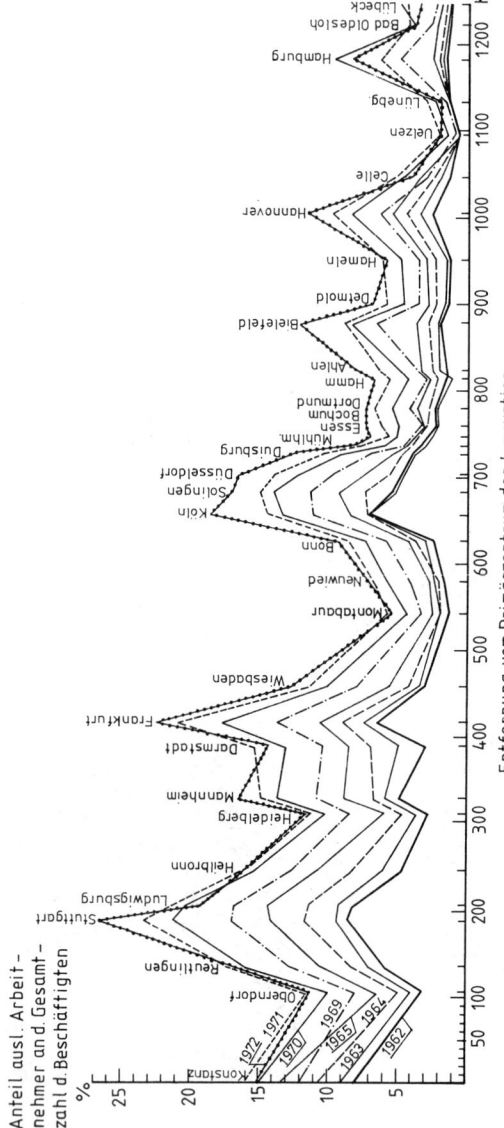

Abb. 25: Anteil der beschäftigten ausländischen Arbeitnehmer an der Gesamtzahl der abhängig Erwerbstätigen für Arbeitsamts-bezirke entlang eines Süd-Nord-Profils durch die Bundesrepublik Deutschland (1962–1972) (nach GIESE 1978)

tenen Stadium verlieren die wirtschaftlichen Steuerungsfaktoren wieder an Bedeutung, nun gewinnt die zeitliche Persistenz zunehmend an Gewicht.

Die Studie von GIESE kombiniert unterschiedliche Fragestellungen und Methoden der geographischen Innovations- und Diffusionsforschung. Herauszustellen ist, daß hier kein Sachobjekt, sondern eine Einstellung hinsichtlich ihrer raum-zeitlichen Diffusion analysiert wird. Wenngleich es dem Autor gut gelingt, den Diffusionsprozeß zu erfassen und in seinem räumlichen Verlauf zu rekonstruieren, stellt sich die Frage, ob die Erklärung bereits als zufriedenstellend angesehen werden kann. So geht GIESE z. B. nicht der Frage nach, ob der Diffusionsprozeß auch beeinflußt worden ist vom Herkunftsland der Gastarbeiter, der Qualifikationsnachfrage der Arbeitgeber, der sich in der Gesellschaft verändernden Einstellung bezüglich der Zuwanderung von Gastarbeitern, eingegangenen Rechtsverpflichtungen, der Erwerbsstruktur und der Art der Industrie in den einzelnen Arbeitsamtsbezirken, um nur einige weitere Steuerungsfaktoren anzudeuten. Hier könnte sicherlich noch eine detailliertere Erklärung gefunden werden, wenngleich zugestanden werden soll, daß auf der Ebene der Bundesrepublik Deutschland die Berücksichtigung aller Faktoren sicherlich Datenprobleme hervorgerufen hätte. Die Studie bleibt entsprechend der Tradition in der deutschen Innovations- und Diffusionsforschung noch überwiegend auf die Erfassung und Erklärung des formalen Aspektes von Diffusionsprozessen ausgerichtet. Obwohl die Arbeiten von BROWN zitiert werden, sind sie in den empirischen Teil der Untersuchung kaum integriert worden.

5.5. Die Ausbreitung der Käfighaltung von Hühnern in Südoldenburg (WINDHORST 1979)

Ziel der Studie war es in erster Linie herauszuarbeiten:
– welche Möglichkeiten für die sozialgeographische Analyse raumzeitlicher Diffusionsprozesse aus einer stärkeren Berücksichtigung der Adoptorkategorien von Innovationen erwachsen, und

– wie die Veränderung einer Innovation während des Diffusionsprozesses diesen beeinflußt.

Es wird davon ausgegangen, daß sich die Ausbreitung einer Innovation nach den Gesetzen der Informationsausbreitung vollzieht.
Damit kann das Diffusionsgebiet als Interaktionsraum bezeichnet
werden. Dessen Struktur kann charakterisiert werden durch die
darin lebenden Adoptoren, ihre räumliche Verteilung, durch Art
und Dichte der Informationsbahnen, Art und Häufigkeit der Informationsübermittlung sowie die Ausbreitungsgeschwindigkeit der
Informationen. Die Adoptorkategorien werden durch Aufnahme
einer Innovation mit raumbeeinflussendem Charakter zu verschiedenen Zeitpunkten und mit unterschiedlicher Durchsetzungskraft
raumverändernd wirksam. Durch Parallelisierung der Diffusionsphasen mit den Adoptorkategorien kann die Anbindung des raum-
zeitlichen Diffusionsprozesses an die soziologischen Verhaltensgruppen vollzogen werden (vgl. Kap. 4.1 und Abb. 6).

Nach einem kurzen Abriß des sozioökonomischen Wandels in
der Agrarwirtschaft Südoldenburgs, der erklärt, weshalb es zu der
ungewöhnlichen Spezialisierung der Landwirtschaft gekommen ist,
wird die Invention, Adoption und Diffusion der Käfighaltung von
Hühnern analysiert. Die Invention erfolgte um 1960. Durch Koppelung einer automatischen Futterkette mit dem Haltungskäfig sowie
Vorrichtungen zur automatischen Kotentfernung und Eiersamm-
lung veränderte sich die Innovation beständig. Erst um 1970 lag sie
in der Endform vor. Die Modifizierung der Neuerung hatte weitreichende Auswirkungen auf die Annahme durch potentielle Adoptoren.

Um zu erklären, weshalb die Käfighaltung in der Lage war, innerhalb weniger Jahre die bis dahin vorherrschende Bodenhaltung zu
substituieren, wurde eine Analyse der sozioökonomischen Rahmenbedingungen (Kostenfrage, Marktsituation, Legeleistung der
Hühner, Kapitalverfügbarkeit bei potentiellen Adoptoren) vorgenommen (1979, S. 251–253).

Der Diffusionsprozeß selbst wurde dann in seiner zeitlichen und
räumlichen Dimension untersucht. Bei der Analyse des zeitlichen
Verlaufes gelang es, auf der Basis der detaillierten Buchführungsun-

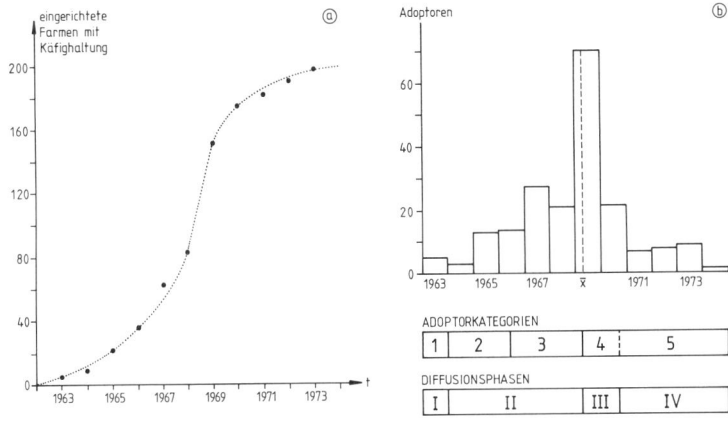

Abb. 26: *Der zeitliche Verlauf der Diffusion der Käfighaltung von Hühnern in Südoldenburg (1962–1974); (a) logistische Kurve, (b) Klassifizierung der Adoptorkategorien und Abgrenzung der Diffusionsphasen* (nach WIND-HORST 1979)

terlagen des Unternehmens, das die Käfige vertreibt, die einzelnen Adoptorkategorien genau zu charakterisieren und ihre Motive für die Aufnahme der Neuerung herauszuarbeiten. Dabei zeigte sich, daß die Veränderung der Innovation während des Diffusionsprozesses eine entscheidende Ursache dafür war, daß die Landwirte, die überwiegend die Innovatoren und frühen Adoptoren stellten, wegen des für den Bau von Großfarmen notwendigen Kapitals, über das sie nicht verfügen konnten, im späteren Diffusionsprozeß keine Rolle mehr spielten. Als Träger des Ausbreitungsprozesses fungierten dann nur noch anonyme Gesellschaften einer bestimmten Rechtsform (GmbH u. Co. KG), die sich das Kapital von Kommanditisten aus der gesamten Bundesrepublik Deutschland beschafften. Dieser angesprochene Wandel in der Trägerschaft hatte auch räumliche Konsequenzen, denn die Hühnerfarmen wurden aus Gründen der Geruchsbelästigung, der Grundstückspreise sowie der kostengünstigen Beseitigung der Abfallstoffe (in erster Linie Gülle) an den Rand der Gemarkungen verlegt. Weitreichende Veränderungen in

143

der Infrastruktur waren die Folge der schnellen Ausweitung der Käfighaltung (Straßenbau zu den Farmen, Ausbau des Stromnetzes, Bau von Kläranlagen, Erhöhung der Zahl der Tierärzte, Ausbau des Bankwesens, Einrichtung von Verkaufsagenturen für Eier, Ausbau von Geflügelschlachtereien, Futtermittelwerken und Tiermehlfabriken, etc.). Erst die Bereitstellung dieser Infrastruktur ermöglichte die sich entwickelnden agrarindustriellen Produktionsformen.

Der Diffusionsprozeß setzte sehr plötzlich aus. Folgende Gründe waren dafür maßgebend:
- Preiseinbrüche auf dem übersättigten Eiermarkt der EG,
- gesetzliche Eingriffe bezüglich der Möglichkeit der Verlustvorträge durch nichtlandwirtschaftliche Kapitalgeber,
- Veränderung in der Besteuerung bei nicht ausreichender landwirtschaftlicher Nutzfläche in Relation zum Tierbestand,
- verlangter Nachweis von Nutzflächen zur Gülleaufbringung vor Erteilung einer Baugenehmigung durch die Bauämter,
- Umweltprobleme (Geruchsbelästigung, Gefahr der Verschmutzung des Grundwassers, Seucheneinbrüche).

Das plötzliche Ende des Diffusionsprozesses erschwerte zwar die Klassifizierung der Adoptoren nach Adoptorkategorien, dennoch erwies sich der Ansatz als sehr sinnvoll, weil es gelang, die ablaufenden räumlichen Prozesse an spezifische soziologische Verhaltensgruppen anzubinden und den Diffusionsprozeß in deutlich unterscheidbare Phasen zu gliedern.

Der räumliche Diffusionsprozeß ließ die wellenförmige Ausbreitung deutlich werden (Abb. 27). Die Informationsübertragung erfolgte im wesentlichen durch persönliche Kontakte, dazu kamen weitere Informationen auf gemeinsamen USA-Reisen, die von den in Südoldenburg ansässigen Vermarktungsunternehmen für Käfige organisiert wurden, Messebesuchen und Veranstaltungen, die die Hybridzuchtunternehmer und Käfighersteller durchführten. Für die schnelle Ausbreitung der Innovation war sicherlich auch von Bedeutung, daß der Direktor der Firma, die die Käfiganlagen vertrieb, einer lange Zeit in Südoldenburg ansässigen Familie entstammt, also dem sozialen System der potentiellen Adoptoren zuzurechnen ist.

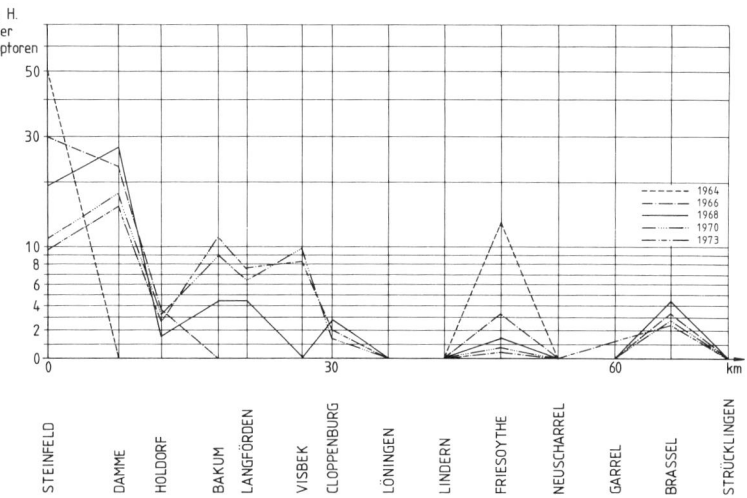

Abb. 27: Profile der Diffusionswellen bei der Ausbreitung der Käfighaltung von Hühnern in Südoldenburg (nach WINDHORST 1979)

In einem weiteren Abschnitt (1979, S. 262–263) werden die sozialen und ökonomischen Auswirkungen der Diffusion der Innovation untersucht. Dabei werden die Veränderungen in der Agrarsozialstruktur, insbesondere der Erwerbstypen der landwirtschaftlichen Betriebe, herausgestellt. Die ökonomischen Wirkungen erstrecken sich auf die Entwicklung völlig neuer Organisationsformen in der agrarischen Produktion (horizontale und vertikale Integration, agrarindustrielle Formen), den Ausbau einer spezifischen Infrastruktur, Veränderungen im Anbauspektrum der Nutzpflanzen (Maisanbau) sowie einem markanten Wandel in der räumlichen Verteilung der Zentren der agrarischen Wertschöpfung innerhalb der Gemeinden. Darüber hinaus waren auch nicht zu unterschätzende Umweltprobleme die Folge.[7]

Die Untersuchung ist durch eine interdisziplinäre Orientierung in den Frageansätzen gekennzeichnet. So wird die von ROGERS (Agrarsoziologie) entwickelte Klassifizierung der Adoptoren aufgegriffen und hinsichtlich ihrer Anwendbarkeit geprüft. Daneben werden betriebs- und volkswirtschaftliche Ansätze mit in die Betrachtung einbezogen. Erkennbar ist auch, daß das von BROWN konzipierte *market and infrastructure model* entscheidende Auswirkungen auf das methodische Vorgehen gehabt hat.

Als Problemfelder einer durch die Fallstudie verdeutlichten Forschungsperspektive werden genannt (1979, S. 248):

– Geoökologische und sozioökonomische Bedingungen des Aufkommens von Innovationen.

– Räumliche Anordnung der Informationsbahnen, auf denen sich die Ausbreitung der Kenntnisse von spezifischen Innovationen vollzieht.

– Räumliche Verteilung der Adoptoren und Klassifizierung nach Adoptorkategorien.

– Räumliche Diffusion von Innovationen in sozialen Systemen in Abhängigkeit von den sozioökonomischen Voraussetzungen und geoökologischen Rahmenbedingungen, soweit diese Einfluß auf die Ausbreitung ausüben.

– Erfassung und Erklärung der Arealformen von Diffusionsprozessen in ihrer jeweiligen Lage- (geoökologische und sozioökonomische Bedingungen) und Distanzabhängigkeit (Distanz zum Innovationszentrum bei wellenförmiger bzw. zu einem Ort bestimmter Stufe bei hierarchischen Ausbreitungsprozessen).

– Erfassung und Erklärung der raumverändernden Wirkungen, die aus der Diffusion bestimmter Innovationen resultieren, d. h. der Veränderung sozioökonomischer räumlicher Systeme.

Diese Auflistung zeigt, daß die geographische Innovations- und Diffusionsforschung nicht auf die Analyse des abstrakten raum-zeitlichen Prozesses eingeschränkt wird, wie es HÄGERSTRAND konzipierte, sondern daß die Diffusion als ein Prozeß gesehen wird, der sozioökonomische räumliche Systeme verändert. Ein solcher Ansatz eröffnet der Sozialgeographie, die sich als Kräftelehre sozioökonomischer räumlicher Systeme versteht, weitreichende Möglichkeiten, die Dynamik solcher Systeme zu erfassen, zu erklären und als Modelle abzubilden. Damit erhält die geographische Innovations- und Diffusionsforschung eine ihr angemessene Stellung im Rahmen der Sozialgeographie.

Die Analyse der Beispiele hat gezeigt, daß gegenwärtig unterschiedliche Forschungsansätze praktiziert werden. Sie alle tragen dazu bei, den Wissensstand der Forscher zu vermehren, die sich mit der Ausbreitung von Neuerungen beschäftigen. Eine grundlegende Aufgabe in der Zukunft wird es sein, in Nachbardisziplinen vorliegende Ansätze und theoretische Konzeptionen mit in die geographische Betrachtung von Diffusionsprozessen einzubeziehen, um zu einer umfassenden Theorie zu gelangen, die in der Lage ist zu erklären, wie die Diffusion von Innovationen in sozioökonomischen räumlichen Systemen abläuft. Dazu liegen erfolgversprechende erste Ansätze vor, doch wird es nötig sein, eine größere Zahl realer Ausbreitungsprozesse zu untersuchen, um auf dieser Grundlage die Theorie zu verbessern.

ANMERKUNGEN

Zu Kapitel 2

[1] *Schöller* (1960) bezeichnet *Ratzels* Ansatz als „historisch-dynamische Kulturchorologie". Der dynamische Aspekt ist wohl nur in der Frage nach der Kulturwanderung bzw. -übertragung zu sehen. Den dabei verwendeten Mechanismen im Menschen selbst wird kaum Beachtung geschenkt. *Schöller* (S. 675) trifft sicherlich den Nachteil des *Ratzelschen* Ansatzes sehr genau, wenn er feststellt, daß er zu sehr „biologisch-organisch" ist und die „geistig-kulturellen" Kräfte nicht hinreichend berücksichtigt. Aus diesem Grunde konnte *Ratzel* auch keinen nachhaltigen Einfluß in der Kulturgeographie hinterlassen.

[2] Es heißt bei ihm auf S. 1: "He [der Geograph, d. Verf.] is interested in discovering related and different patterns of living as they are found over the world – culture areas. These patterns have interest and meaning as we learn how they came into being. The geographer, therefore, properly is engaged in charting the distribution over the earth of the arts and artifacts of man, to learn whence they came and how they spread, what their contexts are in cultural and physical environments."

[3] Vgl. dazu *Giese* (1978, S. 93) und die Ausführungen bei *Schöller* (1960, S. 673 ff.).

[4] Vgl. die Kritik der Kulturkreislehre bei *Schöller* (1960, S. 673).

[5] Vgl. dazu auch *Giese* (1978, S. 94) und *Brown* (1979, S. 20 ff.).

[6] *Brown* (1979, S. 23) stellt fest: "The relation between diffusion, the item being diffused, and the human landscape is therefore complex and subject to continual change. One result of this view is an emphasis upon describing these ever changing relationships, rather than upon understanding the specific processes by which the item moves from one location to another."

[7] Vgl. dazu *Pierenkemper* (1980, S. 257).

[8] Von Interesse in diesem Zusammenhang sind vor allem die S. 94–202, in der eine ausführliche Theorie der Innovation vorgelegt wird. Bezüglich der zyklischen Abfolge der Konjunktur finden sich viele Anlehnungen an *Kondratieff*.

⁹ *Kroeber* (1948, S. 411): "In other words, new culture is transmitted geographically as well as chronologically, in space as well as in time, by contagion as well as by repetition . . . When an invention passes from the inventor to other individuals, we call that its successful cultural acceptance."

¹⁰ *Malinowski* (1945, S. VII) versteht unter *culture change* einen Prozeß, bei dem sich die bestehende Ordnung der Gesellschaft mehr oder weniger schnell verändert. Dieser Wandel kann durch kulturelle Eigenentwicklung oder Kulturübertragung erfolgen. Den Vorgang der Übertragung nennt man *diffusion*.

¹¹ *Malinowski* bevorzugt für den Prozeß der Übertragung von Kulturelementen den Begriff *transculturation*.

¹² Vgl. dazu die Ausführungen bei *Brown* (1979, S. 23).

¹³ *Schöller* (1960, S. 683–685) hat verdeutlicht, wo eine zukünftige Kulturraumforschung ihre Schwerpunkte haben könnte: 1. in einer Kultursoziologie unserer sozialen Lebensräume und Landschaften, 2. in der Erfassung der spezifischen Raumdynamik (zielt etwa in Richtung auf eine geographische Innovations- und Diffusionsforschung, d. Verf.) und 3. in der Gliederung nach funktionalen Lebensräumen (im Sinne von Zentralitätsforschung, d. Verf.).

¹⁴ Die von *Hägerstrand* zitierten Werke aus dem Bereich der Geographie *(Kniffen)* oder Soziologie *(Pemberton; Ryan* u. *Gross)* sind wohl erst später, als das theoretische Konzept bereits stand, zur Absicherung bzw. zum Vergleich herangezogen worden.

¹⁵ Es überrascht, daß diese Beziehung *Hägerstrands* zur schwedischen Volkskunde kaum erwähnt wird, viel häufiger wird er in Verbindung gebracht zu amerikanischen Soziologen bzw. „quantifizierenden" Geographen. Beide Forschungsrichtungen haben aber ganz offensichtlich sehr wenig zur Konzipierung seiner Modellvorstellungen beigetragen.

¹⁶ Vgl. zu diesen Ausführungen das Nachwort von *A. Pred* zu *Hägerstrands* Dissertation (1967, S. 304).

¹⁷ Als Beispiel mag hier der Satz von *Matter* (1978, S. 45) aufgeführt sein, in dem er feststellt: „Somit erscheint Hägerstrand außer erstaunlich treffenden Kurvenbildern nicht viel zu bringen, was helfen kann, grundsätzliche Fragen zu klären." Dies scheint mir ein besonders gutes Beispiel für das „Das-Ei-des-Kolumbus-Phänomen" zu sein, wie ich es nennen möchte.

¹⁸ Das Informations- oder Kontaktfeld (5 × 5 Zellen mit einer zentralen Zelle als Sender) ist von *Hägerstrand* für sein Untersuchungsgebiet auf der Basis der geführten Telefongespräche und des Wanderungsverhaltens der

Bevölkerung bestimmt worden (vgl. dazu im Detail: *Hägerstrand* 1967, S. 165 ff.).

[19] *Hägerstrand* war nicht der erste Wissenschaftler, der diese empirischen Regelhaftigkeiten erkannte, vgl. z. B. zur S-Kurve *Ryan* und *Gross* (1943), zum hierarchischen Effekt die Arbeit von *Bowers* (1937) und zum Nachbarschaftseffekt *McVoy* (1940). Diese Arbeiten waren ihm allesamt bekannt und werden auch in seiner Dissertation von 1953 erwähnt. Er hat diese Erkenntnisse m. W. aber zuerst in die geographische Analyse von Innovationsausbreitungen eingebracht.

[20] Vgl. dazu *Gould* 1969, *Brown* u. *Moore* 1969, *Brown* 1979.

[21] *Hägerstrands* Modell übte auch außerhalb der Geographie entscheidenden Einfluß auf Diffusionsstudien aus, z. B. in der Stadtplanung oder der Soziologie.

[22] *Morrill* (1968, 1970) hat sich daneben sehr intensiv mit der wellenförmigen Ausbreitung auseinandergesetzt, Ergebnisse seiner Studien zeigen sich insbesondere in den Arbeiten von *Bahrenberg* u. *Łoboda* (1973) und *Giese* (1978).

[23] Briefl. Mitteilung an den Verf. vom 27. 8. 1980.

[24] Laut briefl. Mitteilung vom 24. 9. 1980. *Wirth* waren die Ansätze von *Hägerstrand* jedoch bereits gegen Ende der fünfziger Jahre in Hamburg bekanntgeworden, er ist, wie er selbst mitteilt, auch von den Untersuchungen der Bonner Schule zur Kulturraum- und Volksforschung (über *Otremba*) sowie von *A. Bach* (1953, 1954, 1960) beeinflußt worden.

[25] Laut briefl. Mitteilung vom 1. 9. 1980.

[26] Er verwendet dafür den Begriff „Innovationsinversion" (1968, S. 86 ff.).

[27] Bemerkenswert ist, daß hier die Adoption von Innovationen und deren Ausbreitung in Beziehung gesetzt werden zu religiösen Gruppen, die als Träger des Diffusionsprozesses angesehen werden können. Das erhobene Datenmaterial reichte offensichtlich nicht aus, um zu einer Phasengliederung zu gelangen bzw. Diffusionsprofile zu erstellen.

[28] Laut briefl. Mitteilung vom 26. 9. 80.

[29] Laut briefl. Mitteilung vom 25. 9. 80.

[30] Er wurde 1965 in Krakau auf dem Europakongreß der Regional Science Association gehalten. *Bartels* hat den Aufsatz dann in deutscher Fassung in seinen Reader zur Wirtschafts- und Sozialgeographie (Köln 1970, S. 367–379) aufgenommen.

[31] Sowohl *Borcherdt* als auch *Meffert* nennen entsprechende Reaktionen als wesentliche Ursache dafür, daß sie sich in der Folgezeit nur noch wenig

mit eigenen empirischen Erhebungen bzw. theoretischen Erörterungen zu diesem Forschungsansatz beschäftigt haben.

³² Ein Blick auf das Literaturverzeichnis zeigt, daß die grundlegenden Arbeiten offensichtlich gar nicht bekannt waren. Vgl. dazu auch die Kritik von *Wirth* (1977, S. 175).

³³ *Hirshmans* Vorstellungen schließen sich an die von *Schumpeter* entwickelten Gedanken an.

³⁴ Diesem Thema sind die Untersuchungen von *Hobsbawm* (1968) und *Landes* (1969) gewidmet.

³⁵ *Albrecht* ist (laut briefl. Mitteilung vom 1. 9. 1980) im Jahre 1962 erstmals mit diesen Fragestellungen konfrontiert worden. Beeinflußt wurde er vor allem von *Rogers, Havens* und *Wilkening*. Seine Arbeitsrichtung ist, wie auch die von *Rogers* und seinen Mitarbeitern, stark anwendungsorientiert bzgl. der Effektivität der landwirtschaftlichen Beratung.

³⁶ *Rogers* (1962, S. 159 ff.) unterscheidet zwischen *innovators, early adoptors, early majority, late majority, laggards*. Diese Klassifizierung ist von *Windhorst* (1974, S. 276) mit den Phasen des Diffusionsprozesses parallelisiert worden.

³⁷ Vf. hatte Gelegenheit, im Sommer 1978 einige Zeit in Columbus bei *L. Brown* zu verbringen. Für seine ausführlichen Hinweise zur Entwicklung der Innovations- und Diffusionsforschung in den USA ist er ihm ebenso zu Dank verpflichtet wie für die vielen Antworten auf briefliche Anfragen zu Einzelproblemen.

³⁸ Er verwendet die Termini *relocation type diffusion* und *expansion type diffusion*.

³⁹ Vgl. hierzu *Rogers* (1976, S. 7), der den Übergang von einer anfangs positiven Beurteilung der Rolle von Innovationen zu einer gegenwärtig eher skeptischen Haltung treffend charakterisiert.

⁴⁰ Der Aufsatz von *Hägerstrand* ist offensichtlich in der deutschen Wirtschafts- und Sozialgeographie kaum bekannt, vielleicht deshalb, weil er in einer volkskundlichen Zeitschrift publiziert wurde.

⁴¹ Vgl. hierzu die Konzeption der Diffusionsstudien von *Windhorst* 1975 und 1979.

⁴² Bemerkenswert ist, daß *Pred*, der bereits hinsichtlich der Verbreitung der Dissertation *Hägerstrands* in den USA eine wichtige Rolle gespielt hat, die neue Konzeption ebenfalls aufgreift und in dem genannten Aufsatz weiterentwickelt.

⁴³ *Carlstein* (1978, S. 158–159) schreibt dazu: "Many innovation processes are both in part and in total adaptive responses to ecological predica-

ments. This is the case with the response to population growth in terms of agricultural intensification, to take one major instance. . . . Whatever the case, innovation processes should be related to the use of resources and to the natural and cultural environment in which human projects and activities are carried out."

[44] *Carlstein* (1978, S. 160) spricht in diesem Zusammenhang von *exnovations*, er versteht darunter "the new ways by which old elements disappear".

[45] *Giese* ist (briefl. Mitteilung vom 6. 10. 1980) zu seinen Arbeiten einmal angeregt worden von seinem Lehrer *Müller-Wille*, wobei die Tradition der Kulturraumforschung eine wichtige Rolle spielte, dann hinsichtlich der modelltheoretischen Vorstellungen vor allem von *Bartels* und *Bahrenberg*.

[46] Das theoretische Konzept und die sich anschließende Fallstudie zeigen, daß eine Reihe der Forderungen, die von *Hägerstrand* (1974) und *Carlstein* (1978) erhoben worden sind, hier bereits erfüllt sind, wenngleich der Knappheit von Zeit und Raum noch nicht die notwendige Aufmerksamkeit geschenkt wurde. Verf. ist jedoch aufgrund seiner Raumkenntnis der Ansicht, daß die Anwendung einiger grundlegender Gedanken der *time geography* zu einer noch besseren Erklärung des Diffusionsprozesses führen würde.

[47] *Windhorst* (1975, S. 55–73) zeigt auf, daß erst die Ausweitung der Großbestandshaltung mit dem hohen Aufkommen von Flüssigmist den Maisanbau auf Sandböden ermöglicht hat. Die höheren Getreide- und Maiserträge haben wiederum eine Erhöhung der Tierzahlen nach sich gezogen, so daß dieser Prozeß sich durch eine ganz spezifische Eigendynamik auszeichnet.

[48] *Lasuén* geht davon aus, daß enge Beziehungen zwischen wirtschaftlichem Wachstum und der Urbanisierung bestehen. In diesem Zusammenhang kommt den Wachstumspolen *(growth poles)* eine besondere Bedeutung zu. Der Ablauf der Wirtschaftsentwicklung und die räumliche Verteilung der Städte sind Ausdruck des raum-zeitlichen Diffusionsprozesses von Innovationen. Derartige Prozesse folgen in Industriegesellschaften in immer kürzeren Phasen aufeinander und bewirken ein kumulatives Anwachsen der Wachstumspole. *Lasuén* (1973, S. 177 ff.) geht folgenden Fragen nach: 1. In welcher Weise bestimmt eine gegenwärtig bestehende Inwertsetzung eines Raumes das zukünftige Aufkommen und die Ausbreitung von Innovationen? und 2. welche Wirkungen gehen von Diffusionsprozessen auf die zukünftige Nutzung eines Raumes aus?

Eine Sammlung grundlegender geographischer Beiträge zur Rolle der Diffusion von Innovationen in Abhängigkeit von politischen Entscheidungen findet sich in dem von *Agnew* (1980) herausgegebenen Sammelband.

Zu Kapitel 3

[1] Es wird Bezug genommen zu den entsprechenden deutschsprachigen Arbeiten von *Kuhn* (1973, 1978) sowie auf die detaillierte Analyse seines Ansatzes durch *Stegmüller* (1973, S. 153 ff.). Hierbei ist zu bedenken, daß *Kuhn* die Gedanken in Verbindung mit der Entwicklung der Naturwissenschaften, insbesondere der Physik, geäußert hat und auch *Stegmüller* seine Beispiele im wesentlichen aus diesen Disziplinen wählt, dennoch scheint es gerechtfertigt, die grundlegenden Gedanken auch auf sozialwissenschaftliche Disziplinen zu übertragen.

Vgl. zur Rolle des *Kuhn*schen Ansatzes in der Geographie auch *Berry* (1978), vor allem seine Einführung zu dem Band, die überschrieben ist "A Kuhnian Perspective", u. *Johnston* 1979, S. 5–27.

[2] Neue Überlegungen zum Begriff des Paradigmas (S. 389–420); zuerst in englischer Sprache in: *Suppe, F.* (Hrsg.): The Structure of Scientific Theories. Urbana, Ill. 1974, S. 459–482.

[3] *Stegmüller* verwendet vielfach die Bezeichnung Theorie, wo *Kuhn* von Paradigma spricht.

[4] Auf den Unterschied der Auffassungen von *Kuhn* und *Popper* (1973) zum wissenschaftlichen Fortschritt kann hier nicht detailliert eingegangen werden. Der Hauptunterschied liegt nach *Stegmüller* (1973, S. 286) wohl darin, daß *Popper* das Ziel des wissenschaftlichen Fortschritts in einer zunehmenden *Wahrheitsähnlichkeit* (Variante des teleologischen Fortschrittgedankens) bezüglich der „vollständigen, objektiven und allein richtigen Deutung und Erklärung der Natur" sieht, *Kuhn* hingegen diese Zielgerichtetheit der Wissenschaft bestreitet. Im Ersetzen einer Theorie (oder eines Paradigmas im Sinne von *Kuhn*) durch eine andere, also im Auffüllen einer Erkenntnislücke, ist seiner Ansicht nach noch nicht unbedingt eine Zielgerichtetheit der Wissenschaft zu erkennen (vgl. insbesondere *Kuhn* 1973, S. 210–227).

[5] Es ist das Verdienst von *Kuhn,* deutlich gemacht zu haben, daß eine Theorie nicht durch Widerlegung zugrunde geht (was *Popper* noch postuliert hatte), sondern dadurch, daß sie durch eine Theorie mit einer größeren Erfolgsaussicht verdrängt wird, oder dadurch, daß die Anhänger einer alten Theorie allmählich aussterben.

[6] Vgl. dazu die weiteren Ausführungen bei *Stegmüller* (1979, S. 121), der dies als einen immanenten Fortschrittsbegriff bezeichnet: „Wo *echter* Fortschritt vorliegt, sind Faktoren wie Überredung und Propaganda *provisorisch* bestimmend dafür, daß sich der Glaube an die neue Theorie

als an eine fortschrittliche Theorie verbreitet. Dieser Fortschrittsglaube muß natürlich in der Zukunft *eingelöst* werden, und dies geschieht dadurch, daß der zunächst bloß bruchstückhafte und mehr angekündigte als nachgewiesene Erfolg zu einem *wirklichen* Erfolg bei der Problembewältigung wird."

[7] *Wirth* (1979, S. 28 ff.) zieht den Begriff der Kulturgeographie vor. Wir verwenden diesen Begriff hier jedoch nicht, weil die Gefahr nicht auszuschließen ist, daß man ihn im Sinne *Uhligs* (1970) als auf die Bedeutung von „Kulturlandschaftsgeographie" verengt verstehen würde.

[8] Es mag hier darauf hingewiesen werden, daß eine Reihe von Grundannahmen der *time geography* hier bereits vorgedacht wurden, vgl. z. B. *Hägerstrand* 1974, *Carlstein* 1978, *Pred* 1978.

[9] Vgl. hierzu *Hettner* (1927, S. 144), der die enge Verbindung zwischen Geographie, Völkerkunde und Anthropologie in der frühen Phase der Disziplingeschichte herausstellt und diese aus der unmittelbaren Beobachtung auf Reisen in fremden Ländern begründet. Die genannten Wissenschaften berufen sich gleichermaßen auf diese Beobachtungen und Reisebeschreibungen.

[10] *Ratzel* faßt den Begriff *Boden* weiter als die heutige Terminologie (vgl. 1899, Bd. 1, S. 66–77). Es ist sowohl die Staatsfläche, die Nutzfläche eines landwirtschaftlichen Betriebes als auch der Boden im heutigen Sinne. Teilweise verwendet er den Begriff auch umfassend für „Umwelt" im Sinne von „natürlichem Potential".

[11] Ein weiteres Eingehen auf die Theorie *Ratzels* ist hier nicht möglich, es sei aber auf die Ausführungen zu *Ratzels* raumwissenschaftlichem Ansatz bei *Bahrenberg* (1972) und *Eisel* (1980) verwiesen.

[12] Vgl. dazu beispielsweise *Bürger* (1935, S. 114): „Die Geographie ist in der Tat eine einheitliche Wissenschaft, steht doch ihr ganzes Schaffen unter einem einzigen Begriffe, dem Begriffe der Landschaft." Oder *Paffen* (1973, S. IX): „Die Wissenschaftsgeschichte der Geographie dieses Jahrhunderts, insbesondere der deutschsprachigen, ist ganz wesentlich geprägt durch das Ringen um ein eigenes Verständnis der ‚Landschaft' als eines die Einheit der Geographie gewährleistenden zentralen Forschungsobjektes."

[13] Es sei dazu auf die Arbeiten von *Bartels* (1968a), *Hard* (1970, 1973), *Paffen* (1973), *Schmithüsen* (1976), *Wirth* (1979) und *Eisel* (1980) verwiesen. Während *Paffen* und *Schmithüsen* als typische Vertreter des landschaftskundlichen Paradigmas angesehen werden können, zeigt sich in den Arbeiten von *Bartels*, *Eisel* und *Hard* das Unsicherheitsgefühl der Wissenschaftler gegenüber diesem Paradigma. *Bartels* kündigt mit seiner wissenschaftstheoreti-

schen Arbeit den Paradigmenwechsel an und begründet seine Notwendigkeit.

[14] *Creutzburg* (1928) hat in einem Aufsatz über den Werdegang von Kulturlandschaften bereits klar zwischen einer chorologischen (= Vergleich einzelner Landschaften in einer bestimmten Kulturepoche) und einer historischen Methode (= Rekonstruktion der Bilder verschiedener Entwicklungsstände) getrennt. Die historische Betrachtung hat es vorrangig mit der Veränderung kultureller Elemente zu tun, die nicht zuletzt durch Wanderungsbewegungen hervorgerufen werden.

[15] Ausdruck dieser theoretischen Präzisierung sind z. B. die Arbeiten von *Bobek* und *Schmithüsen* (1949), *Bobek* (1957) sowie *Uhlig* (1956).

[16] Eine kritische Analyse dieser Phase findet sich bei *Eisel* (1980, S. 147 ff.).

[17] Das Buch bestätigt die Meinung *Kuhns*, daß sich eine neue Theorie nicht dadurch gegenüber einer alten durchsetzen kann, daß sie die Anhänger einer alten Theorie überzeugt. Obwohl bis zum Erscheinen der Arbeit von *Schmithüsen* die Konzeption *Hägerstrands* weithin bekannt war, werden seine Arbeiten nicht zur Kenntnis genommen, aus dem deutschen Sprachraum findet man allein *Borcherdt* zitiert. Mit dieser Feststellung soll keine Abwertung des theoretischen Konzeptes bei *Schmithüsen* ausgedrückt, sondern einfach ein Faktum konstatiert werden.

[18] Auf die Entwicklung der amerikanischen Kulturgeographie nach 1960 (diese Marke wird gewählt, weil sich *Hägerstrand* 1959 an der Univ. of Washington in Seattle aufgehalten hat und von diesem Zeitpunkt an seine Wirkung auf die Innovations- und Diffusionsforschung bedeutend wird) ist später (vgl. Kap. 3.4) zurückzukommen.

[19] Vgl. dazu *Preds* Nachwort zu seiner Übersetzung der Dissertation *Hägerstrands* (1967, S. 302 ff.).

[20] Hier sind z. B. zu nennen: *Palander, T.:* Beiträge zur Standortstheorie. Uppsala 1935; *Ohlin, B.:* Interregional and International Trade. Cambridge 1933; *De Geer, S.:* Befolknings fordelning på Gotland. In: Ymer 28 (1908), S. 240–253; ders.: Befolknings fordelning i Sverige. Stockholm 1919.

[21] Im Jahre 1881 wurde die *Svenska Sällskapet för Antropologi och Geografi* gegründet, die in der von ihr begründeten Zeitschrift *Ymer* diese engen Beziehungen sehr klar erkennen läßt.

[22] Der Beitrag wurde 1950 in schwedischer Sprache verfaßt (Omflyttningen och uppkomsten av kulturregioner = Migration und die Entstehung von Kulturregionen), aber erst 1951 in dem von *Enequist* herausgegebenen Band *Tätorter och Omland* publiziert.

156

23 Die Zitate werden einmal der besseren Verständlichkeit wegen aus der Übersetzung von *Pred* aus dem Jahre 1967 entnommen, zum anderen, weil die Arbeit erst in dieser Fassung einem breiten Forscherkreis bekanntgeworden ist.

24 Er verweist z. B. auf Arbeiten von: *Wik, H.:* Norra Sveriges sågverksindustri från 1800 – talets mitt fram till 1937. In: Geographica 21. Stockholm 1950; *Godlund, S.:* Ein Innovationsverlauf in Europa, dargestellt in einer vorläufigen Untersuchung über die Ausbreitung der Eisenbahninnovation. In: Lund Studies in Geography, Ser. B. No. 6. Lund 1952.

25 Vgl. Kapitel 2.

26 Auf eine Kritik der Abstraktion von der Raumsituation soll an dieser Stelle verzichtet werden, da bei der Modellkritik darauf zurückzukommen sein wird (vgl. Abschnitt 4.3).

27 Staatliche Subventionen zur Weideverbesserung, Tuberkulose-Schutzimpfung bei Rindern, Bodenkartierung, Postscheckdienst, Auto, Telephon.

28 *Hägerstrand* (1967, S. 165) bezeichnet das Areal, in dem ein Individuum seine Informationen verteilt, als *private information field* der entsprechenden Person.

29 Bei der Beurteilung dieses Konzeptes ist zu berücksichtigen, daß *Hägerstrand* (1967, S. 264–266) sich wohl darüber klar war, daß neben der persönlichen Information auch Massenmedien oder die visuelle Anschauung zu einer Diffusion von Innovationen beitragen können. Er berücksichtigt diese Faktoren aber nicht in seinem Modell, ebensowenig die Tatsache, daß die Annahme einer homogenen Ausbreitungsfläche bzgl. der natürlichen Ausstattung wenig realistisch ist. Diese Aspekte werden erst in seinen Arbeiten aus dem Jahre 1965 mit in die Betrachtung einbezogen (zu beachten ist dabei, daß die Dissertation in schwedischer Sprache im Jahre 1953 erschien). *Hägerstrand* schreibt (1967, S. 265): "As in Model II, Model III treats only that private information originating from persons who have already accepted the fictional innovation, . . . Thus, not only is public information disregarded, but also rumors which can rapidly spread over wide areas when and if the interest in forwarding message content is maintained."

30 *Hägerstrand* war sich übrigens dieser Tatsache sehr wohl bewußt (1965, S. 30): "It is reasonable to believe that the private information fields of individuals can be classified into special types, each with its own characteristic pattern of contact probabilities."

31 Auf die Diskussion der Begriffe *Fortschritt* und *Umwälzung* kann hier nicht in Einzelheiten eingegangen werden, es sei auf *Stegmüller* (1973, S. 244 ff.) verwiesen.

[32] Auf die Arbeiten von *Yapa, Brown* u. a. zur Rolle der Diffusion bei Entwicklungsprozessen wird hier nicht eingegangen, da noch kein abschließendes theoretisches Konzept vorgelegt wurde. Die über die Analyse von Diffusionsprozessen hinausgehenden Ansätze von *Nipper* und *Streit* (1977, 1978) werden hier ebenfalls nicht näher behandelt, weil sie von *Streit* bislang überwiegend auf physiogeographische Prozesse angewendet wurden, eine Ausnahme bildet allerdings die Untersuchung von *Giese* und *Nipper* (1979).

[33] Die folgenden Ausführungen gehen zurück auf Gespräche, die der Verf. im Sommer 1978 mit *L. Brown* in Columbus führen konnte, sowie auf den sich daran anschließenden intensiven Briefkontakt.

[34] Vgl. hierzu die weitergehenden Ausführungen bei *Brown, Malecki* u. *Spector* (1976). In einer anderen Untersuchung wird von *Brown* u. *Cox* (1971) der Frage nachgegangen, ob die von *Hägerstrand* genannten Regelhaftigkeiten (S-Kurve, Nachbarschafts- und Hierarchieeffekt) wirklich für die überwiegende Zahl von Diffusionsprozessen zutreffen.

[35] Dieser Wandel wird besonders deutlich, wenn man die Zusammenfassung von *Brown* und *Moore* (1969) mit den ersten Kapiteln der Monographie von *Brown* aus dem Jahre 1979 vergleicht. Die soziale Komponente und die Anwendungsorientiertheit in der amerikanischen Wirtschafts- und Sozialgeographie zeigt sich besonders deutlich in den Arbeiten von *Harvey* 1974, *Taaffe* 1974 und *King* 1976.

[36] *Hägerstrand* (1967) hatte zwischen der lokalen, regionalen und internationalen Ebene der Diffusion unterschieden, regionale Ebene bedeutet dabei: zentraler Ort mit ihm zugeordneten Orten geringerer Rangstufe.

[37] Ähnliche Anomalien führten auch zur Konkretisierung des Ansatzes in der Entwicklungsperspektive. Bei *Brown* (1978, S. 22) heißt es: ". . . a response to the fact that the diffusion of technological innovations has not led to significant economic development in Third World nations but, instead, has tended to increase regional inequalities and widen the disparities between social and economic classes."

[38] Dies kann z. B. sein: Elektrizitätsversorgung, Zugänglichkeit für Transportfahrzeuge, Banken, Netz von Veterinärmedizinern etc.

[39] Sie werden auch bei *Brown* nur aus Gründen der leichteren Verdeutlichung in zeitlicher Reihenfolge aufgelistet, in der Realität muß diese Abfolge nicht immer auftreten. So ist z. B. denkbar, daß eine Innovation über bereits vorhandene Diffusionsagenturen vertrieben wird, während diese in einem anderen Gebiet erst noch eingerichtet werden müssen.

[40] Z. B. Lagerung von Waren, Haltbarmachung, Verarbeitung, Kontrolle, Ausbildung von Angestellten.

[41] Zu denken ist z. B. an einen distanzabhängigen Preis (Distanz zur Diffusions-Agentur) oder einheitlichen Preis; je nach der Transportkosten-tragfähigkeit der Innovation würden sich sehr unterschiedliche Verbreitungsmuster ergeben.

[42] Hierbei geht es um die Einteilung potentieller Adoptoren in möglichst homogene Untergruppen, um diese gezielt ansprechen zu können.

[43] Zu denken ist z. B. an ein *shopping centre*, das im Rahmen der Verbreitung von neuen Produkten eine entscheidende Funktion erhält, selbst aber auch eine Innovation darstellt (vgl. *Cohen* 1972). *Brown* (1979, S. 73) ist sich darüber im klaren, daß das von ihm entwickelte Modell nur eine begrenzte Anwendbarkeit auf spezifische Innovationen zuläßt. In einigen Studien konnte jedoch gezeigt werden, daß der methodologische Rahmen auch für nicht profitorientierte Innovationen Gültigkeit besitzt (z. B. *Brown* u. *Philliber* 1977).

[44] Vgl. dazu die ausführlichen Darlegungen *Browns* zum Forschungs-ansatz der Wirtschaftsgeschichte (1979, S. 263–292).

[45] *Brown* (1979, S. 432 ff.) setzt sich eingehend mit den Möglichkeiten der Anwendung der Ergebnisse der geographischen Innovations- und Diffusionsforschung auseinander, wobei er eine sehr detaillierte Kritik der bisherigen Planungspraxis auf der Grundlage des soziologischen Adoptionsmodells (z. B. von *Rogers* u. *Shoemaker* 1971) vornimmt.

[46] Sie erschien unter dem Titel ›Innovation Diffusion: A New Perspective‹ 1981 bei Methuen in London. Die Publikation lag bei Abschluß des Manuskriptes noch nicht vor, so daß die Zitate sich auf den Text beziehen, der in No. 60 der ›Studies in the Diffusion of Innovation‹ (Columbus 1979) erschienen ist.

Zu Kapitel 4

[1] Vgl. dazu die ausführliche Diskussion bei *Brown* u. *Cox* (1971) oder *Rogers* u. *Shoemaker* (1971, S. 176 ff.).

[2] Vgl. z. B. *Gould* (1969) oder *Haggett, Cliff* u. *Frey* (1977, S. 238–239). Hinzuweisen ist auf die von *Hudson* (1969) und *Cliff* u. *Ord* (1975) angemeldeten Einwände gegen die Parallelisierung von logistischer Kurve und Nachbarschaftseffekt, die sich durch Ableitung der Gleichung für die logistische Kurve ergibt. Wenn P_t den Anteil der Bevölkerung angibt, der die Innovation zu einem Zeitpunkt t angenommen hat und $(1-P_t)$ den Teil der Bevölkerung, der noch für eine Adoption zur Verfügung steht, drückt das Produkt $P_t(1-P_t)$ die Wahrscheinlichkeit des Zusammentreffens zweier Personen der

beiden Bevölkerungsteile aus. Da der Parameter b völlig unabhängig ist von der Distanz, die zwischen den beiden Personen liegt, ist ein distanzabhängiger Ausbreitungsprozeß *nicht* aus der Formel abzuleiten.

[3] Vgl. dazu beispielsweise *Griliches* 1957, *Mansfield* 1961, *Rogers* 1962.

[4] Dies Verfahren ist eingehend beschrieben in *Hultquist, Holmes* u. *Brown* 1971, *Brown* u. *Holmes* 1971. Durch Berechnung der Form einer Ellipse und der Lageabweichung ihrer senkrechten Achse von der N-S-Richtung gelangen sie zu einer Kennzeichnung der Lokalisation der Adoptoren und zu einem Vergleich der räumlichen Verteilung der Adoptorkategorien.

[5] Andere Bezeichnungen sind beispielsweise: *contagious diffusion, measle-typ diffusion*. Von der Expansionsdiffusion ist die Relokationsdiffusion (oder relokative Diffusion) zu unterscheiden, bei der die Adoptoren ihren Standort verlagern.

[6] In gleicher Weise ist auch die unmittelbare Anschauung als Informationsquelle denkbar.

[7] Zur Begründung dieses Vorgehens führt *Hägerstrand* an (1967, S. 191–192): "In comparison with all other conceivable sources – birthplace and migration data, highway traffic counts, information on customer distribution, travel statistics, etc. – it is evident that these telephone traffic statistics provide access to data for the study of centered regions which are unsurpassed in their richness of detail and completeness. The primary advantage of telephone-call statistics, at least in terms of this study, is that one need not be limited to the observation of information field conditions around a few places, but instead one can study such relations with surrounding areas from, practically speaking, almost any point."

[8] Auf die Ableitung dieser Werte kann hier nicht im einzelnen eingegangen werden, es sei auf die ausführliche Darstellung bei *Hägerstrand* (1967, S. 242 ff.) verwiesen.

[9] Vgl. auch seine Darstellung in *Abler, Adams* u. *Gould* 1971, S. 389 ff.

[10] Zur einfachen Demonstration der Simulation vgl. *Windhorst* 1978, S. 151–156, ebenfalls *Bahrenberg* 1975.

[11] Vgl. dazu jedoch die bereits sehr differenzierte Darstellung der Probleme bei der Simulation von Diffusionen mit Hilfe des MIF bei *Pitts* (1963). Sie ist vier Jahre vor der englischen Übersetzung der Dissertation von *Hägerstrand* erschienen und stellt das Modell sehr ausführlich vor. Die Abhandlung von *Pitts* wird kaum zitiert, wohl nicht zuletzt deswegen, weil sie in einer Reihe erschienen ist *(Papers of the Regional Science Association)*, die erst nach der „quantitativen Revolution" stärker von den Geographen zur Kenntnis genommen wurde.

¹² Zur Unterscheidung der Begriffe sagt *Wirth* (1979, S. 214 u. 217): „Das Informationsfeld ist offensichtlich der räumlich umfassendste Begriff. Es erstreckt sich vom engeren Wohnumfeld und alltäglichen Lebensbereich bis hin zu jenen fernen Regionen oder Örtlichkeiten, von denen man gehört, gelesen oder Bilder gesehen hat. . . . Dem umfassenden Begriff des Informationsfeldes könnte man als engsten, räumlich am meisten eingeschränkten Begriff den des Kontaktfeldes gegenüberstellen. Unter dem Kontaktfeld eines Menschen sei die Gesamtheit derjenigen Örtlichkeiten und Menschen verstanden, die dieser selbst aufsucht und damit aus eigener Anschauung kennt, bzw. mit denen er in direktem persönlichen Kontakt von Angesicht zu Angesicht steht."

¹³ *Borcherdt* (1961) hat die einzelnen Phasen unterschiedlich zu *Hägerstrand* charakterisiert. Er schaltet vor das Anfangsstadium noch ein Gründungsstadium (bei ihm Phase I), unterscheidet dann jedoch nur drei Stadien des eigentlichen Ausbreitungsprozesses, wobei seine Phase III etwa die Phasen II und III bei *Hägerstrand* einschließt. In gleicher Weise wie *Hägerstrand* hat *Windhorst* (1975, 1979) die Phasen zur Erfassung des formalen Aspektes von Diffusionsprozessen charakterisiert.

¹⁴ *Morrill* wurde durch den Aufenthalt *Hägerstrands* in Seattle im Jahre 1959 mit der Diffusionsforschung bekannt. In den Jahren 1960/61 hielt er sich in Lund auf, wo er unter Anleitung von *Hägerstrand* Studien zur Ausbreitung der Besiedlung durchführte. *Morrill* ist von ihm, wie er selbst sagt (briefl. Mitteilung an den Verf. vom 7. 10. 1980), besonders nachhaltig beeinflußt worden, außerdem hat der Meinungsaustausch mit *Berry, Brown, Buttimer, Hudson* und *Pred* seine Forschungskonzeption beeinflußt.

¹⁵ Eine genauere Überlegung zeigt sehr schnell, weshalb dies so ist: Zu Beginn ist die Zahl der Personen, die über die Innovation verfügen noch gering, ebenfalls ihre Kontaktmöglichkeiten. Erst mit zunehmender Zahl von Adoptoren kann sich in einer bestimmten Entfernung vom Innovationszentrum die Aktivität erhöhen und die Zahl der neuen Adoptoren zunehmen. Vgl. hierzu die Profile der Diffusionswellen in *Windhorst* (1975, S. 60 und 71), die die modifizierten Vorstellungen von *Morrill* bestätigen.

¹⁶ Sowohl *Brown* als auch *Gould* beziehen sich auf eine Arbeit von *Beer* (1968), der die Frage der sinnvollen Dimensionierung von Forschungsansätzen als das *cones of resolution problem* bezeichnet.

¹⁷ Ein vergleichbarer Ansatz eines Historikers wurde von *Redlich* (1953) vorgelegt.

¹⁸ Mit diesen Diffusionsprozessen hat sich *Brown* in seinem Forschungsprogramm im wesentlichen beschäftigt.

Zu Kapitel 5

[1] *Hägerstrand* (1952, S. 3), der sich auf die Arbeiten von *Kniffen* bezieht, stellt heraus, daß die Beschäftigung mit gegenwärtigen Diffusionsprozessen oder solchen, die erst kurze Zeit zurückliegen, sich klar von den Untersuchungen der Volkskundler und Völkerkundler abhebt, daß jedoch anders als bei ihm selbst der kulturgeographische Zugang zur Erfassung und Erklärung der räumlichen Verbreitung vorherrscht.

[2] Vgl. auch die Studie von *Kniffen* (1949) zur Ausbreitung der Landwirtschaftsausstellungen.

[3] Eine *township* umfaßt ein Quadrat von 36 Quadratmeilen oder 36 sections (= 9324 ha).

[4] Als Begründung für diese Grenze gibt *Bowden* an, daß 1962 keine *township* mehr als 16 Brunnen aufwies. Die weitere Entwicklung zeigte jedoch auf (vgl. Abb. 31 und 32 bei *Bowden*), daß dieser Wert aufgrund günstiger ökonomischer Bedingungen auf dem Weltweizenmarkt und auftretender Dürrephasen sehr schnell überschritten wurde.

[5] Es wäre zu erwarten, daß wegen der höheren Bevölkerungszahl bevorzugt Großstädte als Standorte gewählt worden wären.

[6] Vgl. auch *Giese* und *Nipper* 1979. In dieser Studie wird der räumliche und zeitliche Persistenzeffekt bei räumlichen Ausbreitungsprozessen stärker in den Vordergrund gerückt.

[7] Vgl. hierzu die Ausführungen von *Hofmann* und *Windhorst* 1973 sowie *Windhorst* 1980.

LITERATURVERZEICHNIS

Die mit einem * versehenen Titel stellen Arbeiten dar, die einen grundlegenden Beitrag zum Forschungsfortschritt geleistet haben oder umfangreiche Literaturübersichten beinhalten.

Abler, R., J. S. Adams u. P. R. Gould: Spatial organization: the geographer's
view of the world. Englewood Cliffs 1971.

Abumere, S.: The diffusion of economic development in Bendal state of
Nigeria. In: Geogr. Annaler 61 (1979), Ser. B, S. 103–112.

Agnew, J. A. (Hrsg.): Innovation research and public policy. Syracuse
Univ.: Dept. of Geography 1980.

Agnew, J. A., L. A. Brown u. J. P. Herr: The community innovation: a
conceptualization and empirical analysis. In: Urban Affairs Quarterly 13
(1978), S. 3–30.

Aiken, C. S.: An examination of the role of Eli Whitney's cotton gin in the
origin of the United States' cotton regions. In: Proceedings Assoc. of
Amer. Geographers 3 (1971), S. 5–9.

Aiken, M., u. R. R. Alford: Community structure and innovation: the case
of public housing. In: American Political Science Rev. 64 (1970),
S. 843–864.

Albrecht, H.: Zum heutigen Stand der adoption-Forschung in den Vereinigten Staaten. In: Ber. ü. Landw. 41 (1963), S. 233–282.

Ders.: Die theoretischen Ansätze der amerikanischen Adoptions-For-
schung. Probleme der Beratung. (= Arbeiten der Landw. Hochschule
Hohenheim, Bd. 26.) Stuttgart 1964, S. 9–57.

* Ders.: Innovationsprozesse in der Landwirtschaft. (= Sozialwiss.
Studienkreis f. internat. Probleme, Schriften, Heft 6.) Saarbrücken
1969.

Ders.: Innovationen als volkswirtschaftliche und betriebswirtschaftliche
Forschungsaufgabe. In: Fortschrittl. Betriebsführung und Industrial
Engineering 20 (1971), S. 67–71.

Ders.: Die Verbreitung von Neuerungen: Der Diffusionsprozeß. In: Förde-
rungsdienst 22, Sonderheft 2, Wien 1974, S. 30–40.

163

Alves, W. R., u. R. L. Morrill: Diffusion theory and planning. In: Econ. Geography 51 (1975), S. 290–304.

Amedeo, D., u. R. G. Golledge: An introduction to scientific reasoning in geography. New York 1975.

Anderson, C. A., u. M. J. Bowman (Hrsg.): Education and economic development. Chicago ²1966.

Anderson, D. L.: A simple growth model for the diffusion of hybrid corn. In: Proceedings Assoc. of Amer. Geographers 2 (1970), S. 1–3.

Ders.: On a class of innovation diffusion models. Diss. Evanston, Ill. 1971.

Ders.: A simple spatial diffusion model. In: Adams, W. P., u. F. M. Helleiner (Hrsg.): International Geography 1972, Vol. 2, Toronto 1972.

Anderson, J. E.: Fertility variation across area and through time: diffusion or development? The case of Taiwan, 1952–1970. In: Studies in the diffusion of Innovation, Disc. Paper 15. Columbus (Ohio), Dept. of Geography, The Ohio State University 1974.

Aregger, K.: Innovation in sozialen Systemen. Bern u. Stuttgart 1976.

Aubin, H., Th. Frings u. J. Müller: Kulturströmungen und Kulturprovinzen in den Rheinlanden. Geschichte, Sprache, Volkskunde. Bonn 1926.

Aufhauser, R. K.: Slavery and technological change. In: The Journal of Econ. History 34 (1974), S. 36–50.

Australian Gov. Publishing Service (Hrsg.): A study of the rate of diffusion of new technology within Australian industry. Section 1, General Summary. Canberra 1972.

Babcock, J. M.: Adoption of hybrid corn: a comment. In: Rural Sociology 27 (1962), S. 332–338.

Bach, A.: Deutsche Mundartforschung. Heidelberg ²1950.

Ders.: Deutsche Namenskunde II. Die deutschen Ortsnamen. 2 Bde. Heidelberg 1953 u. 1954.

Ders.: Deutsche Volkskunde. Heidelberg ³1960.

Bahrenberg, G.: Räumliche Betrachtungsweise und Forschungsziele der Geographie. In: Geogr. Ztschr. 60 (1972), S. 8–24.

Ders.: Die Ausbreitung von Informationen. Ein Lernspiel zur Simulation von Diffusionen in der 8. Klasse. In: Hoffmann, G. (Hrsg.): Modelle im geographischen Unterricht. Beihefte z. Geogr. Rdsch., Heft 3, Braunschweig 1975, S. 38–43.

Ders.: Von der Anthropogeographie zur Regionalforschung – eine Zwischenbilanz. In: Sedlacek, P. (Hrsg.): Zur Situation der deutschen

Geographie zehn Jahre nach Kiel. Osnabrücker Studien zur Geographie
Bd. 2, Osnabrück 1979, S. 59–68.

Bahrenberg, G., u. J. Łoboda: Einige raum-zeitliche Aspekte der Diffusion
von Innovationen am Beispiel der Ausbreitung des Fernsehens in Polen.
In: Geogr. Ztschr. 61 (1973), S. 165–194.

Bale, J. R.: Geographical diffusion and the adoption of professionalism in
football in England and Wales. In: Geography 63 (1978), S. 188–197.

Barker, D.: The paracme of innovations: the neglected aftermath of diffusion
or a wave goodbye to an idea. In: Area 9 (1977), S. 259–264.

* Barnett, H. G.: Innovation: the basis of cultural change. New York 1953.

Barnett, J. R.: Scale, process, and diffusion of a political movement. In:
Proceedings Assoc. of Amer. Geographers 4 (1972), S. 9–13.

Ders.: Scale components in the diffusion of the Danish communist party,
1920–1964. In: Geogr. Analysis 5 (1973), S. 35–44.

Bartels, D.: Türkische Gastarbeiter aus der Region Izmir. Zur raumzeit-
lichen Differenzierung der Bestimmungsgründe ihrer Aufbruchsent-
schlüsse. In: Erdkunde 22 (1968), S. 313–324.

Ders.: Zur wissenschaftstheoretischen Grundlegung einer Geographie des
Menschen. (= Beihefte zur Geogr. Ztschr. 19.) Wiesbaden 1968. (1968 a)

* Ders.: Geographische Aspekte sozialwissenschaftlicher Innovationsforschung. In: Vhdl. Dtsch. Geographentag Kiel 1969. Wiesbaden 1970,
S. 283–298.

Bartholomew, D. J.: Stochastic models for social processes. New York
²1973.

Barton, B., u. W. Tobler: A spectral analysis of innovation diffusion. In:
Geogr. Analysis 3 (1971), S. 182–186 u. 195–199.

Bass, F. M., u. W. W. Talarzyk: An attitude model for the study of preference. In: Journal of Marketing Research 9 (1972), S. 93–96.

Bateman, F.: Improvement in American dairy farming, 1850–1910: a quantitative analysis. In: The Journal of Econ. History 28 (1968), S. 255–273.

Ders.: Labor inputs and productivity in American dairy agriculture,
1850–1910. In: The Journal of Econ. History 29 (1969), S. 206–229.

Battelle Laboratories (Hrsg.): Interactions of science and technology in the
innovative process: some case studies. Columbus, Ohio 1973.

Bauer, F. H.: Sheep raising in northern Australia: a historical review. In: The
Australian Geographer 7 (1959), S. 169–179.

Baumann, D. D., u. J. H. Sims: Flood insurance: some determinants of
adoption. In: Econ. Geography 54 (1978), S. 189–196.

Beck, H.: Krise der Geographie – Krise der Geschichte der Geographie?

Geographiegeschichte und Wissenschaftstheorie. In: Sudhoffs Archiv 61, Wiesbaden 1977, S. 45–53.

Becker, M. H.: Sociometric location and innovativeness: reformulation and extension of the diffusion model. In: Amer. Sociological Rev. 35 (1970), S. 267–282.

Beckmann, D.: Die Hausindustrie der Bandwirkerei im westmärkischen Raum um Schwelm. Innovation, Diffusion und Regression der bergischen Hausbandwirkerei im Ostteil ihres Verbreitungsgebietes. In: Beitr. z. Heimatkunde der Stadt Schwelm und ihrer Umgebung 30 (1980), S. 78–117.

Beckmann, M. J.: The analysis of spatial diffusion processes. In: Papers and Proceedings of the Regional Science Assoc. 25 (1970), S. 109–117.

Beckmann, M. J., u. H. Bonus: Ökonometrie am Beispiel des Fernsehens. In: Bild der Wissenschaft 3 (1966), S. 381–389.

Beeley, B. W.: The Turkish village coffeehouse as a social institution. In: Geogr. Rev. 60 (1970), S. 475–493.

Beer, S.: Management science. New York 1968.

Bell, D.: Die nachindustrielle Gesellschaft. Frankfurt u. New York 1975 (zuerst engl. 1973).

Bell, S.: The diffusion of radio and television broadcasting stations in the United States. M. A. Thesis. Pennsylv. State Univ., Dept. of Geography 1965.

Bell, T. L.: A test of the adoptive hypothesis of spatial-economic pattern development: the case of the retail firm. In: Proceedings Assoc. of Amer. Geographers 2 (1970), S. 8–12.

Bellebaum, A.: Soziologie der modernen Gesellschaft. Hamburg ²1978.

Ben-David, J.: Roles and innovations in medicine. In: Amer. Journal of Sociology 65 (1960), S. 557–568.

Bennet, R. J.: Identification and estimation of linear diffusion systems. Paper presented at the 1974 meetings of the Institute of British Geographers. Norwich 1974.

Berg, S. V.: Determinants of technological change in the service industries. In: Technological Forecasting and Social Change 5 (1973), S. 407–426.

Berry, B. J. L.: Monitoring trend, forecasting change, evaluating goal-achievement in the urban environment: the ghetto expansion versus desegregation issues in Chicago as a case study. In: Chisholm, M., A. Frey u. P. Haggett (Hrsg.): Regional forecasting. London 1971.

Ders.: Hierarchical diffusion: the basis of development filtering and spread in a system of growth centers. In: Hansen, N. M. (Hrsg.): Growth centers

in regional economic development. New York u. London 1972, S. 108
bis 138.

Ders.: Growth centers in the American urban system. Cambridge, Mass.
1973.

Ders.: A paradigm for modern geography. In: Chorley, R. J. (Hrsg.):
Directions in Geography. London 1973, S. 3–22 (1973 a).

Ders. (Hrsg.): The nature of change in geographical ideas. Dekalb, Ill. 1978.

Berry, B. J. L., E. C. Conkling u. D. M. Ray: The geography of economic
systems. Englewood Cliffs 1976.

Bigelow, R.: Impact of selected agricultural schemes on the innovation patterns among traditional farmers in the southern savanna of Ghana. Diss.
Ann Arbor, Mich. 1973.

Bingham, R. D.: The adoption of innovation by local government. Lexington 1976.

Black, T. R. L.: Community-based distribution: distributive potential and
economics of a social marketing approach to family planning. In: Proceedings of the Royal Society of London 195 (1976), Ser. B, S. 199–212.

Blaikie, P. M.: Diffusion and the Family Planning Programme of India:
theory and practice. University of Reading: Dept. of Geography 1972.

Ders.: The spatial structure of information networks and innovative behavior
in the Ziz valley, southern Marocco. In: Geogr. Annaler 55 (1973), Ser. B,
S. 83–105.

Ders.: Family planning in India: diffusion and policy. London 1975.

Blanckenburg, P., u. M. Schulz: The socio-economic context of agricultural
innovation processes. In: Ztschr. f. ausl. Landw. 9 (1970), S. 317
bis 332.

Blaut, J. M.: The views of diffusion: In: Annals Assoc. Amer. Geographers 67 (1977), S. 343–349.

Bobek, H.: Stellung und Bedeutung der Sozialgeographie. In: Erdkunde
2 (1948), S. 118–125.

Ders.: Aufriß einer vergleichenden Sozialgeographie. In: Mttlg. d. Geogr.
Ges. in Wien 92 (1950), S. 34–45.

Ders.: Gedanken über das logische System der Geographie. In: Mttlg. d.
Geogr. Ges. in Wien 99 (1957), S. 122–145.

Ders.: Kann die Sozialgeographie in die Wirtschaftsgeographie aufgehen? In:
Erdkunde 16 (1962), S. 119–126.

Bobek, H., u. J. Schmithüsen: Die Landschaft im logischen System der
Geographie. In: Erdkunde 3 (1949), S. 112–120.

Bodenstedt, A.: Das Problem der Anwendbarkeit von Grundbegriffen der

Innovations- und Kooperationsforschung in landwirtschaftlichen Entwicklungsprojekten. In: Ztschr. f. ausl. Landw. 9 (1970), S. 333–347.

Bogue, A. G.: Pioneer farmers and innovation. In: Iowa Journal of History 56 (1958), S. 1–36.

Bohlen, J. M.: Needed research on adoption models. In: Sociologia ruralis 7 (1967), S. 113–129.

Bonus, H.: Die Ausbreitung des Fernsehens. Meisenheim/Glan 1968.

Ders.: Die Diffusion von Innovationen als räumlicher Prozeß. Zu dem Buch von T. Hägerstrand. In: Ztschr. f. d. gesamte Staatswiss. 126 (1970), S. 336–343.

Boon, F.: A simple model for the diffusion of an innovation in an urban system. In: University of Chicago: Center for Urban Studies. Chicago 1967.

* Borcherdt, Ch.: Die Innovation als agrargeographische Regelerscheinung. (= Arb. a. d. Geogr. Inst. der Univ. d. Saarlandes 6.) Saarbrücken 1961.

* Bowden, L. W.: Diffusion of the decision to irrigate. University of Chicago: Dept. of Geography. Chicago 1965.

Bowers, I. I.: Factors influencing village receptivity to agricultural innovations: a case study in Kabupaten Karawang, West Java. Diss. University of Hawaii: Dept. of Geography 1973.

Bowers, R. V.: The direction of intra-societal diffusion. In: Amer. Sociological Rev. 2 (1937), S. 826–836.

Bowman, I.: The pioneer fringe. New York 1931.

Brandenburg, A. G. u. a.: Die Innovationsentscheidung. Göttingen 1975.

Breuer, T.: Der Hopfenanbau in der Provinz León (Spanien) – eine Diffusionsanalyse. In: Erdkunde 33 (1979), S. 23–35.

Ders.: Untersuchungen zur Adoption des Sonnenblumenanbaus in Niederandalusien (Spanien). In: Düsseldorfer Geogr. Schr. 15. Düsseldorf 1980, S. 69–87.

Bringéus, N.-A.: Das Studium von Innovationen. In: Ztschr. f. Volkskunde 64 (1968), S. 161–185.

Brittain, J. E.: The international diffusion of electrical power technology, 1870–1920. In: The Journal of Econ. History 34 (1974), S. 108–121.

Bronger, D.: Der wirtschaftende Mensch in den Entwicklungsländern. Innovationsbereitschaft als Problem der Entwicklungsländerforschung, Entwicklungsplanung und Entwicklungspolitik. In: Geogr. Rdsch. 27 (1975), S. 449–459.

Brown, L. A.: The diffusion of innovation: a Markov chain-type approach. Northwestern University: Dept. of Geography. Evanston, Ill. 1963.

Ders.: Models for spatial diffusion research – a review. Northwestern University: Dept. of Geography. Evanston, Ill. 1965.

* Ders.: Diffusion processes and location: a conceptual framework and bibliography. (= Regional Science Research Inst., Bibliography Ser. 4.) Philadelphia 1968.

Ders.: Diffusion dynamics. In: Lund Studies in Geography, Ser. B, No. 29. Lund 1968 (1968 a).

Ders.: Diffusion of innovation: a macroview. In: Econ. Development and Cultural Change 17 (1969), S. 189–211.

Ders.: On the use of Markov chains in movement research. In: Econ. Geography 46 (1970), S. 393–403.

Ders.: Diffusion of innovation in Latin America: a geographer's perspective. In: Lentnek, B., R. L. Carmin u. T. L. Martinson (Hrsg.): Geographic Research on Latin America: Benchmark 1970. Muncie, Ind. 1971, S. 324–332.

Ders.: Diffusion in a growth pole context. In: Helleiner, F., u. W. Stohr (Hrsg.): Proceedings of the Commission on Regional Aspects of Economic Development of the IGU, Vol. II: Spatial aspects of the development aspect. Toronto 1974.

* Ders.: The market and infrastructure context of adoption: a spatial perspective on the diffusion of innovations. In: Econ. Geography 51 (1975), S. 185–216.

Ders.: Diffusion research in geography: a thematic account. In: Studies in the Diffusion of Innovation, Disc. Paper 53. Columbus (Ohio), Dept. of Geography, The Ohio State University 1977.

Ders.: The innovation diffusion process in a public policy context. In: Studies in the Diffusion of Innovation, Disc. Paper 58. Columbus (Ohio), Dept. of Geography, The Ohio State University 1978.

* Ders.: Innovation diffusion: a new perspective. In: Studies in the diffusion of Innovation, Dis. Paper 60, Columbus (Ohio), Dept. of Geography, The Ohio State University 1979. London 1981.

Brown, L. A., u. M. Albaum: On rural settlement in Israel and model strategy. In: McConnell, H., u. D. W. Yaseen (Hrsg.): Perspectives in Geography 1: Models of Spatial Variation. Dekalb, Ill. 1971, S. 65 bis 81.

Brown, L. A., u. K. R. Cox: Empirical regularities in the diffusion of innovations. In: Annals Assoc. Amer. Geogr. 61 (1971), S. 551–559.

Brown, L. A., C. S. Craig u. R. E. Zeller: PROMAR: the new product marketing game. In: Computer Applications 4 (1977), S. 677–768.

169

Brown, L. A., u. R. S. Gilliard: Towards a development paradigm of migration: with particular reference to Third World settings. In: De Jong, G. F., u. R. W. Gardner (Hrsg.): Migration decision making. Elmford, New York 1981.

Brown, L. A., u. S. O. Gustavus: The diffusion of a population-related innovation: the planned parenthood affiliate. In: Studies in the diffusion of Innovation, Dis. Paper 37, Columbus (Ohio), Dept. of Geography, The Ohio State University 1976.

Brown, L. A., u. J. Holmes: The delimination of functional regions, nodal regions, and hierarchies by functional distance approaches. In: Journal of Regional Science 11 (1971), S. 57–72.

Dies.: Intra-urban migrant lifelines: a spatial view. In: Demography 8 (1971), S. 103–122.

Brown, L. A., u. F. E. Horton: Functional distance: an operational approach. In: Geogr. Analysis 2 (1970), S. 76–83.

Brown, L. A., F. E. Horton u. R. I. Wittick: On place utility and the normative allocation of intra-urban migrants. In: Demography 7 (1970), S. 175–183.

Brown, L. A., u. B. Lentnek: Innovation diffusion in a developing economy: a mesoscale view. In: Econ. Development and Cultural Change 21 (1973), S. 274–292.

Brown, L. A., E. J. Malecki, S. R. Gross, M. N. Shrestha u. R. K. Semple: The diffusion of cable television in Ohio: a case study of diffusion agency location pattern and processes of the polynuclear type. In: Econ. Geography 50 (1974), S. 285–299.

Brown, L. A., u. E. J. Malecki: Comments on landscape evolution and diffusion processes. In: Regional Studies 11 (1977), S. 211–223.

Brown, L. A., E. J. Malecki u. A. N. Spector: Adoptor categories in spatial context: alternative explanations for an empirical regularity. In: Rural Sociology 41 (1976), S. 99–118.

Brown, L. A., u. E. G. Moore: Diffusion research in geography: a perspective. In: Progress in Geography 1 (1969), S. 119–157.

Brown, L. A., u. E. G. Moore: The intra-urban migration process: a perspective. In: Geografiska Annaler, Ser. B. 52 (1970), S. 1–13.

Brown, L. A., J. Odland u. R. G. Golledge: Migration, functional distance, and the urban hierarchy. In: Econ. Geography 46 (1970), S. 472–485.

Brown, L. A., u. S. G. Philliber: The diffusion of a population-related innovation: the planned parenthood affiliate. In: Social Science Quarterly 58 (1977), S. 215–228.

Brown, L. A., R. Schneider, M. E. Harvey u. J. B. Riddell: Innovation diffusion and development in a Third World setting: the cooperative movement in Sierra Leone. In: Social Science Quarterly 60 (1979), S. 249–268.

Brown, L. A., F. B. Williams u. a.: The location of urban population service facilities: a strategy and its application. In: Social Science Quarterly 54 (1974), S. 784–799.

* Brown, M. A.: The role of diffusion agencies in innovation adoption: a behavioral approach. In: Studies in the Diffusion of Innovation, Disc. Paper 50. Columbus (Ohio), Dept. of Geography, The Ohio State University 1977.

Brown, M. A., u. L. A. Brown: The diffusion of Bank Americard in a rural setting: supply and infrastructure considerations. In: Proceedings Assoc. of Amer. Geographers 8 (1976), S. 74–78.

Dies.: Innovation establishment in a rural setting: four case studies with reference to a theoretical framework. In: Studies in the Diffusion of Innovation, Disc. Papers 44. Columbus (Ohio), Dept. of Geography, The Ohio State University 1976 (1976 a).

Brown, M. A., G. E. Maxson u. L. A. Brown: Diffusion agency strategy and the adoption of infrastructure independent innovations: a case study of the Eastern Ohio Resource Development Center. In: Regional Science Perspective 7 (1977), S. 1–26.

Brugger, E. A.: Innovationsorientierte Regionalpolitik. Notizen zu einer neuen Strategie. In: Geogr. Ztschr. 68 (1980), S. 172–198.

Bürger, K.: Der Landschaftsbegriff. Ein Beitrag zur geographischen Raumerfassung. (= Dresdener Geogr. Studien, H. 7.) Dresden 1935.

Bunge, W.: Theoretical Geography. (= Lund Studies in Geography, Ser. C, No. 1.) Lund 1966.

Burnett, P.: Decision processes and innovations: a transportation example. In: Econ. Geography 51 (1975), S. 278–289.

Burns, B., B. Mason u. K. Armington: The role of education and training programs in the commercialization and diffusion of solar energy technologies. In: Solar Energy Research Institute, Working Paper. o. O. 1979.

Buttel, F. H., u. W. L. Flinn: Social barriers to the adoption of foreign and alternative technologies by the United States. In: Studies in the Diffusion of Innovation, Disc. Paper 52. Columbus (Ohio), Dept. of Geography, The Ohio State University 1977.

Bylund, E.: Theoretical considerations regarding the distribution of settlement in inner North Sweden. In: Geografiska Annaler, Ser. B, 42 (1960), S. 225–231.

Bylund, E.: Generation waves and spread of settlement. In: Adams, W. P., u. F. M. Helleiner (Hrsg.): International Geography, vol. 2. Toronto 1972, S. 1306–1309.

Cameron, R.: The diffusion of technology as a problem in economic history. In: Econ. Geography 51 (1975), S. 217–230.

Campbell, R. R.: A suggested paradigm of the individual adoption process. In: Rural Sociology 31 (1966), S. 458–466.

Carey, J. H.: Cable television: its impact upon the broadcast industry as seen by Tennessee broadcasters and cable television system operators. M. A. Thesis. Knoxville 1971.

Carlsson, G.: The decline of fertility: innovation or adjustment process. In: Population Studies 20 (1966), S. 149–174.

* Carlstein, T.: Innovation, time allocation and time-space-packing. In: Carlstein, T. u. a. (Hrsg.): Timing space and spacing time, vol. 2: Human Activity and Time Geography. London 1978, S. 146–161.

Carney, G. O.: Spatial diffusion of the all country music radiostations in the United States, 1971–74. In: Studies in the Diffusion of Innovation, Disc. Paper 39. Columbus (Ohio), Dept. of Geography, The Ohio State University 1978.

Casetti, E.: Why do diffusion processes conform to logistic trends? In: Geogr. Analysis 1 (1969), S. 101–105.

Ders.: Generating models by the expansion method: application to geographical research. In: Geogr. Analysis 4 (1972), S. 81–91.

Casetti, E., L. J. King u. J. Odland: The formalization and testing of concepts of growth poles in a spatial context. In: Environment and Planning 3 (1971), S. 377–382.

Casetti, E., L. J. King u. F. B. Williams: Concerning the spatial spread of economic development. In: Adams, W. P., u. F. M. Helleiner (Hrsg.): International Geography 1972, vol. 2. Toronto 1972, S. 897 bis 899.

Casetti, E., u. R. K. Semple: Concerning the testing of spatial diffusion hypothesis. In: Geogr. Analysis 1 (1969), S. 254–259.

Chakravarti, A. K.: Green Revolution in India. In: Annals Assoc. Amer. Geographers 63 (1973), S. 319–330.

Chaparro, A.: Soziale Aspekte des kulturellen Wandels. Die Diffusion neuer Techniken in der Landwirtschaft. In: Kölner Zeitschrift für Soziologie und Sozialpsychologie 8 (1956), S. 569–594.

Chapman, K.: People, patterns and processes. London 1979.

Chappell, J. M. A., u. M. J. Weber: Electrical analogues of spatial diffusion processes. In: Regional Studies 4 (1970), S. 25–39.

Chisholm, M., A. Frey u. P. Haggett (Hrsg.): Regional forecasting. London 1971.

Chung, R.: Space-time diffusion of the transition model: the twentieth century patterns. In: Demko, G. J., H. M. Rose u. G. A. Schnell (Hrsg.): Population geography. A reader. New York 1970.

Clark, D.: Technology, diffusion, and time-space convergence: the example of S.T.D. Telephone. In: Studies in the Diffusion of Innovation, Disc. Paper 13. Columbus (Ohio), Dept. of Geography, The Ohio State University 1974.

Cliff, A. D.: The neighbourhood effect in the diffusion of innovations. In: Transact. of the Institute of British Geographers 44 (1968), S. 75–84.

Cliff, A. D., u. J. Ord: Model building and the analysis of spatial pattern in human geography. In: Journal of the Royal Statistical Society, B., 37 (1975), S. 297–348.

Cochran, T. C.: The entrepreneur in economic change. In: Explorations in Entrepreneurial History, Sec. Series, 4 (1966), S. 25–38.

* Cohen, Y. S.: Diffusion of an innovation in an urban system. – The spread of planned regional shopping centers in the United States 1949–1968. The Univ. of Chicago, Dept. of Geography, Res. Paper 140. Chicago 1972.

Cold, B. u. a.: Diffusion of major technological innovations. In: Journal of Industrial Economics 18 (1970), S. 218–241.

Coleman, J. S., E. Katz u. H. Menzel: The diffusion of an innovation among physicians. In: Sociometry 20 (1957), S. 253–270.

* Dies.: Medical innovation: a diffusion study. Indianapolis 1966.

Coleman, J. S., H. Menzel u. E. Katz: Social processes in physicians' adoption of a new drug. In: Journal of Chronic Disease 9 (1959), S. 1–19.

Colenutt, R. J.: Linear diffusion in an urban setting: an example. In: Geogr. Analysis 1 (1969), S. 106–114.

Cootner, P. H.: The role of the railroads in American economic growth. In: The Journal of Econ. History 23 (1963), S. 477–521.

Corwin, R. G.: Strategies for organizational innovation: an empirical comparison. In: Amer. Sociological Rev. 37 (1972), S. 441–454.

Cox, K. R.: The genesis of aquaintance field spatial structure: a conceptual model and empirical tests. In: Cox, K. R., u. R. G. Golledge (Hrsg.): Behavioral problems in geography: A Symposium. Northwestern University Studies in Geography 17. Evanston 1969.

Craig, C. S., u. L. A. Brown: An experimental approach to the study of diffusion agency establishment processes. In: Studies in the Diffusion of Innovation, Disc. Paper 12. Columbus (Ohio), Dept. of Geography, The Ohio State University 1974.

Craig, C. S., u. L. A. Brown: Spatial diffusion of innovation. A gaming approach. In: Simulation and Games 9 (1978), S. 29–52.

Crain, R. L.: Fluoridation: the diffusion of an innovation among cities. In: Social Forces 44 (1966), S. 467–476.

Crane-Herve, D.: La diffusion des innovationes scientifiques. In: Revue Française Sociologie 10 (1969), S. 166–185.

Crane, D.: Invisible colleges: diffusion of knowledge in scientific communities. Chicago 1972.

Creutzburg, N.: Über den Werdegang von Kulturlandschaften. In: Ztschr. d. Ges. f. Erdkunde zu Berlin. Sonderband, Berlin 1928, S. 412–425.

Daum, E.: Innovationsgeographie durch Lernspiele im Unterricht. In: Engel, J. (Hrsg.): Von der Erdkunde zur raumwissenschaftlichen Bildung. Bad Heilbrunn 1976, S. 132–141.

Davies, P. J., u. W. Rodrigues: Community-based distribution of contraceptives in Rio Grande do Norte, Northeastern Brazil. In: Studies in Family Planning 7 (1976), S. 202–206.

Davis, L. E., u. D. C. North: Institutional change and American economic growth: a first step towards a theory of innovation. In: The Journal of Econ. History 30 (1970), S. 131–149.

Dies.: Institutional change and American economic growth. Cambridge 1971.

Day, R. H.: A theoretical note on the spatial diffusion of something new. In: Geogr. Analysis 2 (1970), S. 68–76.

Demko, G. J., u. E. Casetti: A diffusion model for selected demographic variables: an application to Soviet data. In: Annals Assoc. Amer. Geographers 60 (1970), S. 533–539.

Demko, G. J., H. M. Rose u. G. S. Schnell: Population geography. A reader. New York 1970.

DeTemple, D. J.: A space preference approach to the diffusion of innovations. In: Geographic Monograph Series, Dept. of Geography, Indiana University, Bloomington 1971.

Dickson, K. B.: Evolution of seaports in Ghana, 1800–1928. In: Annals Assoc. Amer. Geographers 55 (1965), S. 98–111.

Diederich, G.: Probleme der landwirtschaftlichen Beratung und der Übernahme von Neuerungen in Ceylon. Diss. Göttingen 1970.

Diederich, W. (Hrsg.): Theorien der Wissenschaftsgeschichte. Frankfurt a. M. 1978.

Dinsdale, E. M.: Spatial patterns of technological change: the lumber industry of northern New York. In: Econ. Geography 41 (1965), S. 252 bis 274.

Dodson, J. A., u. E. Muller: Models of new product diffusion through advertising and word-of-mouth. In: Management Science 24 (1978), S. 1568–1578.

Duesenberry, J. S.: Innovation and growth. In: Amer. Econ. Rev. 46 (1956), S. 131–141.

Ebert, W. u. a.: Kulturräume und Kulturströmungen im mitteldeutschen Osten. 2 Bde. Halle 1936.

Edmonson, M. S.: Neolithic diffusion rates. In: Current Anthropology 2 (1961), S. 71–102.

Eiden, R. J.: Innovation diffusion through the urban structure of North Dakota. M. A. Thesis. Dept. of Geography, The University of North Dakota. Grand Forks 1968.

Eisel, U.: Paradigmenwechsel. Zur Situation der deutschen Anthropogeographie. In: Sedlacek, P. (Hrsg.): Zur Situation der deutschen Geographie zehn Jahre nach Kiel. Osnabrücker Studien zur Geographie, Bd. 2. Osnabrück 1979, S. 45–58.

Ders.: Die Entwicklung der Anthropogeographie von einer „Raumwissenschaft" zur Gesellschaftswissenschaft. (= Urbs et Regio 17.) Kassel 1980.

Ek, S. B.: Economic booms, innovations, and the popular culture. In: Economy and History 3 (1960), S. 3–37.

Erickson, F. A.: Location of a system of storage distribution terminals for agricultural ammonia in the Corn Belt. Diss. Dept. of Geography, University of Illinois. Urbana 1973.

Erixon, S.: Svenska kulturgränser och kulturprovinser. Stockholm 1945.

Evanson, R.: The international diffusion of agrarian technology. In: The Journal of Econ. History 34 (1974), S. 51–73.

Ders.: Invention, diffusion, and industrial location: In: Collins, L., u. D. F. Walker (Hrsg.): The locational dynamics of manufacturing activities. New York 1975.

Feller, I.: The draper loom in New England textiles, 1894–1914: a study of diffusion of an innovation. In: The Journal of Econ. History 26 (1966), S. 320–347.

Feyerabend, P.: Erkenntnis für freie Menschen. Frankfurt a. M. ²1980.

Fishbein, M.: A behavior theory approach to the relations between beliefs about an object and the attitude towards the object. In: Fishbein, M. (Hrsg.): Readings in attitude theory and measurement. New York 1967, S. 389–400.

Fishlow, A. L.: Productivity and technological change in the railroad sector, 1840–1910. In: Brady, D. (Hrsg.): Output, employment and productivity in the United States after 1800. New York 1966, S. 583 bis 646.

Fleckenstein, F. v.: Are innovativness scales useful? In: Rural Sociology 39 (1974), S. 257–260.

* Fliegel, C. F., u. J. E. Kivlin: Attributes of innovations as factors in diffusion. In: The Amer. Journal of Sociology 72 (1966), S. 235–248 (dtsch. in Schmidt, P. 1976, S. 66–86).

Fliegel, F. C., J. E. Kivlin, P. Roy u. L. K. Sen: Agricultural innovations among indian farmers. Hyderabad 1968.

Floyd, B.: Agricultural innovations in Jamaica: the Yallahs Valley Land Authority. In: Econ. Geography 46 (1970), S. 63–77.

Fogel, R. W., u. S. L. Engerman: The reinterpretation of American economic history. New York 1971.

Foster, G. M.: Traditional cultures and the impact of technological change. New York 1962.

Francaviglia, R. V.: Mormon central-hall houses in the American west. In: Annals Assoc. Amer. Geographers 61 (1971), S. 65–71.

Ders.: Diffusion and popular culture. In: Lanegran, D., u. R. Palm (Hrsg.): An invitation to geography. New York 1973.

Fremdling, R.: Eisenbahnen und deutsches Wirtschaftswachstum 1840–1879. (= Unters. z. Wirtschafts-, Sozial- und Technikgeschichte 2.) Dortmund 1975.

Fürstenberg, F.: Randgruppen in der modernen Gesellschaft. In: Soziale Welt 1965/66, S. 236–245.

Fuller, G. A.: The spatial diffusion of birth control in Chile. Diss. Dept. of Geography, Pennsylvania State University. University Park 1972.

Ders.: The diffusion of illegal abortion in Santiago de Chile: the use of a direction-bias model. In: Proceedings Assoc. Amer. Geographers 5 (1973), S. 71–74.

Ders.: On the spatial diffusion of fertility decline: the distance-to-clinic variable in a Chilean community. In: Econ. Geography 50 (1974), S. 324–332.

Gale, S.: Some formal properties of Hägerstrand's model of spatial interactions. In: The Journal of Regional Science 12 (1972), S. 199–217.

Garrison, W. L., u. D. F. Marble: A prolegomenon to the forecasting of transportation development. In: Research Report Series, Transportation Center, Northwestern University. Evanston 1965.

Garst, R. D.: The spatial diffusion of agricultural innovations in Kisii district, Kenya. Diss. Dept. of Geography, Michigan State University. East Lansing 1972.

Ders.: Spatial diffusion and information diffusion: a Kenyan example. In: Proceedings Assoc. Amer. Geographers 5 (1973), S. 75–80.

Ders.: Innovation diffusion among the Gusii of Kenya. In: Econ. Geography 50 (1974), S. 300–312.

Ders.: Spatial diffusion in rural Kenya: the impact of infrastructure and centralized decision making. In: Studies in the Diffusion of Innovation, Disc. Paper 17. Columbus (Ohio), Dept. of Geography, The Ohio State University 1975.

Gauthier, H. L.: Transportation and the growth of the Sao Paulo Economy. In: Journal of Regional Science 8 (1968), S. 77–94.

de Geer, S.: On the definition, method and classification of geography. In: Geografiska Annaler 5 (1923), S. 1–37.

Gersmehl, P. J.: No-till farming: the regional applicability of a revolutionary agricultural technology. In: Geogr. Rev. 68 (1978), S. 66–79.

* Giese, E.: Räumliche Diffusion ausländischer Arbeitnehmer in der Bundesrepublik Deutschland. In: Die Erde 109 (1978), S. 92–110.

Ders.: Entwicklung und Forschungsstand der „Quantitativen Geographie" im deutschsprachigen Bereich. In: Geogr. Ztschr. 68 (1980), S. 256 bis 283.

Giese, E., u. J. Nipper: Zeitliche und räumliche Persistenzeffekte bei räumlichen Ausbreitungsprozessen – analysiert am Beispiel der Ausbreitung ausländischer Arbeitnehmer in der Bundesrepublik Deutschland. In: Karlsruher Manuskr. z. Mathematischen und Theoretischen Wirtschafts- und Sozialgeographie, H. 34, Karlsruhe 1979.

Glenn, G.: Spatial diffusion: an intra-urban case study. Diss. Dept. of Geography, University of California. Berkeley 1972.

Godlund, S.: Ein Innovationsverlauf in Europa. Dargestellt in einer vorläufigen Untersuchung über die Eisenbahninnovation. In: Lund Studies in Geography, Ser. B, No. 6. Lund 1952.

Ders.: Bus service in Sweden. In: Lund Studies in Geography, Ser. B, No. 17. Lund 1956.

177

Godlund, S.: The function and growth of bus traffic within the sphere of urban influence. In: Lund Studies in Geography, Ser. B, No. 18. Lund 1956.

Gold, B. (Hrsg.): Research, technological change, and economic analysis. Lexington 1977.

Ders.: Some shortcomings of research on the diffusion of industrial technology. In: Radnor, M., I. Feller u. E. M. Rogers (Hrsg.): The diffusion of innovations: an assessment. Evanston 1978.

Gold, B., W. S. Peirce u. G. Rosegger: Diffusion of major technological innovations in U.S. iron and steel manufacturing. In: Journal of Industrial Economics 18 (1970), S. 218–241.

* Gould, P. R.: Spatial diffusion. In: Commission on College Geography, Resource Paper No. 4. Assoc. Amer. Geographers. Washington, D.C. 1969.

Gould, P. R., u. G. Törnquist: Information, innovation, and acceptance. In: Hägerstrand, T., u. A. R. Kuklinski (Hrsg.): Information systems for regional development – a seminar. In: Lund Studies in Geography, Ser. B, No. 37. Lund 1971, S. 148–168.

Graham, S.: Cultural compatibility in the adoption of television. In: Social Forces 33 (1954), S. 166–170.

Griliches, Z.: Hybrid corn, an exploration in the economics of technological change. In: Econometrica 25 (1957), S. 501–522.

* Ders.: Hybrid corn and the economics of innovation: In: Science 132 (1960), S. 275–280.

Ders.: Profitability versus interaction: another false dichotomy. In: Rural Sociology 27 (1962), S. 327–330.

Grober-Glück, G.: Berlin als Innovationszentrum von metaphorischen Wendungen der Umgangssprache. In: Ztschr. f. deutsche Philologie 94 (1975), S. 321–367.

Gross, S. R. u. a.: The diffusion of cable television in Ohio: a case study of diffusion agency location patterns and processes of the polynuclear type. In: Studies in the Diffusion of Innovation, Disc. Paper 4. Columbus (Ohio), Dept. of Geography, The Ohio State University 1973.

Gulley, J. L. M.: The Turnerian frontier: a study in the migration of ideas. In: Tijdschrift voor Econ. en Sociale Geografie 50 (1959), S. 65–72 u. 81–91.

Gunda, B.: Innovation und Tradition. In: Ethnologia Europaea 8 (1975), S. 63–67.

Gustavus, S. O., u. L. A. Brown: Place attributes in a migration decision context. In: Environment and Planning A, 9 (1977), S. 529–548.

Habermas, J.: Technik und Wissenschaft als „Ideologie". Frankfurt a. M. 1968.

Hägerstrand, T.: Omflyttningen och uppkomsten av kulturregioner. (Migration und das Entstehen von Kulturregionen.) In: Enequist, G. (Hrsg.): Tätorter och Omland. Lund 1951, S. 100–110.

* Ders.: The propagation of innovation waves. In: Lund Studies in Geography, Ser. B., No. 4. Lund 1952.

* Ders.: Innovationsförloppet ur korologisk synpunkt. Lund 1953.

Ders.: Migration and area. Survey of a sample of Swedish migration fields and hypothetical considerations on their genesis. In: Lund Studies in Geography, Ser. B, No. 13. Lund 1957, S. 27–158.

Ders.: Aspects of the spatial structure of social communication and the diffusion of information. In: Papers and Proceedings of the Regional Science Assoc. 16 (1965), S. 27–42.

Ders.: A Monte Carlo approach to diffusion. In: Archives Europeennes de Sociologie 6 (1965), S. 43–67 (1965 a).

Ders.: Quantitative techniques for analysis of the spread of information and technology. In: Anderson, C. A., u. M. J. Bowman (Hrsg.): Education and economic development. Chicago 1965, S. 244–280 (1965 b).

* Ders.: Innovation diffusion as a spatial process. (Übers. v. A. Pred.) Chicago 1967.

Ders.: On Monte Carlo simulation of diffusion. In: Garrison, W. L., u. D. F. Marble (Hrsg.): Quantitative geography part 1: economic and cultural topics. Evanston 1967 (1967 a).

* Ders.: On socio-technical ecology and the study of innovations. In: Ethnologia Europaea 7 (1974), S. 17–34.

Hägerstrand, T., u. A. R. Kuklinski (Hrsg.): Information systems for regional development: a seminar. In: Lund Studies in Geography, Ser. B., No. 37. Lund 1971.

Hagen, E. E.: On the theory of social change: how economic growth begins. Homewood, Ill. 1962.

Ders.: The economics of development. Homewood, Ill. 1968.

Haggett, P.: Locational analysis in human geography. London 1965.

Ders.: Hybridizing alternative models of an epidemic diffusion process. In: Econ. Geography 52 (1976), S. 136–146.

Ders.: Geography: A modern synthesis. New York ³1979.

179

Haggett, P., A. D. Cliff u. A. Frey: Locational analysis in human geography. New York ²1977.

Hammersley, J. M., u. D. C. Handscomb: Monte Carlo methods. London 1963.

Hanham, R. Q.: Diffusion of innovation form a supply perspective: an application to the artificial insemination of cattle in southern Sweden. Diss. Dept. of Geography, The Ohio State University. Columbus 1973.

Ders.: The diffusion of birth control and space-time trends in the decline of fertility. In: Proceedings Assoc. Amer. Geographers 6 (1974), S. 80–83.

Hanham, R. Q., u. L. A. Brown: Diffusion through an urban system. In: Tijdschrift voor Econ. en Sociale Geografie 64 (1972), S. 388–392.

Dies.: Diffusion waves within the context of regional economic development. In: Journal of Regional Science 16 (1976), S. 65–72.

Hannemann, G. J. u. a.: Computer simulation of innovation diffusion in a peasant village. In: American Behavioral Scientist 12 (1969), S. 36 bis 45.

Hannemann, M.: The diffusion of the reformation in southwestern Germany, 1518–1534. Diss. Chicago 1973.

Hannerberg, D., T. Hägerstrand u. B. Oveding: Migration in Sweden. In: Lund Studies in Geography, Ser. B, No. 13. Lund 1957.

Hansen, N. M. (Hrsg.): Growth centers in regional economic development. New York und London 1972.

Harbison, F.: The prime movers of innovation. In: Anderson, C. A., u. M. J. Bowman (Hrsg.): Education and economic development. Chicago 1966, S. 229–239.

Hard, G.: Zur Mundartgeographie. In: Beihefte zur Ztschr. Wirkendes Wort 17, Düsseldorf 1966, S. 1–75.

Ders.: Die „Landschaft" der Sprache und die „Landschaft" der Geographen. (= Colloquium Geographicum, Bd. 11.) Bonn 1970.

Ders.: Noch einmal: „Landschaft als objektivierter Geist". In: Die Erde 101 (1970), S. 171–197 (1970a).

Ders.: Ein geographisches Simulationsmodell für die rheinische Sprachgeschichte. In: Ennen, E., u. G. Wiegelmann (Hrsg.): Studien zur Volkskultur, Sprache und Landesgeschichte. Bonn 1972, S. 25–58.

Ders.: Die Geographie. Eine wissenschaftstheoretische Einführung. Berlin 1973.

Hardemann, J.: Innovation and agrarian structure: government versus peasant. In: Tijdschrift voor Econ. en Sociale Geografie 69 (1978), S. 27–35.

Harley, C. K.: On the persistence of old techniques: the case of north American wooden ship-building. In: The Journal of Econ. History 33 (1973), S. 372–398.

Harre, J.: Resistance to innovation in New Zealand farming: a sample study. In: New Zealand Geographer 25 (1969), S. 44–50.

* Harton, L. M., C. L. Parkinson u. L. A. Brown: Annotated bibliography of geographic diffusion studies. In: Studies in the diffusion of innovation, Disc. Paper 11. Columbus (Ohio), Dept. of Geography, The Ohio State University 1974.

Hartshorne, R.: The nature of geography. Lancaster, Pennsylvania 1976 (zuerst 1939).

Harvey, D. W.: Geographical processes and the analysis of point patterns: testing models of diffusion by quadrat sampling. In: Publicat. Inst. of British Geographers 40 (1966), S. 81–95.

Harvey, D.: Explanation in Geography. New York 1973.

Ders.: Population, resources, and the ideology of science. In: Econ. Geography 50 (1974), S. 256–277.

Harvey, M. E., u. P. Greenberg: Development dichotomies, growth poles and diffusion processes. In: Helleiner, F., u. W. B. Stohr (Hrsg.): Proceedings of the Commission on Regional Aspects of Economic Development of the IGU, Vol. II: Spatial aspects of the development process. Toronto 1973.

Havelock, R. G. u. a.: Planning for innovation through dissemination and utilization of knowledge. Ann Arbor, Mich. 1971.

Havens, A. E., u. W. Flinn: Green revolution technology and community development: the limits of action programs. In: Economic Development and Cultural Change 23 (1975), S. 469–481.

Havens, A. E., u. E. M. Rogers: Adoption of hybrid corn: profitability and the interaction effect. In: Rural Sociology 26 (1961), S. 409–414.

Haynes, K. E., V. Mahajan u. G. M. White: Innovation diffusion: a deterministic model of space-time integration with physical analog. In: Studies in the Diffusion of Innovation, Disc. Paper 32. Columbus (Ohio), Dept. of Geography, The Ohio State University 1975.

Heinritz, G.: Verbrauchermärkte im ländlichen Raum. Die Auswirkungen einer Innovation des Einzelhandels auf das Einkaufsverhalten. (= Münchner Geogr. Hefte 44.) Kallmünz/Regensburg 1979.

Heinritz, G., u. H. Popp: Sommerkeller in Franken. In: Jahrbuch für Fränk. Landesforschung 34/35. Erlangen 1975, S. 121–144.

Henning, F. W.: Die Innovationen in der deutschen Landwirtschaft im ausgehenden 18. und im 19. Jahrhundert. In: Pfetsch, F. R. (Hrsg.): Innovationsforschung als multidisziplinäre Aufgabe. Göttingen 1975, S. 155 bis 168.

Herr, J. P., J. A. Agnew u. L. A. Brown: The diffusion of community innovations: a conceptualization and empirical analysis. In: Studies in the Diffusion of Innovation, Disc. Paper 31. Columbus (Ohio), Dept. of Geography, The Ohio State University 1976.

Herzberg, J.: Staatliche ländliche Beratungsdienste als Instrument der Entwicklungsförderung in Südamerika. In: Ztschr. f. ausl. Landw., Materialsammlung, Heft 26. Frankfurt a. M. 1975.

Hettner, A.: Die Geographie. Ihre Geschichte, ihr Wesen und ihre Methoden. Breslau 1927.

* Ders.: Der Gang der Kultur über die Erde. Leipzig 1929.

Ders.: Allgemeine Geographie des Menschen. Bd. I: Die Menschheit. Darmstadt 1977 (zuerst: Stuttgart 1947).

Hirshman, A. O.: Die Strategie der wirtschaftlichen Entwicklung. Stuttgart 1967 (zuerst: New Haven 1958.)

Hobsbawm, E. J.: Industrie und Empire. Britische Wirtschaftsgeschichte seit 1750. 2 Bde. Frankfurt a. M. 1969 (zuerst 1968: Industry and Empire: An Economic History of Britain since 1750).

Hodgen, M. T.: Geographical diffusion as a criterion of age. In: Amer. Anthropologist 44 (1942), S. 345–368.

Hofmann, H., u. H.-W. Windhorst: Probleme der Abfallbeseitigung bei der Massentierhaltung im südoldenburger Raum. In: Neues Arch. f. Niedersachsen 22 (1973), S. 356–366.

Holmes, J., F. B. Williams u. L. A. Brown: Facility location under a maximum travel restriction: an example using day care facilities. In: Geogr. Analysis 4 (1972), S. 258–266.

Huang, J. C., u. P. Gould: Diffusion in an urban hierarchy: the case of rotary clubs. In: Econ. Geography 50 (1974), S. 333–340.

Hudson, J. C.: Diffusion in a central place system. In: Geogr. Analysis 1 (1969), S. 45–58.

Ders.: A location theory for rural settlement. In: Annals Assoc. Amer. Geographers 59 (1969), S. 356–381 (1969a).

Ders.: Some perspectives of basic classes of spatial diffusion models. In: McConnell, H., u. D. W. Yaseen (Hrsg.): Perspectives in Geography 1: Models of Spatial Variation. Dekalb, Ill. 1971, S. 45–63.

* Ders.: Geographical diffusion theory. In: Northwestern University: Studies in Geography 19. Evanston 1972.

182

Huff, D. L., u. J. M. Lutz: The contagion of political unrest in independent black Africa. In: Econ. Geography 50 (1974), S. 352–367.

Hultquist, J., J. Holmes u. L. A. Brown: Centro: a program for centrographic measures. Disc. Paper Series, Dept. of Geography, The Ohio State University. Columbus 1971.

Hunter, J. M., u. J. C. Young: Diffusion of influenza in England and Wales. In: Annals Assoc. Amer. Geographers 61 (1971), S. 637–653.

Jansson, S. O.: Kulturgrenzen und Kulturwege. In: Schwedische Volkskunde. Festschrift für S. Svensson. Stockholm 1961, S. 108–130.

Johannessen, C. L., M. R. Wilson u. W. A. Davenport: The domestication of maize: process or event? In: Geogr. Rev. 60 (1970), S. 393–413.

Johansen, H. E.: Diffusion of strip cropping in southwestern Wisconsin. In: Annals Assoc. Amer. Geographers 61 (1971), S. 671–683.

Johnson, H. B.: The location of Christian missions in Africa. In: Geogr. Rev. 57 (1967), S. 168–202.

Johnson, P. S.: The economics of invention and innovation: with a case study of the development of hovercraft. London 1975.

Johnston, R. J.: Geography and geographers. Anglo-American human geography since 1945. London 1979.

Jordan, T. G.: The origin of Anglo-American cattle ranching in Texas: a documentation of diffusion from the lower south. In: Econ. Geography 45 (1970), S. 63–87.

Kariel, H. G.: Spatial diffusion: the Alaskan camper unit in Washington state. In: The Canadian Geographer 12 (1969), S. 63–72.

Kariel, H. G., u. P. E. Kariel: Explorations in Social Geography. Reading 1972.

Kariel, H. G., u. M. J. Vaselenak: Waves of spatial diffusion reconsidered. In: Journal of Regional Science 13 (1973), S. 291–295.

* Katz, E.: The two-step flow of communication: an up-to-date report on an hypothesis. In: Public Opinion Quarterly 21 (1957), S. 61–78.

Ders.: The social itinerary of medical change: two studies in the diffusion of innovation. In: Human Organization 20 (1961), S. 70–82.

* Katz, E., M. L. Levin u. H. Hamilton: Traditions of research on the diffusion of innovations. In: Amer. Sociological Rev. 28 (1963), S. 237–252.

Kaufmann, K., u. P. Schmidt: Theoretische Integration der Hypothesen zur Erklärung der Diffusion von Innovationen durch Anwendung einer allgemeinen kognitiv-hedonistischen Verhaltenstheorie. In: Schmidt, P.

(Hrsg.): Innovation: Diffusion von Neuerungen im sozialen Bereich. Hamburg 1976, S. 313–386.

Kaups, M.: Finnish place names in Minnesota: a study in cultural transfer. In: Geogr. Rev. 56 (1966), S. 377–397.

Kegerreis, R., J. F. Engel u. R. D. Blackwell: Innovativeness and diffusiveness: a marketing view of the characteristics of early adoptors. In: Kollat, D. T., R. D. Blackwell u. J. F. Engel (Hrsg.): Research in consumer behavior. New York 1970.

* Kiefer, K.: Die Diffusion von Neuerungen. (= Heidelberger Sociologica 4.) Tübingen 1967.

King, L. J.: Alternatives to a positive economic geography. In: Annals Assoc. Amer. Geographers 66 (1976), S. 293–308.

King, L. J., E. Casetti u. D. Jeffrey: Economic impulses in a regional system of cities: a study of spatial interaction. In: Regional Studies 3 (1969), S. 213–218.

Kirchhain, G.: Das Wachstum der deutschen Baumwollindustrie im 19. Jahrhundert. Diss. Münster 1973.

Kivlin, J. E., u. F. C. Fliegel: Differential perceptions of innovations and rate of adoption. In: Rural Sociology 32 (1967), S. 78–91.

Klingbeil, D.: Zeit als Prozeß und Ressource in der sozialwissenschaftlichen Humangeographie. In: Geogr. Ztschr. 68 (1980), S. 1–32.

Kniffen, F.: The American agricultural fair: the pattern. In: Annals Assoc. Amer. Geographers 39 (1949), S. 264–282.

* Ders.: The American covered bridge. In: Geogr. Rev. 41 (1951), S. 114–123.

Ders.: Folk housing: key to diffusion. In: Annals Assoc. Amer. Geogr. 55 (1965), S. 549–577.

Kniffen, F., u. H. Glassie: Building in wood in the eastern United States. In: Geogr. Rev. 56 (1966), S. 40–66.

Kondratieff, N. D.: Die langen Wellen der Konjunktur. In: Archiv f. Sozialwissenschaft und Sozialpolitik 56 (1926), S. 573–609.

Kotler, P.: Marketing decision making: a model building approach. New York 1971.

Kresge, D. T., u. P. O. Roberts: Systems analysis and simulation models. Washington 1971.

Kroeber, A. L.: Diffusionism. In: The Encyclopedia of the Social Sciences 3 (1937), S. 139–142.

Ders.: Anthropology. New York ²1948 (1. Aufl. 1923).

Kuhn, Th. S.: Die Struktur wissenschaftlicher Revolutionen. Frankfurt a. M. ²1976 (1. Aufl. 1973).

184

Ders.: Die Entstehung des Neuen. Studien zur Struktur der Wissenschafts-geschichte. (Hrsg. v. L. Krüger.) Frankfurt a. M. 1978.

Kuls, W., u. K. Tisowsky: Standortfragen einiger Spezialkulturen im Rhein-Main-Gebiet. In: Kuls, W. (Hrsg.): Geographische Studien aus dem Rhein-Mainischen Raum. (= Rhein-Mainische Forsch. 50.) Frankfurt a. M. 1961.

Kwofie, K. M.: A spatio-temporal analysis of cholera diffusion in western Africa. In: Econ. Geography 52 (1976), S. 127–135.

Lakatos, I., u. A. Musgrave (Hrsg.): Kritik und Erkenntnisfortschritt. Braunschweig 1970.

Landes, D. S.: Der entfesselte Prometheus. Technologischer Wandel und industrielle Entwicklung in Westeuropa von 1750 bis zur Gegenwart. Köln 1973 (zuerst engl. 1969).

Lasuén, J. R.: On growth poles. In: Urban Studies 6 (1969), S. 137–161.

Ders.: Urbanisation and development – the temporal interaction between geographical and sectoral clusters. In: Urban Studies 10 (1973), S. 163 bis 188.

Levison, M., R. F. Ward u. J. W. Webb: The settlement of Polynesia: a computer simulation. Minneapolis 1973.

Levy, G. W.: The interaction of science and technology in the innovation process: Some Case Studies. Washington 1972.

Lin, N.: Information flow, influence flow, and the decision making process. In: Journalism Quarterly 48 (1971), S. 33–40.

Lin, N., u. R. Burt: Differential effects of information channels in the process of innovation diffusion. In: Social Forces 54 (1975), S. 256–274.

Lin, N., u. C. Melick: Structural effects on the diffusion of innovations. In: Studies in the Diffusion of Innovation, Disc. Paper 47. Columbus (Ohio), Dept. of Geography, The Ohio State University 1977.

Linge, G. J. R.: The diffusion of manufacturing in Auckland, New Zealand. In: Econ. Geography 39 (1963), S. 23–39.

* Lionberger, H. F.: Adoption of new ideas and practices. Ames 1961.

Lionberger, H. F., u. E. Hassinger: Neighborhoods as a factor in the diffusion of farm information in the northeast Missouri farming community. In: Rural Sociology 19 (1945), S. 377–390.

Łoboda, J.: Przestrenno-społeczne problemy rozwoju telewizji w Polsce. Diss. Warschau 1971.

Ders.: The diffusion of television in Poland. In: Econ. Geography 50 (1974), S. 70–82.

185

Louder, D. R.: A distributional and diffusionary analysis of the mormon church, 1850–1970. Diss. Dept. of Geography, University of Washington. Seattle 1973.

Lueck, V.: Hierarchy and diffusion: the U.S. Sunday newspaper. In: Lanegran, D. A., u. R. Palm (Hrsg.): An invitation to geography. New York 1973, S. 65–70.

Mackay, J. R.: The interactance hypothesis and boundaries in Canada: a preliminary study. In: The Canadian Geographer 11 (1958), S. 1–8.

Mahajan, V., K. E. Haynes u. K. C. Bal Kumar: Modeling the diffusion of public policy innovations among the U.S. States. In: Studies in the Diffusion of Innovation, Disc. Paper 35. Columbus (Ohio), Dept. of Geography, The Ohio State University 1976.

Mahajan, V., u. R. A. Peterson: Innovation diffusion in a dynamic potential adopter population. In: Management Science 24 (1978), S. 1589–1597.

Maier, J., R. Paesler, K. Ruppert u. F. Schaffer: Sozialgeographie. Braunschweig 1977.

Malecki, E. J.: Innovation diffusion among firms. Diss. In: Studies in the Diffusion of Innovation, Disc. Paper 27. Columbus (Ohio), Dept. of Geography, The Ohio State University 1975.

Ders.: Firms and innovation diffusion: examples from banking. In: Environment and Planning 9 (1977), S. 1291–1305.

Malecki, E. J., und L. A. Brown: The adoption of credit card services by banks: a case study of diffusion in a polynuclear setting with central propagator support. In: Studies in the Diffusion of Innovation Disc. Paper 20. Columbus (Ohio), Dept. of Geography, The Ohio State University 1975.

Malecki, E. J., A. N. Spector u. L. A. Brown: Adopter categories in a spatial context: artificial insemination in southern Sweden. In: Studies in the Diffusion of Innovation, Disc. Paper 5. Columbus (Ohio), Dept. of Geography, The Ohio State University 1974.

Malinowski, B.: The dynamics of culture change. An inquiry into race relations in Africa. New Haven 1945.

Mansfield, E.: Technical change and the rate of imitation. In: Econometrica 29 (1961), S. 741–766.

Ders.: The economics of technological change. New York 1968.

Ders.: Technological change. New York 1971.

Marble, D. F., u. S. R. Bowlby: Computer programs for the operational analysis of Hägerstrand type spatial diffusion models. In: ONR Spatial

Diffusion Study Technical Report Series, Dept. of Geography, Northwestern University. Evanston 1968.

Marble, D. F., P. O. Hanson, J. O. Huff, A. S. Manji u. E. Pacheco: A Monte Carlo model for the simulation of a distance biased interpersonal communications net. In: ONR Spatial Diffusion Study Technical Report Series, Dept. of Geography, Northwestern University. Evanston 1970.

Marble, D. D., u. J. D. Nystuen: An approach to the direct measurement of community mean information fields. In: Papers and Proceedings of the Regional Science Assoc. 11 (1963), S. 99–109.

Matter, M.: Wertsystem und Innovationsverhalten. Hohenschäftlarn 1978. (= Kulturanthropologische Studien Bd. 3.)

Maull, O.: Zur Geographie der Kulturlandschaft. In: Drygalski-Festschrift. München 1925, S. 11–30.

Mayfield, R. C.: The spatial structure of a selected interpersonal contact: a regional comparison of marriage distances in India. In: English, P. W., u. R. C. Mayfield (Hrsg.): Man, Space, and Environment. New York 1972, S. 385–401.

Mayfield, R. C., u. L. S. Yapa: Information fields in rural Mysore. In: Econ. Geography 50 (1974), S. 313–323.

McClelland, D. C.: The achieving society. New York 1976 (zuerst 1961).

Ders.: Die Leistungsgesellschaft. Stuttgart 1966.

Ders.: Motivation und Kultur. Bern 1967.

Ders.: Macht als Motiv. Stuttgart 1978.

McKinnon, R. D.: Lag regression models of the spatial spread of highway improvements. In: Econ. Geography 50 (1974), S. 368–374.

McKnight, T. L.: Great circles on the Great Plains: the changing geometry of American agriculture. In: Erdkunde 33 (1979), S. 70–79.

Ders.: Barrier fencing for vermin control in Australia. In: Geogr. Rev. 59 (1969), S. 330–347.

McMaster, D. N.: Speculations on the coming of the banana to Uganda. In: Journal of Tropical Geography 16 (1962), S. 57–69.

McVoy, E. C.: Patterns of diffusion in the United States. In: Amer. Sociological Rev. 5 (1940), S. 219–227.

* Meffert, E.: Die Innovation ausgewählter Sonderkulturen im Rhein-Mainischen Raum in ihrer Bedeutung zur Agrar- und Sozialstruktur. (= Rhein-Mainische Forsch. 64.) Frankfurt a. M. 1968.

Mensch, G.: Zur Dynamik des technischen Fortschritts. In: Ztschr. f. Betriebswirtschaft 41 (1971), S. 295–314.

Mensch G.: Basisinnovationen und Verbesserungsinnovationen. In: Ztschr. f. Betriebswirtschaft 42 (1972), S. 291–297.

Ders.: Das technologische Patt. Innovationen überwinden die Depression. Frankfurt a. M. 1975.

Mensch, G., u. H. Freudenberger: Von der Provinzstadt zur Industrieregion. Ein Beitrag zur Politökonomie der Sozialinnovation, dargestellt am Innovationsschub der Industriellen Revolution im Raum Brünn. Göttingen 1975.

Menzel, H.: Innovation, integration and marginality. In: Amer. Sociological Rev. 25 (1960), S. 704–713.

Menzel, H., u. E. Katz: Social relations and innovation in the medical profession: the epidemiology of a new drug. In: Public Opinion Quarterly 19 (1955), S. 337–352.

Merton, R. K.: Social theory and social structure. New York [3]1968 (1. Aufl. Glencoe 1964).

Meyer, G., u. H. Popp: Die Innovation der Verbrauchermärkte in Mittelfranken. Auswirkungen eines neuen Angebotstyps im Einzelhandel auf das räumliche Muster der Versorgungsstandorte und das Einkaufsverhalten der Bevölkerung. In: Popp, H. (Hrsg.): Strukturanalyse eines Raumes im Erdkundeunterricht. Donauwörth 1979, S. 139–173.

Meyer, J. W.: Diffusion of an American Montessori education. Diss. University of Chicago 1973.

Ders.: Diffusers and social innovation: increasing the scope of diffusion models. In: The Professional Geographer 28 (1976), S. 17–22.

Meyer, J. W., u. L. A. Brown: Diffusion agency establishment: the case of Friendly Ice Cream and public sector diffusion processes. In: Socio Economic Planning Sciences 13 (1979), S. 241–249.

Meyer, J. W., L. A. Brown u. T. J. Camarco: Diffusion agency establishment in a mononuclear setting: The case of Friendly Ice Cream and related considerations. In: Studies in the Diffusion of Innovation, Disc. Paper 48. Columbus (Ohio), Dept. of Geography, The Ohio State University 1977.

Midgley, D. F.: Innovation and new product marketing. New York 1977.

Mikesell, M. W.: Comparative studies in frontier history. In: Annals Assoc. Amer. Geographers 50 (1960), S. 62–74.

Ders.: Geographic perspectives in anthropology. In: Annals. Assoc. Amer. Geographers 57 (1967), S. 617–634.

Ders.: Tradition and innovation in cultural geography. In: Annals Assoc. Amer. Geographers 68 (1978), S. 1–16.

Mikus, W.: Industriegeographie. Darmstadt 1978.

Misra, R. P.: Diffusion of agricultural innovations. Mysore 1962.

Ders.: Monte Carlo simulation of spatial diffusion: rationale and application to the Indian condition. In: Misra, R. P. (Hrsg.): Regional planning. Mysore 1969.

Ders.: The diffusion of information in the context of development planning. In: Hägerstrand, T., u. A. R. Kuklinski (Hrsg.): Information systems for regional development: a seminar. Lund Studies in Geography, Ser. B, No. 37. Lund 1971, S. 119–136.

Mitchelson, R. L., L. A. Brown u. J. Osleeb: Technical change in the agricultural sector: a problem in developing countries. In: Studies in the Diffusion of Innovation, Disc. Paper 56. Columbus (Ohio), Dept. of Geography, The Ohio State University 1977.

Mohr, C. B.: Determinants of innovation in organizations. In: Amer. Political Science Rev. 63 (1969), S. 111–126.

Moore, C. T.: Communication: a major reason for Indian grass fires in the American West, 1535–1890. In: Proceedings Assoc. Amer. Geographers 5 (1973), S. 181–185.

Moore, E. G.: Models of migration and the intra urban case. In: The Australian and New Zealand Journal of Sociology 2 (1966), S. 16–37.

Ders.: Some spatial properties of urban contact fields. In: Geogr. Analysis 2 (1970), S. 376–386.

Moore, E. G., u. L. A. Brown: Urban aquaintance fields: an evaluation of a spatial model. In: Environment and Planning 2 (1970), S. 443–454.

Moreno, J. L.: Who shall survive? A new approach to the problem of interhuman relations. Washington, D. C. 1934.

Morrill, R. L.: The distribution of migration distances. In: Papers and Proceedings of the Regional Science Assoc. 11 (1963), S. 75–84.

Ders.: The development of spatial distributions of towns in Sweden: an historical-predictive approach. In: Annals Assoc. Amer. Geographers 53 (1963), S. 1–14 (1963 a).

Ders.: The negro ghetto: problems and alternatives. In: Geogr. Rev. 55 (1965), S. 339–361.

Ders.: Migration and the spread and growth of urban settlement. In: Lund Studies in Geography, Ser. B, No. 26. Lund 1965 (1965 a).

Ders.: Expansion of the urban fringe: a simulation experiment. In: Papers and Proceedings of the Regional Science Assoc. 15 (1965), S. 185–199 (1965 b).

* Ders.: Waves of spatial diffusion. In: Journal of Regional Science 8 (1968), S. 1–18.

189

* Morrill, R. L.: The shape of diffusion in space and time. In: Econ. Geography 46 (1970), S. 259–268.

Ders.: A model of ghetto growth. In: Adams, W. P., u. F. M. Helleiner (Hrsg.): International Geography 1972, Vol. 2. Toronto 1972, S. 1177–1179.

Ders.: The spatial organization of society. North Scituate, Mass. ²1974.

Morril, R. L., u. D. Manninnen: Critical parameters of spatial diffusion processes. In: Econ. Geogr. 51 (1975), S. 269–277.

Morrill, R. L., u. F. R. Pitts: Marriage, migration and the mean information field: a study in uniqueness and generality. In: Annals Assoc. Amer. Geographers 57 (1967), S. 401–422.

* Müller-Wille, W.: Das Rheinische Schiefergebirge und seine kulturgeographische Struktur und Stellung. In: Deutsches Archiv f. Landes- und Volksforschung 6 (1942), S. 537–591.

Nabseth, L.: The diffusion of innovations in Swedish industry. In: Williams, B. R. (Hrsg.): Science and Technology in Economic Growth. New York 1973, S. 256–280.

Nabseth, L., u. G. F. Ray: The diffusion of new industrial processes: an international study. Cambridge 1974.

Nipper, J., u. U. Streit: Zum Problem räumlicher Erhaltensneigung in räumlichen Strukturen und raumvarianten Prozessen. In: Geogr. Ztschr. 65 (1977), S. 241–263.

* Dies.: Modellkonzepte zur Analyse, Simulation und Prognose raumzeitvarianter stochastischer Prozesse. In: Bremer Beiträge zur Geographie und Raumplanung, Bd. 1. Bremen 1978, S. 1–17.

Nordström, O.: Plogen som innovation. In: Svensk Geografisk Årsbok 33 (1959), S. 29–37.

Nystuen, J. D.: Boundary shapes and boundary problems. In: Peace Research Society: Papers VII, Chicago Conference 1967, S. 107–128.

Ogburn, W. F.: Social change. New York 1922.

Olsson, G., u. S. Gale: Spatial theory and human behavior. In: Papers and Proceedings of the Regional Science Assoc. 21 (1968), S. 229–242.

Osleeb, J. P.: A location theory for the mononuclear propagator. In: Studies in the Diffusion of Innovation, Disc. Paper 26. Columbus (Ohio), Dept. of Geography, The Ohio State University 1975.

Osleeb, J. P., u. R. E. Zeller: LOCOUT: a location allocation program for diffusion agencies of the mononuclear propagator. In: Studies in the

Diffusion of Innovation, Disc. Paper 23. Columbus (Ohio), Dept. of Geography, The Ohio State University 1975.

Overton, D. J. B.: The time-spatial process of innovation and diffusion: a conceptual framework and an empirical example. The Boulton and Watt steam engine. Diss. Dept. of Geography, University of Western Ontario 1972.

Ders.: Innovation diffusion as an implementation process: the introduction of the new poor law in ireland. In: Studies in the Diffusion of Innovation, Disc. Paper 10. Columbus (Ohio), Dept. of Geography, The Ohio State University 1974.

Paesler, R.: Urbanisierung als sozialgeographischer Prozeß – dargestellt am Beispiel südbayerischer Regionen. (= Münchner Studien z. Wirtschafts- und Sozialgeographie 12.) München 1976.

Paffen, K. (Hrsg.): Das Wesen der Landschaft. Darmstadt 1973.

Parker, J. E. S.: The economics of innovation. London 1974.

Parsons, T.: An outlining of the social system. In: Parsons, T. u. a. (Hrsg.): Theories of Society. 2 Bde. New York 1961.

Ders.: The social system. New York 1965.

Ders.: The structure of social action. New York 1968.

Ders.: Zur Theorie sozialer Systeme. Opladen 1976.

Pearl, R.: The biology of population growth. New York 1925.

Pedersen, P. O.: Innovation diffusion within and between national urban systems. In: Geogr. Analysis 2 (1970), S. 203–254.

Ders.: Innovation diffusion in urban systems. In: Hägerstrand, T., u. A. R. Kuklinski (Hrsg.): Information systems for regional development: a seminar. Lund Studies in Geography, Ser. B, No. 37. Lund 1971, S. 137 bis 147.

Ders.: Urban-regional development in south America: a process of diffusion and integration. Den Haag 1975.

Peet, J. R.: The spatial expansion of commercial agriculture in the nineteenth century: a von Thünen interpretation. In: Econ. Geography 45 (1969), S. 283–301.

Pemberton, H. E.: The curve of culture diffusion rate. In: Amer. Sociological Rev. 1 (1936), S. 547–556.

Ders.: Culture-diffusion gradients. In: Amer. Journal of Sociology 42 (1937), S. 226–233.

Ders.: The spatial order of cultural diffusion. In: Sociology and Social Research 22 (1938), S. 246–251.

191

Perry, A.: The adoption process: s-curve or j-curve? In: Rural Sociology 32 (1967), S. 220–222.

Perry, J. L., u. K. L. Kraemer: Diffusion and adoption of computer applications software in local governments. In: Public Policy Research Organization, University of California at Irvine 1978.

* Pfetsch, F. R. (Hrsg.): Innovationsforschung als multidisziplinäre Aufgabe. (Studien zum Wandel von Gesellschaft und Bildung im 19. Jahrhundert 14.) Göttingen 1975.

Pierenkemper, T.: Wirtschaftssoziologie. Köln 1980.

Pitts, F. R.: Problems in computer simulation of diffusion. In: Papers and Proceedings of the Regional Science Assoc. 11 (1963), S. 111–119.

Ders.: Two Monte Carlo computer programs for the study of spatial diffusion problems. In: ONR Spatial Diffusion Study Technical Report Series, Dept. of Geography, Northwestern University. Evanston 1965.

Ders.: Two computer programs for the generalization of the Hägerstrand models to an irregular lattice. In: ONR Spatial Diffusion Study Technical Report Series, Dept. of Geography, Northwestern University. Evanston 1967.

Planck, U., u. J. Ziche: Land- und Agrarsoziologie. Stuttgart 1979.

Platt, R. S.: The rise of cultural geography in America. In: Wagner, P. L., u. M. W. Mikesell (Hrsg.): Readings in cultural geography. Chicago 1924, S. 35–43.

Pontius, S. K.: Innovation adoption: a case study in Southeast Asia. In: Southeastern Geographer 19 (1979), S. 127–140.

Popper, K.: Logik der Forschung. Tübingen ⁵1973 (zuerst 1935).

Powell, L. C.: An examination of the factors influencing the temporal-spatial diffusion of soybean production in Illinois, 1930–1963. Diss. Dept. of Geography, University of Illinois. Urbana 1971.

Powell, L. C., u. C. C. Roseman: An investigation of the sub-processes of diffusion. In: Rural Sociology 37 (1972), S. 221–227.

* Pred, A.: Postscript zu seiner Übersetzung "Innovation Diffusion as a Spatial Process". Chicago 1967, S. 299–324.

Ders.: Large city interdependence and the pre-electronic diffusion of innovations in the U.S. In: Geogr. Analysis 3 (1971), S. 165–181.

Ders.: Urban growth and the circulation of information: The United States system of cities, 1790–1840. Cambridge 1973.

Ders.: Industry, information, and city system interdependencies. In: Hamilton, F. E. (Hrsg.): Spatial perspectives on industrial organization and decision making. New York 1974.

Ders.: Diffusion, organizational spatial structure, and city development. In: Econ. Geography 51 (1975), S. 252–268.

* Ders.: The impact of technological and institutional innovations on life content: some-time-geographic observations. In: Geogr. Analysis 10 (1978), S. 345–372.

Pred, A. R., u. B. M. Kibel: An application of gaming simulation to a general model of economic locational processes. In: Econ. Geography 46 (1970), S. 136–156.

Presser, H. A.: Measuring innovativeness rather than adoption. In: Rural Sociology 34 (1969), S. 510–527.

Price, E. T.: The central corthouse square in the American county seat. In: Geogr. Rev. 58 (1968), S. 29–60.

Pryce, W. T. R.: The location and growth of holiday caravan camps in Wales, 1956–65. In: Transactions of the Institute of British Geographers 42 (1967), S. 127–152.

Pyle, G. F.: Diffusion of cholera in the United States. In: Geogr. Analysis 1 (1969), S. 59–75.

Rabiega, W. A., u. R. G. Wood: Manufacturing diffusion as a growth point process in the Southeast. In: Studies in the Diffusion of Innovation, Disc. Paper 24. Columbus (Ohio), Dept. of Geography, The Ohio State University 1975.

Rainio, K.: A stochastic model of social interaction. In: Transactions of the Westermarck Society 7. Kopenhagen 1961.

Ramachandran, R.: Spatial diffusion of innovation in rural India: a case study of the spread of irrigation pumps in the Coimbatore Plateau. Diss. Dept. of Geography, Clark University. Worcester, Mass. 1969.

Rapoport, A.: The diffusion problem in mass behavior. In: General Systems Yearbook 1 (1956), S. 48–55.

Ders.: Mathematical models of social interaction. In: Luce, R. D. u. a. (Hrsg.): Handbook of Mathematical Psychology. Vol. 2. New York 1963, S. 495–579.

Ratzel, F.: Anthropogeographie. 2 Bde. Stuttgart ²1899 und 1891 (Neuauflage Darmstadt 1975).

Ray, A.: Diffusion of diseases in the western interior of Canada, 1830–1850. In: Geogr. Rev. 66 (1976), S. 139–157.

Ray, D. M., P. Y. Villeneuve u. R. A. Roberge: Functional prerequisites, spatial diffusion, and allometric growth. In: Econ. Geography 50 (1974), S. 341–351.

Redlich, F.: Ideas, their migration in space and transmittal over time: a systematic treatment. In: Kyklos 6 (1953), S. 301–322.

Rees, J.: Technological change and regional shifts in American manufacturing. In: The Professional Geographer 31 (1979), S. 45–54.

Rice, J. G., u. R. C. Ostergren: The decision to emigrate: a study in diffusion. In: Geografiska Annaler, Ser. B, 60 (1978), S. 1–15.

Riddell, J. B.: Structure, diffusion, and response: the spatial dynamics of urbanization in Sierra Leone. Diss. Dept. of Geography, Pennsylvania State University. University Park 1969.

Roberto, E. L.: The commercial contraceptive marketing program: a progress report. In: Studies in the Diffusion of Innovation, Dis. Paper 34. Columbus (Ohio), Dept. of Geography, The Ohio State University 1975.

Ders.: The application of diffusion models to population programs: the Philippine case of the commercial contraceptive marketing program. In: Studies in the Diffusion of Innovation, Disc. Paper 46. Columbus (Ohio), Dept. of Geography, The Ohio State University 1977.

Robertson, Th. S.: Innovative behavior and communication. New York 1971.

Röpke, J.: Primitive Wirtschaft, Kulturwandel und die Diffusion von Neuerungen. Tübingen 1970.

* Ders.: Die Strategie der Innovation. Tübingen 1977.

Rogers, E. M.: Categorizing the adoptors of agricultural practices. In: Rural Sociology 23 (1958), S. 345–354.

* Ders.: Diffusion of innovations. New York und London 1962.

Ders. (Hrsg.): Communication and development: critical perspectives. Beverly Hills 1976.

Rogers, E. M., u. E. Havens: Adoption of hybrid corn: profitability and the interaction effect. In: Rural Sociology 26 (1961), S. 409–414.

Dies.: Rejoinder to Griliches 'Another false dichotomy'. In: Rural Sociology 27 (1962), S. 330–332.

* Rogers, E. M., u. F. F. Shoemaker: Communication of innovation: a cross-cultural approach. New York und London 1971.

Rogers, E. M., u. L. Svenning: Modernization among peasants: the impact of communication. New York 1969.

Rogers, E. M., u. A. W. van den Bau: Research on the diffusion of agricultural innovations in the United States and the Netherlands. In: Sociologica Ruralis 3 (1963), S. 38–51.

Rosenberg, N. (Hrsg.): The economics of technological change. Baltimore 1971.

194

Rostow, W. W.: Stadien des wirtschaftlichen Wachstums. Eine Alternative zur marxistischen Entwicklungstheorie. Göttingen ²1967 (zuerst 1960).

Ryan, B.: A study in technological diffusion. In: Rural Sociology 13 (1948), S. 273–284.

* Ryan, B., u. N. C. Gross: The diffusion of hybrid seed corn in two Iowa communities. In: Rural Sociology 7 (1943), S. 15–24.

Sagers, M. J., u. L. A. Brown: An economic history perspective on innovation diffusion. In: Studies in the Diffusion of Innovation, Disc. Paper 51. Columbus (Ohio), Dept. of Geography, The Ohio State University 1977.

Sahal, D.: The multidimensional diffusion of technology. In: Linstone, H. A., u. D. Sahal (Hrsg.): Technological substitution. New York 1976, S. 223–244.

Sauer, C. O.: The morphology of landscape. In: Univ. of California Publications in Geography 2 (1925), S. 19–54.

Ders.: Recent developments in cultural geography. In: Hayes, E. C. (Hrsg.): Recent Developments in the Social Sciences. Philadelphia 1927, S. 154–212.

Ders.: Cultural geography. In: Encyclopedia of the Social Sciences, vol. 6 (1931), S. 621–623.

* Ders.: Agricultural origins and dispersals. New York 1952.

Ders.: On the background of geography in the United States. In: Heidelberger Geogr. Arb., Bd. 15. Heidelberg 1966, S. 59–71.

Schätzl, L.: Wirtschaftsgeographie. Bd. 1. Paderborn 1978.

Schilling-Kaletsch, I.: Wachstumspole und Wachstumszentren. Untersuchungen zu einer Theorie sektoral und regional polarisierter Entwicklung. In: Arbeitsber. und Ergebnisse z. wirtschafts- und sozialgeogr. Regionalforsch., Heft 1. Hamburg 1976.

Schlüter, O.: Die Ziele der Geographie des Menschen. München und Berlin 1906.

Ders.: Die analytische Geographie der Kulturlandschaft. In: Ztschr. d. Gesellschaft für Erdkunde zu Berlin, Sonderband zur Hundertjahrfeier 1928, S. 388–411.

* Schmidt, P. (Hrsg.): Innovation: Diffusion von Neuerungen im sozialen Bereich. Hamburg 1976.

* Schneider, R., L. A. Brown, M. E. Harvey u. J. B. Riddell: Innovation diffusion and development in a third world setting: the case of the cooperative movement in Sierra Leone. In: Studies in the Diffusion of Innovation,

Disc. Paper 54. Columbus (Ohio), Dept. of Geography, The Ohio State University 1977.

Schöller, P.: Kulturraumforschung und Sozialgeographie. In: Aus Geschichte und Landeskunde. Festschrift für F. Steinbach. Bonn 1960, S. 672–685.

Schramm, W. C. (Hrsg.): The science of human communication. London und New York 1963 (deutsch: Grundfragen der Kommunikationsforschung. München ⁴1971).

Schumpeter, J.: Theorie der wirtschaftlichen Entwicklung. München und Leipzig ²1926 (zuerst 1911).

Ders.: Konjunkturzyklen. 2 Bde. Göttingen 1961 (englisch: Business Cycles. New York und London 1939).

Seig, L.: The spread of tobacco: a study in cultural diffusion. In: The Professional Geographer 15 (1963), S. 17–20.

* Semple, R. K., u. L. A. Brown: Cones of resolution in spatial diffusion studies: a perspective. In: The Professional Geographer 28 (1976), S. 8–16.

Semple, R. K., L. A. Brown u. M. A. Brown: Propagator supported diffusion processes: agency strategies and the innovation establishment interface. In: Studies in the Diffusion of Innovation, Dis. Paper 18. Columbus (Ohio), Dept. of Geography, The Ohio State University 1975.

Dies.: Strategies for the promotion and diffusion of consumer goods and services. In: International Regional Science Rev. 2 (1977), S. 91–102.

Shannon, G. W.: Spatial diffusion of an innovative health care plan. Michigan Geography Publications Series, Dept. of Geography, University of Michigan. Ann Arbor 1970.

Sharp, V. L.: The 1970 postal strikes: diffusion with a behavioral twist. In: Proceedings Assoc. Amer. Geographers 3 (1971), S. 157–161.

Shawyer, J.: Diffusion: an appraisal. Diss. Dep. of Geography, Univ. of Nottingham. Nottingham 1970.

Ders.: Diffusion: social processes and spatial pattern. In: Working Paper, Annual Conference of the European Society of Rural Sociology 1974.

Shephard, H. A.: Innovationshemmende und innovationsfördernde Organisationen. In: Gruppendynamik 2 (1971), S. 375–382.

Sheppard, E. S.: On the diffusion of shopping center construction in Canada. In: Studies in the Diffusion of Innovation, Disc. Paper 36. Columbus (Ohio), Dept. of Geography, The Ohio State University 1976.

Siebert, H.: Zur interregionalen Verteilung neuen technischen Wissens. In: Zeitschrift für die gesamte Staatswissenschaft 123 (1967), S. 231–263.

Sieling, R. R., E. J. Malecki u. L. A. Brown: Infrastructure growth and adoption: the diffusion of cable television within a community. In: Studies in the Diffusion of Innovation, Disc. Paper 33. Columbus (Ohio), Dept. of Geography, The Ohio State University 1975.

Smith, C. A. (Hrsg.): Regional analysis, vol. 1: economic systems. New York 1976.

Smith, W.: Innovation and diffusion – a supply oriented example: hybrid grain corn in Quebec. In: Studies in the Diffusion of Innovation, Disc. Paper 8. Columbus (Ohio), Dept. of Geography, The Ohio State University 1974.

Sneed, J. D.: The logical structure of mathematical physics. Dordrecht 1971.

Sombart, W.: Der kapitalistische Unternehmer. In: Archiv f. Sozialwissenschaft und Sozialpolitik 29 (1909), S. 698–758.

Ders.: Der moderne Kapitalismus. 3 Bde. Berlin 1955.

Spector, A. N., L. A. Brown u. E. J. Malecki: Acquaintance circles and communication: a exploration of hypotheses relating to innovation adoption. In: The Professional Geographer 28 (1976), S. 267–276.

Stanislawski, D.: The origin and spread of the grid-pattern town. In: The Geogr. Rev. 36 (1949), S. 105–120.

Stegmüller, W.: Probleme und Resultate der Wissenschaftstheorie und Analytischen Philosophie. Bd. II: Theorie und Erfahrung. 2. Halbband: Theoriestrukturen und Theoriedynamik. Berlin, Heidelberg, New York 1973.

Ders.: Rationale Rekonstruktion von Wissenschaft und ihrem Wandel. Stuttgart 1979.

Steinbach, F.: Studien zur westdeutschen Stammes- und Volksgeschichte. In: Schriften des Inst. f. Grenz- und Auslandsdeutschtum, H. 5. Jena 1926.

Sujono, H.: The adoption of innovation in a developing country: the case of family planning in Indonesia. Community and Family Study Center, University of Chicago. Chicago 1974.

Svensson, S.: Bygd och yttervärld. Studier över förhållandet mellan nyheter och tradition. In: Nordisk Museets handl. 15, 1942.

Taaffe, E. J.: The spatial view in context. In: Annals Assoc. Amer. Geogr. 64 (1974), S. 1–16.

Taaffe, E. J., R. L. Morrill u. P. R. Gould: Transport expansion in underdeveloped countries: a comparative analysis. In: Geogr. Rev. 53 (1963), S. 503–529.

Tarde, G.: Les Lois de l'Imitation. Paris 1895 (englisch: New York 1903).

Tewksbury, J. G., M. S. Crandall u. W. E. Crane: Measuring the societal benefits of innovation. In: Science 209 (1980), S. 658–662.

Thomas, M. D., u. R. B. Le Heron: Perspectives of technological change and the process of diffusion in the manufacturing sector. In: Econ. Geography 51 (1975), S. 231–251.

Tiedemann, C., u. C. van Doren: The diffusion of hybrid seed corn in Iowa: a spatial simulation model. In: Technical Bulletin Series, Inst. for Community Development and Services, Michigan State University. East Lansing 1964.

Tinline, R.: Linear operators in diffusion research. In: Chisholm, M., A. Frey u. P. Haggett (Hrsg.): Regional Forecasting. London 1971, S. 71–91.

Tjaden, K. H.: Soziales System und sozialer Wandel. Stuttgart 1972.

Tornquist, G.: TV Agandets Utveckling i Sverige, 1956–1965. Stockholm 1967.

Toulmin, S.: Voraussicht und Verstehen. Ein Versuch über die Ziele der Wissenschaft. Frankfurt a. M. 1968.

Ders.: Kritik der kollektiven Vernunft. 1. Band. Frankfurt a. M. 1978.

Toyne, P.: Organization, location and behaviour. Decision-making in economic geography. London 1974.

Troitzsch, U.: Die Einführung des Bessemer-Verfahrens in Preußen – ein Innovationsprozeß aus den 60er Jahren des 19. Jahrhunderts. In: Pfetsch, F. R. (Hrsg.): Innovationsforschung als multidisziplinäre Aufgabe. Göttingen 1975, S. 209–240.

Turner, F. J.: The frontier in American history. New York 1921.

Uhlig, H.: Die Kulturlandschaft. Methoden der Erforschung und das Beispiel Nordostengland. (= Kölner Geogr. Arb. H. 9/10.) Köln 1956.

Ders.: Organisationsplan und System der Geographie. In: Geoforum 1 (1970), S. 19–52.

Ders.: Innovationen im Reisbau als Träger der ländlichen Entwicklung in Südostasien. In: Gießener Geogr. Schriften 48. Gießen 1980, S. 29 bis 71.

Vogel, H.: Das Einkaufszentrum als Ausdruck einer kulturlandschaftlichen Innovation, dargestellt am Beispiel des Böblinger Regionalzentrums. (= Forsch. z. dtsch. Landeskunde, Bd. 209.) Trier 1978.

Walz, D.: Grundlagen und Richtungen der Innovationsforschung. In: Pfetsch, F. R. (Hrsg.): Innovationsforschung als multidisziplinäre Aufgabe. Göttingen 1975, S. 25–68.

198

Watzka, W.: Die Ausbreitung von Swimming-pools in Ottobrunn/Riemerling. In: Geipel, R., u. H. Schrettenbrunner (Hrsg.): Der Erdkundeunterricht, H. 29. Stuttgart 1979, S. 70–87.

Webb, W. P.: The Great Plains. New York 1972 (zuerst 1931).

Weber, M.: Die protestantische Ethik und der Geist des Kapitalismus. In: Gesammelte Aufsätze zur Religionssoziologie. Bd. I. Tübingen 1920/21, S. 1–206.

Wee, J. C.: The development of pineapple cultivation in West Malaysia. In: The Journal of Tropical Geography 30 (1970), S. 68–75.

Wiegelmann, G. (Hrsg.): Kultureller Wandel im 19. Jahrhundert. (= Studien zum Wandel von Gesellschaft und Bildung im 19. Jahrhundert, Bd. 5.) Göttingen 1973.

* Ders.: Diffusionsmodelle zur Ausbreitung städtischer Kulturformen. In: Kaufmann, G. (Hrsg.): Stadt–Land–Beziehungen. Göttingen 1975, S. 255–266.

Ders.: Novationsphasen der ländlichen Sachkultur Nordwestdeutschlands seit 1500. In: Ztschr. f. Volkskunde 72 (1976), S. 177–199.

Wilbanks, T. G.: Accessibility and technological change in northern India. In: Annals Assoc. Amer. Geographers 62 (1972), S. 427–436.

Wilkening, E. A.: Adoption of improved farm practices as related to family factors. (= University of Wisconsin Research Bulletin 183.) Madison 1953.

Ders.: Some perspectives of change in rural societies. In: Rural Sociology 29 (1964), S. 1–17.

Wilkins, M.: The role of private business in the international diffusion of technology. In: The Journal of Econ. History 34 (1974), S. 166–188.

Wilson, A. G.: A family of spatial interaction models and associated developments. In: Environment and Planning 3 (1971), S. 1–32.

Windhorst, H.-W.: Innovationen und ihre Behandlung im Unterricht. Am Beispiel des Baumwollanbaues im Süden der USA. In: Geogr. Rdsch. 24 (1972), S. 358–365.

Ders.: Agrarformationen. In: Geogr. Ztschr. 62 (1974), S. 272–294.

Ders.: Spezialisierte Agrarwirtschaft in Südoldenburg. Eine agrargeographische Untersuchung. (= Nordwestnieders. Regionalforsch., Bd. 2.) Leer 1975.

Ders.: Die Diffusion von Innovationen. Beispiel zu einer Unterrichtseinheit „Geographische Modelle" in der Sekundarstufe II. In: Osnabrücker Studien zur Geographie, Bd. 1. Osnabrück 1978, S. 133–158.

* Ders.: Die sozialgeographische Analyse raum-zeitlicher Diffusionsprozesse

auf der Basis der Adoptorkategorien von Innovationen. In: Ztschr. f.
Agrargesch. und Agrarsoziologie 27 (1979), S. 244–266.

Windhorst, H.-W.: Der Beitrag einer geographischen Innovations- und Diffusionsforschung zur Erklärung sozioökonomischer Wandlungsprozesse und ihrer Wirkungen auf die Umwelt. In: Deutsches Nationalkomitee des Programms 'Man and Biosphere' der UNESCO (Hrsg.): Forschungsbrücke zwischen Natur- und Sozialwissenschaften im Hinblick auf Umweltpolitik und Entwicklungsplanung. (= MaB Mitteilungen 6.) Bonn 1980, S. 133–157.

Winick, Ch.: The diffusion of an innovation among physicians in a large city. In: Sociometry 24 (1961), S. 384–396.

Winsberg, M. D.: The introduction and diffusion of the Aberdeen angus in Argentina. In: Geography 55 (1970), S. 187–195.

Wirth, E.: Zur Sozialgeographie der Religionsgemeinschaften im Orient. In: Erdkunde 19 (1965), S. 265–284.

Ders.: Zum Problem einer allgemeinen Kulturgeographie. In: Die Erde 100 (1969), S. 156–193.

Ders.: Die deutsche Sozialgeographie in ihrer theoretischen Konzeption und in ihrem Verhältnis zu Soziologie und Geographie des Menschen. In: Geogr. Ztschr. 65 (1977), S. 161–187.

* Ders.: Theoretische Geographie. Stuttgart 1979.

Wissler, C.: Man and Culture. New York 1923.

Witthuhn, B. O.: The spatial integration of Uganda as shown by the diffusion of postal agencies, 1900–1965. In: The East Lakes Geographer 4 (1968), S. 5–20.

Wolpert, J.: The decision process in a spatial context. In: Annals Assoc. Amer. Geographers 54 (1964), S. 537–558.

Ders.: A regional simulation model of information diffusion. In: Public Opinion Quarterly 30 (1966), S. 597–608.

Wood, C. J. B.: The diffusion of innovations requiring community decisions: a geographical analysis. Diss. Dept. of Geography, McMaster University. Hamilton, Ont. 1971.

Yapa, L. S.: A spaciometric model for diffusion of innovations: simulation experiments. Diss. Dept. of Geography, Syracuse University. Syracuse, New York 1969.

Ders.: Analytical alternatives to the Monte Carlo simulation of spatial diffusion. In: Annals Assoc. Amer. Geographers 65 (1975), S. 163–176.

* Ders.: Innovation diffusion and economic involution: an essay. In: Studies in

the Diffusion of Innovation, Disc. Paper 40 (1976). Columbus (Ohio),
Dept. of Geography, The Ohio State University 1976.

Ders.: The green revolution: a diffusion model. In: Annals Assoc. Amer.
Geographers 67 (1977), S. 350–359.

Ders.: Innovation diffusion and economic involution. In: Antipode 9 (1977),
S. 20–29 (1977a).

Ders.: Diffusion, development, and ecopolitical economy. In: Working
Paper, Dept. of Geography, The Pennsylvania State University. University Park 1978.

Yapa, L. S., u. R. C. Mayfield: Non adoption of innovation: evidence from
discriminant analysis. In: Econ. Geography 54 (1978), S. 145–156.

* Yuill, R. S.: A simulation study of barrier effects in spatial diffusion problems. In: ONR Spatial Diffusion Study, Technical Report Series, Dept.
of Geography, Northwestern University. Evanston 1964.

Ders.: The standard deviation ellipse: an updated tool for spatial description.
In: Geografiska Annaler, Ser. B, 53 (1971), S. 28–39.

Zaltman, G., u. N. Lin.: On the nature of innovations. In: Amer. Behavioral
Scientist 14 (1971), S. 651–673.

Zaltman, G., R. Duncan u. J. Holbeck: Innovations and Organizations.
New York 1973.

Zapf, W. (Hrsg.): Theorien des sozialen Wandels. Köln ³1971.

Zelinsky, W.: Classical town names in the United States. In: Geogr. Rev. 62
(1967), S. 463–495.

Ders.: Cultural variation in personal name patterns in the eastern United
States. In: Annals Assoc. Amer. Geographers 60 (1970), S. 743–769.

Zeller, R. E.: A study of the selection of multiple locations for consumer
oriented facilities. Diss. In: Studies in the Diffusion of Innovation, Disc.
Paper 59. Columbus (Ohio), Dept. of Geography, The Ohio State University 1978.

Zeller, R. E., L. A. Brown u. C. S. Craig: PROMAR: the new product marketing game. In: Studies in the Diffusion of Innovation, Disc. Paper 41.
Columbus (Ohio), Dept. of Geography, The Ohio State University 1976.

Zimmermann, G.: Sozialer Wandel und ökonomische Entwicklung.
(= Bonner Beiträge zur Soziologie, Bd. 7.) Stuttgart 1969.

Zintl, R.: Organisation und Innovation. In: Politische Vierteljahresschrift 11
(1970), S. 219–235.

REGISTER

Sachregister

WISSENSCHAFTLICHE LÄNDERKUNDEN

Hrsg. von Werner Storkebaum

Die Reihe wird fortgesetzt

WISSENSCHAFTLICHE BUCHGESELLSCHAFT

Postfach 11 11 29   D-6100 Darmstadt 11

Aus dem weiteren Programm

4161-5   Albert, Hans, und Ernst Topitsch (Hrsg.):
Werturteilsstreit. (WdF, Bd. 175)
2., um eine Bibliogr. erw. Aufl. 1979. XI, 568 S., Gzl.

Der Sammelband enthält Beiträge zur Werturteilsdiskussion, die sich großenteils auf die
Max Webersche Lösung der Wertproblematik beziehen, sie kritisch durchleuchten und sie
weiterführend interpretieren. Darüber hinaus wird in einigen Beiträgen die Beziehung
zu neueren Diskussionen um das Theorie-Praxis-Verhältnis hergestellt. Dadurch soll unter
anderem der Zusammenhang mit der allgemeinen Grundlagenproblematik hergestellt
werden. Alles in allem dokumentiert sich in diesem Band das Selbstverständnis der
wertfreien Wissenschaften.

6098-9   Kellenbenz, H., J. Schneider und R. Gömmel (Hrsg.):
Wirtschaftliches Wachstum im Spiegel der Wirtschaftsgeschichte. (WdF, Bd. 376)
1978. XXII, 475 S., Gzl.

Angefangen bei den Wirtschaftsstufentheorien der älteren und jüngeren historischen Schule
der Nationalökonomie bis hin zu quellenmäßig fundierten Einzeluntersuchungen bestimmter Wirtschaftszweige fand das Interesse am wirtschaftlichen Wachstum seinen
Niederschlag. Beide Bereiche, die mehr theoretisch ausgerichteten und die vornehmlich an
historischen Quellenstudien orientierten Forschungen zu diesem Problemkreis, werden
hier vereinigt.

7398-3   Siebert, Horst (Hrsg.):
Umwelt und wirtschaftliche Entwicklung. (WdF, Bd. 331)
1979. VII, 472 S. mit Strichzeichn., Gzl.

Bei der Auswahl international wichtiger Arbeiten, die den wesentlichen Entwicklungsstand auf dem Gebiet der Umwelt- und Ressourcenökonomie dokumentieren, ist darauf
geachtet worden, daß diese hinreichend streuen zwischen Ländern, zeitlichen Strömungen
und Entwicklungen und daß der formale Charakter einiger Arbeiten die Lesbarkeit nicht
beeinträchtigt. Ferner ist versucht worden, jene neueren Arbeiten einzubeziehen, die über
momentane Aktualität hinaus auch in Zukunft Bestand haben werden.

6762-2   Spoerer, Edgar:
Einführung in die Verkehrspsychologie.
1979. VI, 99 S., kart.

Der Prozeß der Motorisierung des Straßenverkehrs läßt immer mehr Menschen Teile eines
hochkomplizierten Systems werden, dessen Funktionieren im wesentlichen vom system-
konformen Verhalten der Menschen abhängt: Unfälle als Störungen dieses Systems sind
überwiegend auf sogenanntes „menschliches Versagen" zurückzuführen. Die Verkehrspsychologie will die hinter dem „menschlichen Versagen" liegenden Bedingungen aufhellen
und sie zu Zwecken gesellschaftsrelevanter Einflußnahme und höherer Verkehrssicherheit
aufbereiten.

6841-6   Zündorf, Lutz (Hrsg.):
Industrie- und Betriebssoziologie. (WdF, Bd. 464)
1979. VI, 431 S., Gzl.

Der Sammelband vereinigt neuere industrie- und betriebssoziologische Forschungsergebnisse zu den Themenbereichen: Arbeiter und Arbeitssituationen, Manager und Vorgesetzte,
industrielle Beziehungen und Konflikte sowie aktuelle Methodenprobleme und Theorie-
ansätze. Gemeinsame Perspektive der ausgewählten Beiträge in- und ausländischer Autoren
ist das soziale Handeln und die interpersonellen Beziehungen im Kontext der industriellen
Güterproduktion.

WISSENSCHAFTLICHE BUCHGESELLSCHAFT
Postfach 11 11 29   D-6100 Darmstadt 11